Willehad Stockmann
Beschäftigtenrückgänge und Regionalpolitik

Beiträge zur Raumplanung

Herausgegeben vom Zentralinstitut für
Raumplanung an der Universität Münster

Band 10

Willehad Stockmann

Beschäftigtenrückgänge und Regionalpolitik in monoindustriellen Problemgebieten

Bertelsmann Universitätsverlag

D 6

© 1972 Verlagsgruppe Bertelsmann GmbH / Bertelsmann Universitätsverlag, Düsseldorf
Umschlaggestaltung: R. Bünermann
Satz: M. Seifert, Ratingen
Druck/Buchbinderei: Mohndruck Reinhard Mohn OHG, Gütersloh
Alle Rechte vorbehalten. Auch die fotomechanische Vervielfältigung
des Werkes (Fotokopie, Mikrokopie) oder von Teilen daraus bedarf
der vorherigen Zustimmung des Verlages.
Printed in Germany

ISBN 3-571-09055-1

Inhalt

Einleitung ... 11

1. Kapitel:

Das Problem der Zielbestimmung ... 14
1.1 Notwendigkeit und Möglichkeiten operationaler Zielformulierungen ... 14
1.2 Ziele der Regionalpolitik ... 15
    1.2.1 Regionalpolitische Implikationen der allgemeinen wirtschaftspolitischen Zielsetzungen ... 16
    1.2.2 Die Ziele im Raumordnungsrecht ... 16
    1.2.3 Die Ziele in der regionalpolitischen Praxis der untergeordneten Gebietskörperschaften ... 18
    1.2.4 Indikatoren für die zu erwartenden Zielsetzungen der Regionalpolitik bei empfindlichen Beschäftigtenrückgängen ... 18
1.3 Mögliche Zielkonflikte der Regionalpolitik ... 21
    1.3.1 Zielkonflikte innerhalb des betroffenen Teilraumes ... 21
    1.3.2 Konflikte zwischen den Zielen des Problemgebietes und denen anderer Teilräume der Volkswirtschaft ... 21
    1.3.3 Konflikte zwischen den Zielen der Region und denen der Gesamtwirtschaft ... 22
1.4 Die Implikationen des Freiheitszieles für das potentielle regionalpolitische Instrumentarium ... 23

2. Kapitel:

Die Bestimmungsgründe der Primärwirkungen von Beschäftigtenrückgängen in monoindustriellen Gebieten ... 24
2.1 Beschäftigungsschwankungen in Betrieben des Grundleistungssektors einer Region als Problem der betrieblichen Anpassung ... 24
    2.1.1 Funktion und Abgrenzung des Grundleistungssektors ... 24
    2.1.2 Ursachen von Beschäftigungsschwankungen in Industriebetrieben ... 26
    2.1.3 Erscheinungsformen betrieblicher Anpassung ... 27
        2.1.3.1 Die kurzfristige Anpassung ... 27
        2.1.3.2 Die langfristige Anpassung ... 28
2.2 Die Krisenanfälligkeit monoindustrieller Regionen ... 30
    2.2.1 Die Bedeutung regional unterschiedlicher Beschäftigungsdeterminanten für das regionale Wirtschaftswachstum ... 31
        2.2.1.1 Der Strukturwandel ausgewählter Industriezweige in NRW seit 1958 ... 31

        2.2.1.2 Entwicklungstendenzen der zukünftigen regionalen Verteilung der Industriebeschäftigten 32
    2.2.2 Bestimmungsmerkmale industrieller Problemgebiete 34
        2.2.2.1 Aktuelle Problemgebiete 34
        2.2.2.2 Potentielle Problemgebiete. 36
        2.2.2.3 Die Konsequenzen für die Regionalpolitik 39
    2.2.3 Die räumliche Abgrenzung industrieller Problemgebiete 40
2.3 Die Primärwirkungen eines Beschäftigtenrückgangs 41
    2.3.1 Definition und Abgrenzung der Primärwirkungen 42
    2.3.2 Die Veränderung der betrieblichen Ausgaben(struktur). 43
        2.3.2.1 Die Veränderung der Gesamtausgaben sowie der einzelnen Ausgabenarten. 43
        2.3.2.2 Die Veränderung der regionalen Zahlungsströme 45
    2.3.3 Die Veränderung der Beschäftigten(struktur) 46
        2.3.3.1 Die Freisetzungsgeschwindigkeit 47
        2.3.3.2 Die Struktur der freigesetzten Arbeitskräfte 48

3. Kapitel:
Die Folgen der Primärwirkungen auf die Wirtschaftsentwicklung des industriellen Problemgebietes 51

3.1 Deskription und Abgrenzung des Prognoseproblems. 51
    3.1.1 Der Ablauf des Multiplikatorprozesses 52
    3.1.2 Die Entscheidungen vom Strukturwandel betroffener Wirtschaftssubjekte. 55
    3.1.3 Die Auswahl der von der Regionalpolitik beeinflußbaren Bereiche des Multiplikatorprozesses 57
        3.1.3.1 Das Umstellungsproblem 58
        3.1.3.2 Das Kompensationsproblem 58
        3.1.3.3 Das Anpassungsproblem 60
3.2 Determinantenanalyse einzelner Problembereiche. 60
    3.2.1 Die Mobilität der Produktionsfaktoren. 60
        3.2.1.1 Ein allgemeines Determinantensystem der Faktormobilität ... 61
        3.2.1.2 Die regionale Kapitalmobilität 62
        3.2.1.3 Die sektorale Arbeitsmobilität 65
    3.2.2 Die Neuorientierung des Folgeleistungssektors. 69
    3.2.3 Das System der sozialen Sicherung 69
        3.2.3.1 Vorzeitig Pensionierte 70
        3.2.3.2 Umschüler, Branchenwechsler. 70
        3.2.3.3 Arbeitslose 71
    3.2.4 Der Finanzausgleich 72
    3.2.5 Das Verbraucherverhalten 73
        3.2.5.1 Die Hauptdeterminanten des privaten Konsums. 73
        3.2.5.2 Die Veränderung der Gesamthöhe der Konsumausgaben. . 74
        3.2.5.3 Die Struktur der Konsumausgabenveränderungen 76
3.3 Verflechtungsanalyse des gesamten Multiplikatorprozesses. 78
    3.3.1 Erfahrungswerte und Faustregeln 79
    3.3.2 Regionale Input-Output-Analysen 80
        3.3.2.1 Darstellung 80

	3.3.2.2 Würdigung und Kritik	82
	3.3.3 Die Semi-Input-Output-Analyse	84
3.4	Ein Ansatz zur Integration von Determinanten- und Verflechtungsanalyse	85
	3.4.1 Darstellung	85
	3.4.2 Einführung in die Probleme der Informationsbeschaffung und praktischen Handhabung des Ansatzes	92
	3.4.3 Die Bestimmung alternativer Entwicklungspfade	97
	3.4.4 Kritik	99

4. Kapitel:
Ansatzpunkte und Erfolgsaussichten regionalpolitischer Maßnahmen 102

4.1	Die problemadäquate Einordnung des regionalpolitischen Instrumentariums	102
	4.1.1 Instrumentkategorien zur Beeinflussung der Entscheidungselemente	102
	4.1.1.1 Informationsverbesserung	103
	4.1.1.2 Zielbeeinflussung	104
	4.1.1.3 Infrastrukturinvestitionen	104
	4.1.1.4 Subventionen	105
	4.1.1.5 Mischformen	106
	4.1.2 Die Handlungsalternativen der privaten Wirtschaftssubjekte als Wirkungsfeld der Instrumentkategorien	106
4.2	Effizienzkriterien der Maßnahmen	108
	4.2.1 Die Erträge der Maßnahmen	108
	4.2.1.1 Das mögliche Maximum	108
	4.2.1.2 Das sichere Minimum	109
	4.2.1.3 Erfolgseintritt und -dauer	109
	4.2.2 Die Kosten der Maßnahmen	109
	4.2.2.1 Direkte Aufwendungen	109
	4.2.2.2 Indirekte Einsparungen	110
	4.2.2.3 Flexibilität der Mittelbindung	110
	4.2.3 Die Nebenwirkungen der Maßnahmen	111
4.3	Ansätze zur Effizienzanalyse der Maßnahmen	111
	4.3.1 Die Vermeidung, Verminderung oder Verzögerung des Beschäftigtenrückgangs	112
	4.3.1.1 Die quantitative Reduktion des Beschäftigtenrückgangs	112
	4.3.1.2 Die zeitliche Verschiebung der Entlassungen	113
	4.3.2 Die Steigerung des regionalen Arbeitsplatzangebotes	114
	4.3.2.1 Förderung ansässiger — Ansiedlung neuer Betriebe	114
	4.3.2.2 Die Auswahl der zu fördernden Industriezweige	116
	4.3.2.3 Die Attraktivitätssteigerung als Hauptinstrument regionaler Wirtschaftsförderung	117
	4.3.3 Die Erhöhung der sektoralen Arbeitsmobilität	122
	4.3.4 Die Neuorientierung des Folgeleistungssektors	124
	4.3.5 Die Ausweitung der sozialen Sicherung	125
	4.3.6 Die Stärkung der Gemeindefinanzen	126
	4.3.7 Die Manipulation des Verbraucherverhaltens	127

5. Kapitel:
Die Konsequenzen für ein regionalpolitisches Aktionsprogramm 130

- 5.1 Möglichkeiten regionalpolitischer Entscheidungsfindung 131
  - 5.1.1 Entscheidungen bei konkreten Zielen und Sicherheit 131
  - 5.1.2 Entscheidungen bei konkreten Zielen und Unsicherheit 131
  - 5.1.3 Entscheidungen bei vagen Zielvorstellungen und unsicheren Erwartungen 132
- 5.2 Die sachliche und zeitliche Ordnung der Aufgabenfelder. 135
  - 5.2.1 Die Rangordnung der Aufgabenfelder nach ihrer Zieleffizienz ... 135
  - 5.2.2 Die zeitliche Dosierung der Maßnahmen 138
  - 5.2.3 Die anzustrebende Einkommensentwicklung in der Problemregion 140
- 5.3 Überlegungen zum Instrumenteinsatz innerhalb der einzelnen Aufgabenfelder 141
  - 5.3.1 Die Alternativen bei der Auswahl geeigneter Instrumentkategorien 141
  - 5.3.2 Die begrenzte Substituierbarkeit der Instrumentkategorien zur Förderung der regionalen Umstellung 142
  - 5.3.3 Möglichkeiten der Entscheidungsvorbereitung 144
  - 5.3.4 Vorschläge für eine effizientere Regionalpolitik 146

Schlußbemerkungen 149

Anmerkungen 150

Literaturverzeichnis 170

Tabellenverzeichnis

Tab. 1: Indikatoren zur Entwicklung ausgewählter Industriezweige in NRW von 1958 bis 1967 ... 31
Tab. 2: Die Veränderung der Beschäftigten ausgewählter Industriezweige in der BRD von 1964 bis 1980 ... 32
Tab. 3: Die Veränderung der Beschäftigten aller Industriezweige von 1961 bis 1980 in den Regierungsbezirken NRW's ... 33
Tab. 4: Die Inputstruktur ausgewählter Industriezweige in NRW 1961 ... 44
Tab. 5: Die Anteile der Investitionsausgaben am Gesamtumsatz ausgewählter Industriezweige in NRW 1964 ... 45
Tab. 6: Beschäftigtengrößenklassen der Betriebe ausgewählter Industriezweige in NRW 1967 ... 48
Tab. 7: Die Beschäftigten ausgewählter Industriezweige in NRW nach Stellung im Betrieb, Geschlecht, Einkommen und Leistungsgruppe ... 49
Tab. 8: Die Höhe von Arbeitslosengeld, Arbeitslosenhilfe und Sozialhilfe in v.H. des zuletzt bezogenen Nettolohnes ... 71
Tab. 9: Das Geld- und Wertpapiervermögen ausgewählter privater Haushalte 1961/62 ... 75
Tab. 10: Die Struktur der Konsumgüterkäufe privater Haushalte in der BRD 1962/63 ... 77
Tab. 11: Die Inputstruktur ausgewählter Branchen in der BRD 1961/62 ... 93
Tab. 12: Die Mobilitätsbereitschaft von deutschen Arbeitslosen bis zu 55 Jahren im Arbeitsamtsbezirk Dortmund im Sept. 1967 nach Berufsgruppen und Geschlecht ... 98
Tab. 13: Die Motive der Standortwahl verlagerter und neuerrichteter Betriebe in der BRD 1964/65, 1955/65 und 1966/67 ... 118

Abbildungsverzeichnis

Abb. 1: Schema zur Konzeption der Untersuchung 12
Abb. 2: Schematische Darstellung der economic-base-Theorie 25
Abb. 3: Schema zur betrieblichen Anpassung und ihrer Primärwirkungen . 42
Abb. 4: Die Verflechtungsbeziehungen im Multiplikatorprozeß 54
Abb. 5: Struktur und Dependenz der Entscheidungen von Wirtschaftssubjekten im Multiplikatorprozeß 57
Abb. 6: Determinantenschema der Faktormobilität 61
Abb. 7: Die Entwicklung der Einkommenselastizitäten ausgewählter Konsumgütergruppen 76
Abb. 8: Die möglichen Entwicklungspfade der Beschäftigtenentwicklung . 98
Abb. 9: Schema für eine Nutzwertanalyse 134
Abb. 10: Rangfolge und Zuordnung der regionalpolitischen Aufgabenfelder 137
Abb. 11: Die zeitliche Dosierung der Umstellungsmaßnahmen 138
Abb. 12: Die Einkommensentwicklung in der Problemregion 140
Abb. 13: Das Instrumentensystem der regionalen Wirtschaftsförderung . . . 143
Abb. 14: Sequenzverläufe zwischen Directly Productive Activities (DPA) und Social Overhead Capital (SOC) 144

Einleitung

„1968 gab es in der BRD 3.748 Textilbetriebe. Nach Meinung von Experten 3.000 zuviel. Sie schätzen, daß nach drei Jahrzehnten noch 750 Unternehmer der Textilindustrie existieren werden... So falsch scheint die Rechnung nicht zu sein: Denn von 1966 bis 1968 nahm die Zahl der Textilbetriebe um 290 oder im Jahresdurchschnitt um 145 ab"[1].

Solche oder ähnlich lautende Meldungen überraschen heute nicht mehr, nachdem sich die Erkenntnis durchgesetzt hat, daß Wirtschaftswachstum Strukturwandlungen bedingt und selbst die Bereitschaft zu Veränderungen überkommener Strukturen voraussetzt[2]. Sie haben bereits in der Vergangenheit, z. B. in der Textilindustrie und im Kohlenbergbau, zu beträchtlichen Beschäftigtenrückgängen geführt und müssen auch in Zukunft (nicht nur in diesen Branchen) erwartet werden, da der dynamische Wirtschaftsablauf ein „Prozeß der schöpferischen Zerstörung" (Schumpeter) ist, in dem alte Produkte, Technologien und Verfahren durch neue ersetzt und ständige Umstellungs- und Anpassungsprozesse der wirtschaftenden Menschen erzwungen werden.

Die Beschäftigtenzuwächse und -rückgänge der einzelnen Industriezweige gleichen sich aber nicht in allen Teilräumen einer Volkswirtschaft aus, da die Industriestrukturen regional unterschiedlich sind. Verfolgt die Regionalpolitik u. a. das Ziel einer Verminderung interregionaler Einkommensunterschiede, so ist ihr Eingreifen in diesen Prozeß des industriellen Strukturwandels vor allem dann erforderlich, wenn die Beschäftigtenrückgänge nur in wenigen Regionen auftreten, um dort eine passive Sanierung zu verhindern, die mit der Abwanderung jüngerer Arbeitskräfte und damit sozialer Erosion und Verschlechterung der sozio-professionellen Bevölkerungsstruktur verbunden ist. Aufgabe einer modernen Wachstums- und Strukturpolitik kann es nicht (mehr) sein, diesen Prozeß durch eine Konservierung veralteter Strukturen aufzuhalten; sie muß vielmehr die notwendige Umstellung erleichtern und fördern, um über eine verbesserte Allokation der Ressourcen das gesamtwirtschaftliche Wachstum zu steigern.[3]

Die folgende Untersuchung hat Regionen bzw. Städte zum Untersuchungsobjekt, deren Existenzgrundlage (Basisaktivität) vorwiegend aus Industrien besteht, die ihre Beschäftigten(zahl) stark verringert haben oder sie in naher Zukunft vermindern müssen. Das Problemfeld der Regionalpolitik bei fühlbaren Beschäftigtenrückgängen in zudem monostrukturierten Gebieten besteht wie jedes wirtschaftspolitische Problem aus drei Komplexen:

1. dem Problem der Zielbestimmung,
2. der Diagnose der aktuellen und Prognose der zukünftigen Lage,
3. der Therapie, d. h. der Entscheidung über die zu ergreifenden Maßnahmen zur Annäherung der (jetzigen oder zukünftigen) unerwünschten Lage an die Programmsituation.

Der eingeschlagene Gang der Untersuchung entspricht der von *H. K. Schneider* vorgeschlagenen Konzeption zur analytischen Behandlung regionaler Planungsprobleme[4]; er läßt sich wie folgt schematisieren:

Abb. 1: *Schema zur Konzeption der Untersuchung*

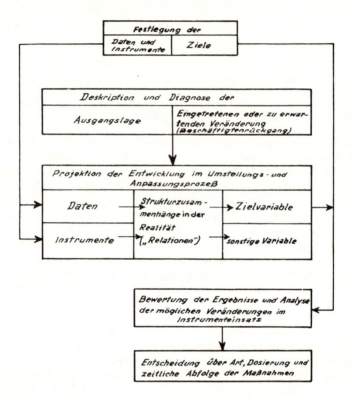

Im 1. Kapitel wird versucht, Zielkriterien für die Regionalpolitik bei der gegebenen Problemsituation zu bestimmen und sodann geprüft, welche Restriktionen für das potentielle regionalpolitische Instrumentarium bestehen. Das 2. Kapitel beschäftigt sich mit der Frage nach den Ursachen von Beschäftigtenrückgängen und den damit verbundenen unmittelbaren Auswirkungen auf die betroffene Region. Das Schwergewicht der Untersuchung liegt auf dem 3. Kapitel, in dem Methoden zur Prognose der indirekten Folgen des Beschäftigtenrückgangs auf die regionale Wirtschaftsentwicklung erarbeitet und diejenigen Determinanten des Umstellungs- und Anpassungsprozesses aufgezeigt werden, die als mögliche Ansatzpunkte der Regionalpolitik zur Beeinflussung der Entwicklung geeignet sind. Im 4. Kapitel wird die Zieleffizienz alternativer Maßnahmen untersucht; das letzte Kapitel befaßt sich mit den Konsequenzen der gewonnenen Ergebnisse für die Zusammensetzung eines regionalpolitischen Maßnahmenbündels zur Steuerung des regionalen Strukturwandlungsprozesses.

Damit ist ein sehr breites und komplexes Spektrum von Problemen angesprochen, deren ausgiebige Behandlung den Rahmen einer einzelnen Untersuchung sprengen würde. Sie geht aus von einer theoretischen Abhandlung über die Beeinflußbarkeit unternehmerischer Standortentscheidungen[5] und einer empirischen Studie über die Auswirkungen von Zechenstillegungen[6], deren Ergebnisse hier weitgehend übernommen, nicht aber nochmals im einzelnen diskutiert werden. Im Rahmen eines Forschungsprogramms im Zentralinstitut für Raumplanung an der Universität Münster über die Determinanten und Auswirkungen der regionalen Kapitalmobilität[7] ergab sich außerdem die Möglichkeit (und im Verlauf der Bearbeitung auch die Notwendigkeit) einer Abstimmung und Koordination der Forschungsgebiete. Auf die dort erarbeiteten Ansätze und die sich bereits abzeichnenden Ergebnisse wird, soweit sie die vorliegende Problemstellung berühren, nur verwiesen, nicht aber näher eingegangen.

Im Mittelpunkt dieser Arbeit sollen Fragen der (regionalen) Strukturpolitik stehen. Bei empirischen Analysen der Wirtschaftsentwicklungen einzelner Regionen lassen sich aber strukturelle Einflüsse nur schwer von denjenigen konjunktureller Art trennen, da hier starke Interdependenzen vorliegen. Sie zeigen sich vor allem in konjunkturellen Extremlagen, weil in einer allgemeinen Hochkonjunktur Strukturschwächen bestimmter Teilräume einer Volkswirtschaft weitgehend verdeckt werden, die in einer Rezessionsphase dann um so stärker wieder hervortreten. Zahlreiche Aufgaben bei der aktiven Sanierung von Problemgebieten, wie die Steigerung der privaten Investitionen und Arbeitskräftenachfrage sowie die Erhöhung der staatlichen Infrastrukturinvestitionen, lassen sich in Boomperioden bei allgemein hoher Investitionstätigkeit, akutem Arbeitskräftemangel und hohen Steuereinnahmen wesentlich einfacher und schneller lösen. Um sowohl die Ursachen und Folgen des Beschäftigtenrückgangs in Problemgebieten als auch die Ansatzpunkte einer Ursachentherapie nicht auf die Konjunkturpolitik zu verlagern (sie wäre dann nur eine Neutralisierungspolitik), bleiben die konjunkturellen Aspekte der Problemstellung im folgenden weitgehend ausgeklammert. Die Überlegungen gehen von der Voraussetzung aus, daß sich die vergleichsweise kurzfristigen konjunkturellen Schwankungen auf längere Sicht in etwa ausgleichen, oder daß es der nationalen Konjunkturpolitik gelingt, die Schwankungen der allgemeinen Wirtschaftsaktivität weitgehend zu stabilisieren, d. h. in relativ engen Grenzen zu halten.

Die verwaltungstechnischen und juristischen Fragen bei der Aufstellung und Durchführung eines regionalpolitischen Aktionsprogrammes sollen ebenfalls nicht näher behandelt werden. Obwohl nicht verkannt wird, daß gerade Widerstände in diesem Bereich die Effizienz regionalpolitischer Maßnahmen vermindern oder ihren Einsatz sogar verhindern können, wird auf mögliche Lösungsansätze nicht eingegangen, da sich die folgenden Ausführungen auf die ökonomischen Aspekte der Problemstellung konzentrieren sollen.

Deshalb kann diese Arbeit nur innerhalb des gesteckten Rahmens und im Zusammenhang mit den genannten Paralleluntersuchungen den Beitrag leisten, den sie sich als Ziel gesetzt hat, nämlich theoretisch fundierte, aber für die Praxis auch operationale Möglichkeiten aufzuzeigen, die regionalpolitischen Probleme bei einem fühlbaren Beschäftigtenrückgang in monoindustriellen Regionen besser in den Griff zu bekommen. Dabei soll nicht die Suche nach Optimallösungen oder gar Patentrezepten im Vordergrund stehen. Die Untersuchung kann und will nur einen Leitfaden darstellen, wie die geschilderte Problemsituation besser bewältigt werden könnte als es bisher in der zu beobachtenden Praxis geschehen ist. Um die „Kluft" zwischen Theorie und Realität" nicht noch zu verbreitern, muß beim gegenwärtigen Stand des Wissens und des verfügbaren empirischen Materials noch häufig auf „handfeste Methoden ohne theoretischen Höhenflug"[8] zurückgegriffen werden.

1. Kapitel:
Das Problem der Zielbestimmung

1.1 Notwendigkeit und Möglichkeiten operationaler Zielformulierungen

Einer in das gesamte Zielsystem der Wirtschafts- und Gesellschaftspolitik integrierten und in sich ausgewogenen (d. h. konsistenten und transitiven) Zielbestimmung stehen auf dem Gebiet der Regionalpolitik folgende Hemmnisse entgegen:

1. Es ist typisch für die Regionalpolitik, daß sie tätig werden muß, ohne zu wissen, wie die gesamtwirtschaftlich optimale Standortstruktur beschaffen sein soll[9].
2. Die Regionalpolitik ist ein Teilbereich der allgemeinen Wirtschaftspolitik, auf dem nicht explizit formulierte Ziele dominieren[10].
3. Da hier nicht ein spezieller Beschäftigtenrückgang einer bestimmten Region untersucht wird, können nicht die Zielvorstellungen eines konkreten Entscheidungsträgers der Regionalpolitik zugrunde gelegt werden.

Trotzdem ist eine (zumindest grobe) Definition der Ziele aber unbedingt notwendig, weil:

1. eine gezielte Informationssuche für die Diagnose und Prognose sowie ihre (aus Kostengründen) oft notwendige Beschränkung sonst nicht möglich wäre[11],
2. eine Bezugsbasis für die Antizipation bzw. nachträgliche empirische Überprüfung der Zielerfüllung alternativer Maßnahmen(kombinationen) fehlte und dann eine Analyse der Problemstellung unmöglich bzw. ins Uferlose abgleiten würde, da alle nur denkbaren Zielsetzungen in die Untersuchung einbezogen werden müßten[12],
3. die Voraussetzungen für eine Koordination der Ziele und Maßnahmen nicht vorlägen, die vor allem bei kompetitiven Zielbeziehungen notwendig wird[13].

Das Dilemma besteht also darin, daß einerseits eine analytische Behandlung des Themas ohne wenigstens grob formulierte Zielsetzungen nicht möglich ist, andererseits aber in der Regionalpolitik explizit formulierte Ziele nur selten anzutreffen sind, weil sie zumeist nur aus Leerformeln oder allgemeinen „Grundsätzen" bestehen, die jede (auch konträre) Inhaltsbestimmung zulassen[14]. Trotzdem soll aus den zuletzt angeführten Gründen versucht werden, Kriterien für die relevanten Ziele bei den hier angesprochenen Beschäftigtenrückgängen operational zu definieren, mögliche Zielkonflikte aufzudecken und die wichtigsten Restriktionen des potentiellen Mitteleinsatzes festzulegen, soweit sie aus den Zielen ableitbar sind. Dabei kann und soll jedoch nicht die gesamte Zielproblematik der Regionalpolitik behandelt werden.

Eine operationale Zielformulierung muß die genaue Bezeichnung des zu verändernden Objekts (beschreibender Term) sowie die Bestimmung der Veränderungsrichtung und des gewünschten Veränderungsgrades (messender Term) enthalten[15]. Konzipiert man die Regionalpolitik als integrierten Bestandteil der allgemeinen Wirtschafts- und Gesellschaftspolitik, so müssen sich die Ziele einer Region widerspruchsfrei in diejenigen der Gesamtwirtschaft und aller anderen Regionen einordnen lassen[16]. In der Literatur herrscht Einigkeit darüber, daß sowohl diese Integration als auch eine operationale Definition der regionalpolitischen Ziele bisher nicht erreicht worden ist, und daß dieser Zustand auch noch für eine geraume Zeit andauern wird [17]. Deshalb muß ein weniger anspruchsvoller Weg zur Formulierung der Ziele gesucht werden. Da es sich in der Praxis immer um einen konkreten Beschäftigtenrückgang in einer bestimmten Region handelt, bietet sich der Ansatz von *D. Storbeck* an, der darin besteht, die soeben dargestellte „systemorientierte Konzeption" durch eine „problemorientierte Konzeption" zu ersetzen[18].

Letztere setzt bei der Lösung von Einzelproblemen an, die überall dort zu finden sind, wo unerwünschte Situationen auftauchen, die sich bei einem Konsensus über die Oberziele der allgemeinen Wirtschaftspolitik als solche bestimmen lassen, z. B. im Hinblick auf den nationalen Entwicklungsstand. Die Kennzeichnung der unerwünschten Situation kann auf ein geschlossenes Zielsystem verzichten und zugleich mit begrenzter Voraussicht auskommen (also auch kurzfristig orientiert sein). Erforderlich ist nur eine Einigung über einen Negativkatalog, der allgemein anerkannt wird und z. T. als selbstverständliche Aufgabe der Politik gilt, wie z. B. die Vermeidung hoher regionaler Arbeitslosigkeit. Die Quantifizierung ist dann relativ einfach, da sie durch Bestandsproportionen oder Entwicklungsraten vorgenommen werden kann[19]. Dieser Ansatz dürfte als Grundlage einer regionalpolitischen Konzeption für die gesamte Volkswirtschaft wenig brauchbar sein. Solange die Zieldiskussion in der BRD aber noch nicht zu einem klaren sowie für alle Regionen verbindlichen Ergebnis geführt hat und aktuelle Probleme in bestimmten Teilräumen auf eine Lösung drängen, verbleibt der Regionalpolitik (zunächst) nur das (zugegebenermaßen unbefriedigende) "piecemeal social engineering".

Als weitere Restriktion muß im Rahmen dieser Untersuchung noch die Bedingung eingeführt werden, daß die Maße, Indikatoren oder Kriterien, an denen sich die Regionalpolitik orientieren soll, so beschaffen sein müssen, daß diese Größen bei gegebenem bzw. gewünschtem Informationsstand auch empirisch hinreichend genau bestimmt werden können. Die Zielgrößen müssen also bei der Diagnose der aktuellen Lage quantifiziert und in ihre Determinanten aufgelöst werden können; desgleichen müssen eine Prognose ihrer Entwicklung sowie eine spätere Kontrolle des Zielerfüllungsgrades empirisch durchführbar sein. Unter diesen Bedingungen der „problemorientierten Konzeption" der Zielbestimmung und den durch die verfügbaren Informationen bedingten Restriktionen für die Auswahl der Orientierungskriterien sind nunmehr die zu erwartenden oder wahrscheinlichen Ziele der Regionalpolitik bei einem empfindlichen Beschäftigtenrückgang zu ermitteln.

1.2 Ziele der Regionalpolitik

Die Ziele der Regionalpolitik lassen sich einmal aus den allgemein anerkannten Oberzielen der Wirtschafts- und Gesellschaftspolitik, nämlich Freiheit, Frieden, Gerechtigkeit, Sicherheit und Wohlstand[20] herleiten, sie können im herrschenden Raumordnungsrecht niedergelegt sein oder sind Ausdruck spezieller Zielvorstellungen eines regionalpolitischen Entscheidungsträgers für eine bestimmte Region.

1.2.1 Regionalpolitische Implikationen der allgemeinen wirtschaftspolitischen Zielsetzungen

Von den o. g. allgemeinen Zielen der Wirtschaftspolitik werden in der Literatur die regionalpolitischen Implikationen der Ziele Wohlstand (Wachstum), soziale Sicherheit bzw. Stabilität und soziale Gerechtigkeit als Grundlagen eines regionalen Subzielsystems angesehen. Es herrscht weitgehende Übereinstimmung über folgende Ziele der Regionalpolitik[21]:

1. Vollbeschäftigung (bzw. geringe Arbeitslosigkeit) und möglichst hohe Wachstumsrate des Bruttoinlandsprodukts (BIP) pro Kopf der Wirtschaftsbevölkerung in den einzelnen Regionen,
2. Vermeidung bzw. Verminderung konjunktureller und struktureller Schwankungen der Einkommensentwicklung in den Teilräumen der Gesamtwirtschaft,
3. Vermeidung bzw. Verminderung von zu großen Disparitäten im Einkommensniveau (BIP/Kopf) zwischen den Regionen,
4. möglichst gleichmäßige Versorgung aller Bevölkerungsteile mit den Einrichtungen der öffentlichen Daseinsvorsorge.

Dabei wird die Zuordnung der genannten regionalpolitischen Ziele zu ihren gesamtwirtschaftlichen Oberzielen von den einzelnen Autoren z. T. unterschiedlich vorgenommen, im Ergebnis zeigen sich jedoch kaum Unterschiede. Die Konkretisierung dieses gesamtwirtschaftlichen Ansatzes scheiterte aber bisher daran, daß die empirische (und nicht nur theoretische) Ableitung und Quantifizierung der regionalpolitischen Ziele aus den übergeordneten Zielsetzungen noch nicht gelungen ist. Die Frage: was, wann, wo zu tun bzw. zu unterlassen ist, konnte bisher auf der Grundlage dieser Konzeption noch nicht konkret genug beantwortet werden. Eine konsequente Verfolgung dieses Ansatzes, der u. U. ein sinkendes BIP in einigen Regionen als Bedingung für eine Optimierung des gesamtwirtschaftlichen Wachstums verlangen könnte, würde außerdem in der Praxis auf harten Widerstand stoßen, zumal die Zielkoordination zwischen den einzelnen Teilräumen in der BRD durch den föderalistischen Staatsaufbau erheblich erschwert wird[22]. Welche „Zielformulierungen" in der regionalpolitischen Gesetzgebung durchsetzbar sind, zeigt das Raumordnungsrecht der Bundesrepublik.

1.2.2 Die Ziele im Raumordnungsrecht

Als Grundlagen des geltenden Raumordnungsrechts sind das *Bundesraumordnungsgesetz* (BROG) und die Landesplanungsgesetze der Länder anzusehen. Aus den Bestimmungen des BROG vom 8. 4. 1965 sind u. a. folgende für diese Untersuchung von Bedeutung[23]:

§ 2,1: „Die räumliche Struktur der Gebiete mit gesunden Lebens- und Arbeitsbedingungen ... sollen gesichert und weiter entwickelt werden ... In Gebieten, in denen eine solche Struktur nicht besteht, sollen Maßnahmen zur Strukturverbesserung ergriffen werden ... "

§ 2,3: „In Gebieten, in denen die Lebensbedingungen in ihrer Gesamtheit im Verhältnis zum Bundesdurchschnitt wesentlich zurückgeblieben sind oder ein solches Zurückbleiben zu befürchten ist, sollen die allgemeinen wirtschaftlichen und sozialen Verhältnisse sowie die kulturellen Einrichtungen verbessert werden ... In einer für die Bewohner zumutbaren Entfernung sollen Gemeinden mit zentralörtlicher Bedeutung ... gefördert werden".

Es bedarf hier keiner näheren Begründung mehr dafür, daß solche oder ähnliche Formulierungen keinen Beitrag zur Definition regionalpolitischer Ziele erbringen können, weil sie so allgemein gehalten sind, daß man alles und/oder nichts in sie hineininterpretieren kann[24]. Das BROG enthält zwar die Anweisung, daß eine (drohende) Verschlechterung der Wirtschaftskraft bzw. der allgemeinen Lebensbedingungen zu verhindern oder zu beseitigen ist und daß diesbezügliche Maßnahmen nicht global, sondern räumlich konzentriert eingesetzt werden sollen. Da aber keine Kriterien und Schwellenwerte zur Abgrenzung dieser Problemgebiete oder zentralen Orte angegeben werden, bleiben diese Bestimmungen inhaltsleer.

Ähnlich verhält es sich mit den Landesplanungsgesetzen, von denen diejenigen Nordrhein-Westfalens als Beispiel angeführt werden sollen[25]. Relevant sind hier gemäß § 11 des Landesplanungsgesetzes vom 7. 5. 1962 das Landesentwicklungsprogramm, die Landesentwicklungspläne und die Raumordnungspläne, in denen die Ziele der Landesplanung dargestellt werden sollen. Das *Landesentwicklungsprogramm* vom 7. 8. 1964 sieht die Ansiedlung neuer und die Ausweitung vorhandener Betriebe in wirtschaftsschwachen sowie die Auflockerung der Monostrukturen in einseitig strukturierten Gebieten vor (I, B, 7) und beschränkt den Mitteleinsatz weitgehend auf Entwicklungsschwerpunkte und Entwicklungsachsen (II, C, 2). Der *Landesentwicklungsplan I* von NRW[26] befaßt sich mit der räumlichen Abgrenzung von Ballungskernen, Ballungsrandzonen und ländlichen Zonen sowie der Bestimmung von Gemeinden und städtischen Verflechtungsgebieten mit zentralörtlicher Bedeutung in den ländlichen Zonen.

Als einziger Raumordnungsplan für ein größeres Gebiet ist der *Gebietsentwicklungsplan des Siedlungsverbandes Ruhrkohlenbezirk*[27] anzusehen. Er enthält zwar schon konkretere Vorstellungen, die aber ebenfalls noch keine operationale Zielformulierungen darstellen. Genannt werden dort „Erhaltung und Stärkung der Wirtschaftskraft", „Anschluß des Ruhrreviers an das Wachstum der Gesamtwirtschaft", „Verbreiterung und Verbesserung der Wirtschaftsstruktur", „Ausbau der Infrastruktur" und „Steigerung der kommunalen Finanzkraft". Von Interesse ist in diesem Zusammenhang noch das *Entwicklungsprogramm Ruhr* (EPR)[28], das auf dem Höhepunkt der sog. Ruhrkrise aufgestellt wurde, in einer Situation also, die einen Spezialfall der hier untersuchten Problemlage darstellt. Die Hauptziele des EPR sind die freie Entfaltung der Persönlichkeit, soziale Sicherheit und Gerechtigkeit. Als einziges Unterziel zur Erreichung der Oberziele wird ein verstärktes Wirtschaftswachstum angesehen. Sodann wird noch die Nebenbedingung eingeführt, daß der Anpassungsprozeß ohne unzumutbare Härten für die betroffenen Arbeitnehmer erfolgen soll. Auch diese einschlägigen Gesetze und regionalen Entwicklungspläne enthalten somit keine Zieldefinitionen, die zufriedenstellende Ansatzpunkte für eine analytische Behandlung der hier zu behandelnden Problemsituation erbringen könnten.

1.2.3 Die Ziele in der regionalpolitischen Praxis der untergeordneten Gebietskörperschaften

Regionale Wirtschaftspolitik wird in der BRD nicht nur durch den Bund und die Länder, sondern auch (vor allem auf dem Infrastruktursektor) von den Kreisen, Städten und Gemeinden betrieben. Bei diesen untergeordneten Gebietskörperschaften zeigt sich am deutlichsten die Vielfalt der in der regionalpolitischen Praxis verfolgten Ziele und Strategien. Für eine (unbestimmte) Stadt oder Region lassen sich diese Ziele deshalb noch schwieriger global charakterisieren. Dies gilt jedoch nicht für den hier zu untersuchenden Fall von plötzlichen Beschäftigtenrückgängen im Grundleistungssektor einzelner Regionen. Hier läßt sich ein weitgehender Konsensus feststellen, da fast immer die Steigerung der wirtschaftlichen Leistungskraft des Gebietes angestrebt wird, so verschieden die einzelnen Unterziele und ihre Gewichte örtlich auch sein mögen[29]. Sie bleiben zwar auch noch z. T. vage, jedoch bieten sie den vergleichsweise günstigsten Ausgangspunkt für den Versuch einer weiteren Konkretisierung in Hinblick auf operationale Zielformulierungen. Folgende (Unter)Ziele stehen im Vordergrund des Interesses[30]:

1. Verminderung bzw. Verhinderung von Arbeitslosigkeit, Förderung des Wachstums von Einkommen und Beschäftigung,
2. Vermeidung von Einkommenseinbußen und den damit verbundenen absoluten oder relativen Verschlechterung des Einkommensniveaus der Region im Vergleich zum Bundes- oder Landesdurchschnitt,
3. Ausbau der Infrastruktur auf einen Standard, der dem Bundes- bzw. Landesdurchschnitt oder einer anderen Norm entspricht; als Hauptbedingung wird hierzu die Steigerung der kommunalen Finanzkraft angesehen,
4. Erhaltung bzw. Schaffung einer krisenfesten (bzw. krisenfesteren) Wirtschaftsstruktur.

Vor allem die Kommunen orientieren sich häufig an der Höhe der Arbeitslosenquote sowie an der Entwicklung der Industriebeschäftigten und Gemeindesteuern[31], wobei die Zahl der neu angesiedelten Betriebe und deren Beschäftigten meist als Hauptkriterien für den Erfolg einer Politik der regionalen Wirtschaftsförderung gelten[32]. Die vier vorgestellten Kriterien stehen aber nicht unabhängig nebeneinander; sie können zu dem Begriff Steigerung, Erhaltung oder Verhinderung einer Verschlechterung der regionalen Wirtschaftskraft zusammengefaßt werden, da sie jeweils nur verschiedene Aspekte der wirtschaftlichen Leistungskraft der Region darstellen.

1.2.4 Indikatoren für die zu erwartenden Zielsetzungen der Regionalpolitik bei empfindlichen Beschäftigtenrückgängen

Die bisherigen Ausführungen haben gezeigt, daß bei den vorherrschenden vagen und z. T. inhaltsleeren Zielvorstellungen auf überregionaler Ebene trotzdem über bestimmte (Teil)Ziele bei den untergeordneten Gebietskörperschaften in der hier zu untersuchenden Problemlage ein weitgehender Konsens herrscht. Da sie außerdem eine gewisse Übereinstimmung mit den regionalpolitischen Implikationen der allgemeinen wirtschaftspolitischen Zielsetzungen aufweisen, können sie mit einigem Vorbehalt bei weiterer Konkretisierung als Beurteilungskriterien für alternative Maßnahmen dienen.

Dieses „Mindestprogramm", von dem im weiteren Verlauf der Untersuchung ausgegangen wird, enthält Zielkriterien, die folgenden Anforderungen genügen:

1. Sie werden von der praktischen Regionalpolitik (besonders von den untergeordneten Gebietskörperschaften) verfolgt.
2. Sie stehen nicht im logischen Widerspruch zu den gesamtwirtschaftlichen Zielen; ein empirischer Zielkonflikt ist im konkreten Fall natürlich möglich.
3. Sie stehen im Einklang mit dem geltenden Raumordnungsrecht.
4. Sie lassen sich hinreichend genau quantifizieren.

Entsprechend der „problemorientierten Konzeption" der Zielbestimmung braucht dabei nicht ein vollständig definiertes und widerspruchsfreies System aufgestellt zu werden; die einzelnen Ziele können teilweise offen bleiben. Die Untersuchung orientiert sich an bestimmten Indikatoren bzw. Maßgrößen, die ein Zurückbleiben des Problemgebietes hinter der Entwicklung der übrigen Regionen, eines Landes- oder Bundesdurchschnitts oder einer anderen Norm angeben können, und deren Angleichung an diese Richtwerte ein allgemein anerkanntes Ziel der Regionalpolitik ist. Da diese Untersuchung nicht auf die Lösung eines konkreten Problemfalls abzielt, sondern generell die möglichen Wege und Methoden der Diagnose, Prognose und Entscheidungsfindung aufzeigen will, lassen sich aus den hier abgeleiteten allgemeinen Ergebnissen immer dann auch Schlußfolgerungen für einen konkreten Fall ziehen, wenn die ausgewählten Zielkriterien die wichtigsten Variablen in der speziellen Zielfunktion (soweit überhaupt vorhanden) eines regionalpolitischen Entscheidungsträgers darstellen.

Solche Indikatoren sind u. a. Bevölkerungsentwicklung, Wanderungsbewegungen, Industriebesatz, Entwicklung der Industriebeschäftigten, Umsatz der Industrie und des gesamten gewerblichen Sektors, Steuer- und Finanzkraft der Gemeinden, Einnahmen aus der Einkommen- und Lohnsteuer sowie das Bruttoinlandsprodukt (BIP) pro Kopf der Wirtschafts- oder Wohnbevölkerung[33]. Auch indirekte Maßstäbe wie die Zahl der PKW pro 1000 Einwohner können herangezogen werden. Als vergleichsweise beste Kennziffer zur Messung der regionalen Wirtschaftskraft ist das BIP pro Kopf der Wirtschaftsbevölkerung anzusehen. Leider läßt es sich wegen seiner Komplexität weder genügend tief in seine Komponenten aufspalten noch analysieren und prognostizieren, weil empirische Berechnungen bisher nur für die Bundesländer vorgenommen worden sind und auf Kreisebene nur derivative Ergebnisse vorliegen[34]. Beim gegenwärtigen Stand der Regionalstatistik läßt sich das BIP als Zielkriterium nur in Untersuchungen verwenden, die mit einer Input-Output-Tabelle im Rahmen einer regionalen Gesamtrechnung arbeiten können. Diese Möglichkeit wird aber (vor allem aus Kostengesichtspunkten) nur im Ausnahmefall gegeben sein.

Deshalb sind im folgenden vier Kriterien ausgewählt worden, die empirisch besser faßbar sind und von denen angenommen werden kann, daß sie in der geschilderten Problemsituation höchstwahrscheinlich Eingang in die regionalpolitische Zielfunktion finden werden. Je nach Fragestellung kann dabei auf die absolute und/oder relative (z. B. im Vergleich zum Bundes- oder Landesdurchschnitt) Entwicklung der Gesamt- und/oder pro-Kopf-Größen abgestellt werden.

Die Veränderung des Beschäftigtenstandes bzw. die Zahl der *Arbeitslosen*, ausgedrückt durch die regionale Arbeitslosenquote, den Parameter „Arbeitslose pro 100 offene Stellen" oder die Differenz aus Arbeitslosen und offenen Stellen, dürfte der wohl wichtigste Zielindikator sein. Falls die vorhandenen Arbeitskräfte nicht voll beschäftigt werden, bleiben Entwicklungschancen ungenutzt. Kurzfristig wird das Wohlstandsziel, langfristig auch das Wachstumsziel nicht im erreichbaren Ausmaß verwirklicht. Vor allem die Beschäftigtenentwicklung im sog. Basissektor, der die Existenzgrundlage einer Region darstellt, ist hier von Interesse und damit die Zahl der Industriebeschäftigten[35]. Als empirische Grundlage für diesen Zielkomplex kann die Industrieberichterstattung sowie die Arbeitsamtstatistik dienen, die auch regional tief genug gegliedert sind.

Die Entwicklung der *persönlichen verfügbaren Einkommen* (Bruttoverdienste und Transfereinkommen, abzüglich Steuern und Sozialversicherungsbeiträge) ist eng an die Veränderung der Beschäftigtenzahl gekoppelt; sie kann jedoch noch durch Pendler- und Wanderungsbewegungen bezüglich der absoluten und/oder pro-Kopf-Werte verändert werden.[36] Höhe und Stabilität der Einkommen sind Kriterien für die Ziele der sozialen Sicherheit und des Ausgleichs regionaler Wohlstandsunterschiede. Als Ausdruck für die Kaufkraft einer Region sind sie gleichzeitig mitbestimmend für die Beschäftigungslage im sog. Folgeleistungssektor. Langfristig ist vor allem der Anteil der Transfereinkommen an den persönlichen verfügbaren Einkommen ein Merkmal für die Fähigkeit einer Region, ein sich selbst erhaltendes Wachstum ohne ständige Bezuschussung von außen zu erzielen. Als statistische Quellen sind die amtlichen Veröffentlichungen (gezahlte Lohn- und veranlagte Einkommensteuer) wenig brauchbar. Als Ausweg empfiehlt sich die Berechnung der Einkommensveränderungen über die tarifvertraglich gesicherten Bruttomonatslöhne, von denen die Lohnsteuer und Sozialversicherungsbeiträge abzuziehen sind. Im Falle von (vorübergehender) Arbeitslosigkeit sind die Bestimmungen über die Höhe des Arbeitslosengeldes heranzuziehen[37].

Die *kommunale Finanzkraft* wird durch die Höhe der Steuereinnahmen (beim gegenwärtigen Finanzsystem besonders aus der vom Industriebesatz abhängigen Gewerbesteuer) bestimmt und durch Mittel aus dem Finanzausgleich erheblich angehoben. Die Haushaltspläne der betroffenen Gemeinden sowie die amtliche Finanzstatistik lassen eine relativ genaue Quantifizierung dieses Zielkriteriums zu. Da ein Großteil der Infrastrukturinvestitionen von den Gemeinden finanziert werden muß, lassen die Einnahmen gewisse Rückschlüsse auf den Versorgungsgrad der Bevölkerung mit den Einrichtungen der öffentlichen Daseinsvorsorge zu. Somit ist (zumindest indirekt) auch das Ziel der gleichmäßigen Versorgung aller Teilräume einer Volkswirtschaft mit Infrastruktur, der regionalen Implikation des allgemeinen Gerechtigkeitszieles, angesprochen.

Die *Krisenfestigkeit der Wirtschaftsstruktur* einer Region als Ausfluß des allgemeinen Stabilitätszieles läßt sich nicht mit einem einzelnen Parameter oder Kriterium erfassen, da es kein quantitatives, sondern ein qualitatives (Struktur)Ziel ist. Dieses Problem wird später noch ausführlich diskutiert[38].

Diese vier Zielkriterien decken natürlich nicht das gesamte potentielle Zielfeld der Regionalpolitik ab, jedoch können sie als die wichtigsten Kriterien für die ökonomischen Ziele der regionalen Wirtschaftspolitik auf kürzere Sicht bei empfindlichen Beschäftigtenrückgängen angesehen werden, die sich einer theoretischen und empirischen Analyse nicht entziehen[39]. Sie wären evtl. noch zu ergänzen durch die *Pendler- und Wanderungs*bewegungen, da häufig die Bevölkerungszahl und ihre Entwicklungstendenz als Maßstab für die Effektivität von Programmen und Maßnahmen zur aktiven Sanierung von Problemgebieten angesehen werden.

1.3 Mögliche Zielkonflikte der Regionalpolitik

Ohne explizit formulierte und operational definierte Zielsetzungen läßt sich das Problemfeld der Zielbeziehungen zwar ebenfalls nicht zufriedenstellend behandeln, jedoch können typische empirische Zielkonflikte[40] aufgezeigt werden, die wahrscheinlich immer auftauchen werden, unabhängig davon, welche konkreten Ziele in einer bestimmten Situation verfolgt werden. Sie lassen sich in drei Kategorien einteilen, und zwar in Konflikte zwischen Zielen:

1. innerhalb des betroffenen Teilraumes,
2. des Problemgebietes und denen anderer Teilräume der Volkswirtschaft,
3. der Region und denen der Gesamtwirtschaft[41].

1.3.1 Zielkonflikte innerhalb des betroffenen Teilraumes

Bei dieser Kategorie von (empirischen) Zielkonflikten könnte zunächst an Antinomien zwischen den vier Unterzielen Beschäftigung, Einkommen, Gemeindesteuern und krisenfeste Wirtschaftsstruktur gedacht werden. Die vier Indikatoren sind jedoch lediglich Surrogate für das Ziel eines stabilen regionalen Bruttoinlandsprodukts, dem wohl geeignetsten, im Rahmen dieser Untersuchung aber nicht operationalen, Bestimmungsmerkmal für die „Wirtschaftskraft" einer Region. Deshalb dürften zwischen ihnen eher Neutralitäts- oder gar Harmoniebeziehungen vorliegen, letztere vor allem dann, wenn eine Verbesserung des Beschäftigtenstandes angestrebt wird. Sodann kommen Konflikte zwischen diesen ökonomischen Zielen und anderen Zielsetzungen der Region, wie z. B. Sauberhaltung von Luft und Wasser, Lärmvermeidung, städtebauliche Ziele etc. in Frage[42]. Sie können zumindest in Form von Restriktionen dem Erfüllungsgrad der ökonomischen Ziele Grenzen setzen (z. B. keine Ansiedlung von Betrieben der Zementindustrie).

Als weiterer Zielkonflikt ist derjenige zwischen den kurz- und langfristigen Zielsetzungen anzusehen. Für bestimmte Strategien der Wirtschaftsförderung ist es nicht unerheblich, welche dieser beiden Orientierungen vorherrscht. So wird z. B. durch Ansiedlung eines Unternehmens, das für einige Jahre Arbeitslose beschäftigt, langfristig aber zum Ruin verurteilt ist, ein kurzfristiger Erfolg erzielt, auf lange Sicht kann sich die Situation im Vergleich zur Ausgangslage aber noch verschlechtern. Schließlich sind noch Interessenkonflikte zwischen kleineren Einheiten des Problemgebietes möglich, etwas zwischen den einzelnen Gemeinden eines Landkreises. Sollen z. B. alle arbeitslosen Arbeiter von A auch in A wieder beschäftigt werden, oder könnte dies auch in B oder C der Fall sein, was evtl. Pendeln oder Umzug erforderlich machen würde? Hier schafft vor allem das Konzept der zentralen Orte eine Grundlage für die Förderungspräferenzen.

1.3.2 Konflikte zwischen den Zielen des Problemgebietes und denen anderer Teilräume der Volkswirtschaft

Beschäftigtenrückgänge und damit Veränderungen der regionalen Produktionsstruktur haben nicht nur Auswirkungen auf die betroffene Region selbst, sondern auch

Folgen für andere Teilräume, in denen sich z. B. die Zulieferanten eines stillgelegten Betriebes befinden. Diese Interdependenzen brauchen aber nicht unbedingt kompetitiver Art zu sein. So kann etwa eine Industrieansiedlung in Region A über die "backward – linkages" auch das Wachstum von Region B forcieren. Es ist aber auch der Fall denkbar, daß der neue Betrieb in A bereits bestehenden Betrieben in B Kunden abzieht und somit die herrschende Arbeitslosigkeit nicht beseitigt, sondern nur von A nach B „exportiert". Je nach Art und Intensität der interregionalen Verflechtungen kann eine verstärkte Wirtschaftsförderung in A Reichtum oder Armut für die benachbarte Region B bedeuten. Deshalb ist zunächst die Kenntnis über diese Interdependenzen und ihre Folgen Hauptvoraussetzung für eine Koordination der Ziele und Maßnahmen zwischen den einzelnen Teilräumen, um vor allem bei den Kommunen den unökonomischen „Kampf aller gegen alle" zu vermeiden.

1.3.3 Konflikte zwischen den Zielen der Region und denen der Gesamtwirtschaft

Das Hauptproblem in diesem Zusammenhang ist die Frage nach dem Pro und Kontra einer produktivitätsorientierten Regionalpolitik, bzw. die Alternative zwischen Wachstumsmaximierung in Teilräumen und Optimierung des gesamtwirtschaftlichen Wachstums[43]. Je nach Höhe des regionalen Entwicklungspotentials müßte eine Entscheidung zugunsten der aktiven oder passiven Sanierung, also Förderung der Industrieansiedlung oder Abwanderung, erfolgen. Solange es aber noch nicht möglich ist, das regionale Entwicklungspotential operational zu definieren[44], kann die Theorie hier nur einen vergleichsweise geringen Beitrag zur Versachlichung der Diskussion leisten und muß weitgehend den politischen Instanzen die Lösung des Konflikts zwischen Wachstum (des gesamtwirtschaftlichen Sozialprodukts) und Freiheit (der Wohnortwahl) überlassen. Das Raumordnungsrecht und die praktische Regionalpolitik zeigen dabei eine eindeutige Präferenz für die aktive Sanierung von Teilräumen (nicht unbedingt auch einzelner Städte) mit einem Einzugsbereich von mindestens 20.000 Einwohnern, wobei diese Untergrenze (natürlich) noch stark umstritten ist[45].

Im Rahmen dieser Untersuchung ist es nicht möglich, auf die Bewertung der einzelnen Ziele näher einzugehen, da in der BRD noch eine einheitliche und allgemein anerkannte regionalpolitische Konzeption fehlt und hier auch nicht die Probleme einer bestimmten Region diskutiert werden sollen. Im weiteren Verlauf der Untersuchung wird davon ausgegangen, daß die Voraussetzungen für eine aktive Sanierung des industriellen Problemgebietes erfüllt sind und die kurzfristigen wirtschaftspolitischen Zielsetzungen der Regionalpolitik weitgehend im Vordergrund des Interesses stehen. Bei der Diskussion des optimalen Mitteleinsatzes gehen die Verschlechterungen bzw. Verbesserungen des Erfüllungsgrades anderer Ziele (anderer Regionen) als „Nebenwirkungen" in den Kalkül ein, so daß immer nach dem „Preis" gefragt werden muß, mit dem eine Bessererfüllung der regionsspezifischen Ziele u. U. „erkauft" werden muß.

1.4 Die Implikationen des Freiheitszieles für das potentielle regionalpolitische Instrumentarium

Gemäß der eingangs dargelegten Konzeption müßten abschließend noch die Daten und Instrumente der Regionalpolitik festgelegt werden. Dem stellt sich jedoch die Schwierigkeit entgegen, daß das potentielle regionalpolitische Instrumentarium nicht festliegt, weil der Übergang von den nicht zu beeinflussenden zu den beeinflußbaren Variablen fließend ist, vor allem bei kurz- bis mittelfristigen Problemlösungen, die hier im Vordergrund stehen. Die Abgrenzung kann deshalb erst nach der Determinantenanalyse des regionalen Strukturwandlungsprozesses in Abschnitt 3.2 durchgeführt werden.

Aus dem gesamtwirtschaftlichen Freiheitsziel folgen jedoch einige Einschränkungen des regionalpolitischen Mitteleinsatzes, die auch aus der herrschenden Wirtschaftsordnung (soziale Marktwirtschaft) abgeleitet werden können. Demzufolge muß den Wirtschaftssubjekten namentlich die Freiheit der Niederlassung, des Konsums, der Berufswahl, des Produzierens und der Wahl des Arbeitsplatzes gewährt bleiben[46]. Die Regionalpolitik muß deshalb als „empfehlende" oder „ankurbelnde" Regionalpolitik konzipiert werden, Maßnahmen der „befehlenden" Regionalpolitik dürfen nur in Ausnahmefällen ergriffen werden[47].

Mit diesen Ausführungen soll die Behandlung der regionalpolitischen Zielbestimmung abgeschlossen werden. Sie konnten nur den für die Problemstellung unmittelbar relevanten (kleinen) Teil der gesamten Zielproblematik kurz anreißen; jedoch reichen die Ergebnisse aus, um nach der Diagnose des Beschäftigtenrückgangs und der Prognose seiner Auswirkungen eine Diskussion des optimalen Mitteleinsatzes zu ermöglichen.

2. Kapitel:

Die Bestimmungsgründe der Primärwirkungen von Beschäftigtenrückgängen in monoindustriellen Gebieten

Falls die Wirtschaftsentwicklung eines Teilraumes der Volkswirtschaft zu erheblichen Abweichungen von den im 1. Kapitel aufgezeigten Zielen bzw. Zielindikatoren führt oder in naher Zukunft führen wird, bilden eine Deskription und Diagnose der Ausgangslage sowie eine Analyse der sie beeinflussenden Faktoren die Grundlage für eine regionalpolitische Ursachentherapie. Deshalb ist in diesem Kapitel zunächst nach den Gründen von Beschäftigtenrückgängen zu fragen, die zu einer Gefährdung der Existenzgrundlage einer Region führen könnten. Anschließend ist zu prüfen, wann und unter welchen Bedingungen diese Gefahr tatsächlich gegeben ist, und welches die unmittelbaren Folgen (Primärwirkungen) des Beschäftigtenrückgangs sein werden.

2.1 Beschäftigungsschwankungen in Betrieben des Grundleistungssektors einer Region als Problem der betrieblichen Anpassung

Den Ausgangspunkt für die folgenden Überlegungen bildet ein Prozeß der Freisetzung von Arbeitskräften. Eine unfreiwillige regionale Arbeitslosigkeit größeren Ausmaßes dürfte zunächst meist im sog. Grundleistungssektor von Regionen auftreten, die dann aufgrund der intraregionalen Liefer- und Zahlungsströme auch auf andere Bereiche übergreifen kann. Diese für den weiteren Verlauf der Untersuchung grundlegenden Zusammenhänge bedürfen einer näheren Erläuterung.

2.1.1 Funktion und Abgrenzung des Grundleistungssektors einer Region

Die Unterteilung der Betriebe einer Region in solche des Grund- und Folgeleistungssektors geht auf *W. Sombart*[48] zurück. Die Grundhypothese der darauf aufbauenden "economic-base-theory" besagt, daß das Wirtschaftswachstum einer Region von der Fähigkeit abhängt, ihre Produkte im Regionsausland abzusetzen. Die im Rahmen der Produktion dieser „fernorientierten" Betriebe (basic-Bereich) entstehenden Einnahmen und Einkommen werden für Güter und Dienste der „nahversorgenden" Betriebe des Folgeleistungssektors (non basic-Bereich) verausgabt. Außerdem können aus den Erlösen dieser „Exporte" Güter für die Produktion und den Konsum erworben werden, die nicht (oder nicht im ausreichenden Maße) von örtlichen Betrieben produziert oder angeboten werden[49]. Die mit der empirischen Anwendung dieser Konzeption verbundene Problematik wird an der Abb. 2 deutlich.

Eine allseits befriedigende Abgrenzung des Grundleistungssektors läßt sich empirisch nur schwer durchführen. Streng genommen zählen zu ihm die Betriebe aller

Wirtschaftszweige, die Leistungen außerhalb der Region absetzen oder absetzen könnten, also nicht nur Unternehmen, die für Märkte im Regionsausland produzieren, sondern auch Betriebe, die „Importe" substituieren, indem sie z. B. Vorleistungen an heimische Unternehmen liefern, die anderenfalls aus dem Regionsausland bezogen werden müßten[50]. Der sog. tertiäre Sektor ist deshalb nur im Ausnahmefall identisch mit dem non basic-Bereich. Grundleistungen können nicht nur von der Landwirtschaft oder Industrie, sondern auch von (Groß)Handel, (Fremden)Verkehrsgewerbe und von Behörden erbracht werden. Um den Rahmen dieser Arbeit aber nicht zu sprengen, sollen hier nur die Ursachen und Folgen von Beschäftigtenrückgängen im industriellen Bereich untersucht werden, die Städte bzw. Gebiete treffen, die die Voraussetzungen für eine aktive Sanierung erfüllen. Freisetzungsprozesse in der Landwirtschaft[51], ein Nachlassen des Fremdenverkehrs oder eine Verlegung von überregionalen Behörden im Zuge einer Verwaltungsreform werfen zwar ähnliche Probleme auf, jedoch kann auf ihre spezifischen Einzelheiten hier nicht näher eingegangen werden.

Abb. 2: *Schematische Darstellung der economic-base-Theorie*[52]

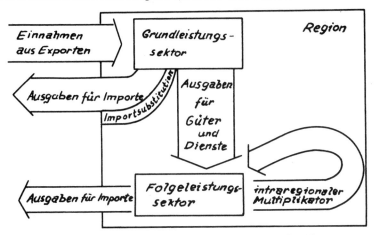

Durch die Beschränkung auf bestimmte Regionstypen bzw. Problemsituationen wird die empirische Unterscheidung der ansässigen Betriebe in solche des Grund- und Folgeleistungssektors aber lediglich vereinfacht. Eine Lösungsmöglichkeit besteht nun darin, aufgrund der Kenntnis über die intra- und interregionalen Verflechtungsbeziehungen der heimischen Betriebe diejenigen unter ihnen als Basisbetriebe zu betrachten, die entweder tatsächlich „exportieren" oder Güter erstellen, die als Vorleistungen in diese Exportgüter eingehen[53]. Dieser Weg ist aber nur dann gangbar, wenn eine regionale Input-Output-Tabelle vorliegt, was jedoch nur selten der Fall sein dürfte[54].

Als Kriterium für die Abgrenzung der Grund- von den Folgeleistungsbetrieben soll hier die direkte Exporttätigkeit und nicht die (theoretisch exaktere) potentielle Exportfähigkeit (Exporte incl. Importsubstitution) dienen[55]. Deshalb können im weiteren Verlauf der Untersuchung auch Industriebetriebe zum non basic-Sektor gehören, und zwar dann, wenn sie (überwiegend) heimische Abnehmer beliefern. Dieses Vorgehen mag in manchen Fällen den wahren Sachverhalt verfälschen. Da es in diesem Zusammenhang aber nur eine Definitions-, nicht aber Inhaltsfrage ist, können diese evtl. Ungenauigkeiten in Kauf genommen werden. Bei den nachfolgenden Überlegungen bleiben die Folgeleistungsbetriebe nicht aus der Betrachtung ausgeklammert; sie bilden gleichwertig mit den Grundleistungsbetrieben ein mögliches Zielobjekt regionalpolitischer Aktivitäten. Bei monoindustriellen Regionen ist es außerdem unwahrscheinlich, daß die (schrumpfende) Hauptindustrie nicht zu den fernorientierten Unternehmen zählt, unabhängig von dem gewählten Definitionskriterium.

2.1.2 Ursachen von Beschäftigungsschwankungen in Industriebetrieben

Es ist jetzt nach den Gründen zu suchen, die in Betrieben des industriellen Grundleistungssektors von Regionen eine Verminderung der Beschäftigten zu bewirken vermögen. Dabei ist zunächst zu fragen, wodurch Veränderungen der Beschäftigung[56] verursacht werden, und dann zu prüfen, ob und in welchem Ausmaß damit auch eine Verringerung der Beschäftigtenzahl verbunden sein kann. Eine Abnahme der Beschäftigung (Produktion) wird durch Faktoren auf der Absatz- und/oder Beschaffungsseite eines Betriebes herbeigeführt. Über Erfolg (Gewinn) und Mißerfolg (Verlust) eines Unternehmens entscheidet in einer Marktwirtschaft das freie Spiel von Angebot und Nachfrage. Eine unzulängliche oder abnehmende Wettbewerbsfähigkeit äußert sich entweder in einem Preisdruck und/oder mengenmäßigen Absatzrückgang, oder aber durch Kostensteigerungen, in jedem Falle also in einer Gewinnreduktion. Die Ursachen hierfür können nun branchen-, standort- oder betriebsspezifischer Art sein[57].

Die *branchenspezifischen Faktoren* verändern die Absatzchancen aller Betriebe eines bestimmten Wirtschaftszweiges. Sie können auftreten als Marktsättigung oder abnehmende Einkommenselastizitäten der Nachfrage nach bestimmten Produkten im Wachstumsprozeß einer Volkswirtschaft, als komparative oder handelspolitische Vor- und Nachteile im Außenhandelswettbewerb oder in Form von Substitutionskonkurrenz[58]. Vor allem die praktische Regionalpolitik orientiert sich häufig nur an den allgemeinen Zukunftsaussichten der Hauptbranchen einer Region und unterscheidet dabei zwischen Wachstumsindustrien sowie stagnierenden und schrumpfenden Branchen. Dieses einfache Vorgehen übersieht aber wichtige Determinanten, die das Urteil entscheidend verändern können.

Die *standortspezifischen Faktoren* stellen eine weitere Bestimmungsgröße überregionaler Wettbewerbsfähigkeit dar und treffen die Betriebe aller Branchen an einem bestimmten Standort. Sie werden bestimmt durch die Preise und Qualitäten der benötigten Inputfaktoren, die Quantität und Qualität der vorhandenen Infrastruktur sowie durch die Höhe der zu realisierenden externen Ersparnisse bzw. Agglomerations- und Verbundvorteile in einer Region[59]. Während die Bedeutung der standortspezifischen Einflüsse schon häufig gebührend berücksichtigt wird, vernachlässigt man dagegen häufig die *betriebsspezifischen Faktoren*. Dies ist nur dann vertretbar, wenn in dem untersuchten Teilraum so viele Betriebe erfaßt werden, daß ein Ausgleich aufgrund des „Gesetzes der großen Zahl" erwartet werden kann[60]. Die betriebsinternen (und dem Außenstehenden daher meist unbekannten) Einflußgrößen können entweder bei der Unternehmensführung, im Bereich der Beschaffung, Produktion und des Absatzes, oder auf dem Gebiete der Finanzierung und Rechnungslegung liegen[61].

Da ein Betrieb immer von Vor- und Nachteilen branchen-, standort- und betriebsspezifischer Art betroffen sein wird, können auch nur alle drei Faktorengruppen zusammen den Erfolg eines Unternehmens auf regionalen und überregionalen Märkten und damit seinen Beitrag zum regionalen Wirtschaftswachstum bestimmen. Die Zugehörigkeit eines Betriebes zu einer „Wachstumsbranche" oder einer schrumpfenden Industrie allein ist also weder eine notwendige noch hinreichende Bedingung für bestimmte Veränderungen der Beschäftigung. Grundsätzlich kann bei allen Betrieben aller Industriezweige die Möglichkeit eines Beschäftigtenrückgangs nicht ausgeschlossen werden.

2.1.3 Erscheinungsformen betrieblicher Anpassung

Bei der Beantwortung der Frage, wie sich Industriebetriebe bei Veränderungen auf den Absatz- und Beschaffungsmärkten hinsichtlich ihrer Beschäftigung anpassen und in welchem Ausmaß damit eine Zu- oder Abnahme der Zahl ihrer Arbeitskräfte verbunden ist, muß zwischen kurz- und langfristiger Anpassung unterschieden werden. Die Art der Anpassung hängt dabei von den Erwartungen des Unternehmers darüber ab, ob die beobachteten Marktveränderungen als nur vorübergehend oder aber dauerhaft angesehen werden[62].

2.1.3.1 Die kurzfristige Anpassung

Bei der kurzfristigen Anpassung kann nach *E. Gutenberg*[63] unterschieden werden zwischen *intensitätsmäßiger* (Variation der Leistungsintensität bei konstantem Betriebsmittelbestand und unveränderter Betriebsdauer), *quantitativer* (Steigerung bzw. Verminderung des eingesetzten Betriebsmittelbestandes bei konstanter Leistungsintensität und Betriebsdauer) sowie *zeitlicher Anpassung* (Veränderung der Betriebsdauer bei konstantem Betriebsmittelbestand und unveränderter Leistungsintensität).

Die Form der kurzfristigen Anpassung wird jeweils von den technischen Bedingungen der Produktion bzw. der technischen Eigenart der Produktionsprozesse bestimmt, wenn für den Betrieb die Voraussetzungen der Produktionsfunktion vom Typ B i. S. von *E. Gutenberg* gelten[64]. Art und Menge der freigesetzten Inputfaktoren hängen dabei von den jeweiligen Verbrauchsfunktionen ab. Ein Rückgang der Beschäftigtenzahl ist nur im Falle der quantitativen Anpassung zu erwarten. Einkommensausfälle sind hinsichtlich der Gewinne bei jeder Anpassungsform, bezüglich der Löhne auch bei intensitätsmäßiger (Lohneinbußen bei Leistungslohn) und zeitlicher Anpassung (Wegfall von Überschichten, Feierschichten) möglich. Da es sich bei der kurzfristigen Anpassung gewöhnlich jedoch nur um vorübergehende Beschäftigungsschwankungen konjunktureller oder saisonaler Art handelt, sind sie für die Betriebe des Grundleistungssektors hier zunächst von geringerem Interesse.

Für Unternehmen, die über die Einkommensseite und/oder durch Lieferbeziehungen mit den „Exportbetrieben" verbunden sind (Folgeleistungsbetriebe i. S. dieser Untersuchung), kann diese Anpassungsform jedoch Bedeutung erlangen, und zwar dann, wenn z. B. bei Stillegungen eines Betriebes im Basisbereich nicht gleichzeitig, sondern erst nach ein oder zwei Jahren den freigesetzten Arbeitern ein neuer Arbeitsplatz verschafft werden kann. Hier wird eine Größe relevant, die *kurzfristige Ausgabenelastizität* genannt werden soll und als Quotient aus der relativen Veränderung einer Ausgabenart und der sie verursachenden relativen Veränderung der Gesamteinnahmen definiert ist. Während die Veränderung der Einnahmen weitgehend mit der Umsatzveränderung gleichgesetzt werden kann, ist bei den Ausgabenarten, die zur Realisierung des Umsatzes notwendig sind, zu differenzieren, vor allem nach fixen und variablen Ausgaben. Diese kurzfristige Ausgabenelastizität gibt also an, ob sich bei einem Umsatzverlust von z. B. 10 % die Höhe der lfd. Vorleistungen, Investitionsausgaben, Bruttopersonalkosten und Gewinne jeweils um 5, 10 oder 20 v. H. verändert[65]. Vor allem bei kleineren und mittleren Betrieben des Handels- und Dienstleistungssektors mit hohen sprungfixen Kostenarten ist später eine ungefähre Vorstellung von der Größe dieser kurzfristigen Ausgabenelastizität notwendig.

2.1.3.2 Die langfristige Anpassung

Bei der langfristigen Anpassung liegen Wandlungen auf den Beschaffungs- und/oder Absatzmärkten vor, die als dauerhaft angesehen werden. Entsprechend der Systematik der Ursachen von Beschäftigungsveränderungen[66] kann hier unterschieden werden zwischen:

— Rationalisierungsmaßnahmen am alten Standort
 (die betriebsspezifischen Ursachen dominieren),
— Kostensenkung durch Standortverlagerung
 (die standortspezifischen Ursachen dominieren),
— Anpassung der Produktion an die verminderte Nachfrage
 (die branchenspezifischen Faktoren dominieren).

Eine Kombination der drei Formen ist selbstverständlich möglich und auch üblicherweise anzutreffen.

Rationalisierungsmaßnahmen am alten Standort

Der Begriff „Rationalisierung" soll hier sehr weit gefaßt werden und die Verbesserung des Faktoreinsatzes und der Faktorkombination in allen betrieblichen Teilbereichen beinhalten[67]. Hierunter fallen zunächst Veränderungen in der *Unternehmensführung*, z. B. bei Übernahme des Betriebes durch einen neuen Inhaber, Wechsel im Management u. ä. Eng verbunden ist damit häufig eine Neuordnung im Bereich der *Finanzierung und Rechnungslegung* durch Verbesserung der Kapitalstruktur (Neuzuführung von Eigenkapital), Konsolidierung kurzfristiger Verbindlichkeiten, Umstellung des Rechnungswesens auf EDV usw. In beiden Fällen wird sich jedoch die Beschäftigtenzahl des Betriebes nur wenig verändern, es sei denn, bei einer Übernahme oder Fusion würde die Verwaltung ausgegliedert und mit der Hauptgeschäftsleitung vereinigt, um eine Straffung von Unternehmensführung, Planung und Organisation zu erreichen.

Bei den Änderungen auf dem *Absatz- und Beschaffungssektor* sind neben einer Umorganisation der Vertriebsformen und -wege sowie einer Intensivierung der Werbung die Neugestaltung und/oder Straffung des Sortiments von größter Bedeutung, um die Produktion auf diejenigen Fabrikate zu konzentrieren, die langfristig die günstigste Preis–Kosten–Relation aufweisen. Auch hier wird die Beschäftigtenzahl, wie bei der Rationalisierung von Beschaffung und Lagerhaltung, wahrscheinlich nur wenig berührt werden. Dies dürfte erst dann der Fall sein, wenn Rationalisierungsmaßnahmen im *Produktionsbereich* vorgenommen werden. Hier liegen bei

Dominanz der betriebsspezifischen Faktoren i. d. R. die Hauptursachen für eine mangelnde überregionale Wettbewerbsfähigkeit, deren Beseitigung zu einer spürbaren Verminderung der Industriebeschäftigten führen kann. Zunächst ist hier an die Durchsetzung des technischen Fortschritts zu denken, also an den Übergang zu neuen Produktionsverfahren, die es gestatten, eine gegebene Menge von Produkten mit geringeren Kosten zu erstellen, sodann an die Substitution von Arbeit durch Kapital, d. h. Steigerung der Kapitalintensität, und an Verbesserungen bei der Organisation und Kombination der Produktionsfaktoren[68].

Bei Maßnahmen zur Realisierung optimaler Betriebsgrößen kann auch eine Verlagerung oder Teilverlagerung eines Betriebes aus Gründen notwendig werden, die nicht standortspezifischer Art sind, wobei letztere aber evtl. bei der Frage, wo diese Zusammenlegung stattfinden soll, von ausschlaggebender Bedeutung sein können. Schließlich ist noch zu beachten, daß Beschäftigtenrückgänge im Rationalisierungsfall bei steigender Produktion nicht nur denkbar, sondern oft sogar typisch sind. Notwendig werdende Entlassungen können nun einmal erfolgen nach[69]

- *qualitativen Gesichtspunkten*, also Kündigung von Bummelanten und Grenzarbeitern, Verminderung des Anteils von Hilfsarbeitern und angelernten Arbeitern, evtl. verbunden mit einer Steigerung der Zahl von Facharbeiter. Eine proportionale Verminderung aller Beschäftigtengruppen dürfte im Rationalisierungsfall die Ausnahme darstellen. Diese qualitativen Erfordernisse können aber mit
- *sozialen Aspekten* bei der Entlassung kombiniert oder von ihnen sogar übertroffen werden, so z. B. durch den vorzeitigen Abgang älterer Arbeitnehmer, die bereits Rentenansprüche haben, oder durch eine Einstellungssperre. Aber auch die Berücksichtigung von Familienstand (Schonung der Familienväter), Alter (jüngere Arbeiter werden zuerst entlassen) oder aber Betriebszugehörigkeit ist denkbar[70].

Kostensenkung durch Standortverlagerung

Diese Form der Anpassung kann auftreten als:

1. Totalverlagerung,
2. Teilverlagerung bzw. Ausgliederung von Betriebsteilen oder als
3. allmählicher Abbau der Kapazität durch Reinvestition der Abschreibungsgegenwerte in Betrieben an anderen Standorten.

Das Problem einer Standortverlagerung tritt immer dann auf, wenn die „regionalen Opportunitätsdifferenzen" (dies sind im allgemeinen die auf S. 26 aufgeführten standortspezifischen Faktoren) ein Ausmaß annehmen, daß selbst bei den (z. T. sehr hohen) Kosten der Verlagerung am neuen Standort ein höherer Gewinn erwirtschaftet werden kann[71]. Dabei ist zu beachten, daß mit einer Standortverlagerung nicht nur dann gerechnet werden muß, wenn sich der Erfüllungsgrad der betrieblichen Standortanforderung absolut oder relativ im Vergleich zu anderen Regionen verschlechtert. Wird eine Expansion der Beschäftigung durch nicht (mehr) substituierbare Produktionsfaktoren (z. B. Boden oder Arbeitskräfte) limitiert, so können nicht nur der Kapazitätszuwachs, sondern auch bereits vorhandene Kapazitäten (teilweise) zu anderen Standorten verlagert werden.

Für die Anpassung in Form der Standortverlagerung ist es typisch, daß sie sich bis auf die Variante (3) abrupt vollzieht, allerdings relativ früh bekannt ist. Der Verbleib der Arbeitskräfte ist unterschiedlich, es können:

- alle oder ein proportionaler Teil der Arbeiter entlassen bzw. am neuen Standort wieder beschäftigt werden,
- nur bestimmte Fachkräfte an den neuen Standort mitgenommen, der Rest weiter beschäftigt oder entlassen werden.

Ausschlaggebend für die Entwicklung der Beschäftigtenzahl am bisherigen Standort wird dabei häufig die Lage auf dem heimischen Arbeitsmarkt sein, in welchem Ausmaß also vor allem Unterschiede bezüglich Quantität, Qualität und Lohnhöhe des Arbeitskräfteangebots zwischen dem alten und neuen Standort ein entscheidender Verlagerungsgrund ist oder nicht. Bei einem evtl. Verlegungsangebot können wiederum qualitative und/oder soziale Gesichtspunkte berücksichtigt werden.

Anpassung der Produktion an die gesunkene Nachfrage durch Stillegung

Sind die Ursachen für die mangelnde überregionale Wettbewerbsfähigkeit eines Betriebes weder in der fehlenden Gunst des Standorts noch bei betriebsinternen Gründen, sondern in einem allgemeinen Rückgang der Nachfrage nach den Produkten einer Branche zu suchen, so verbleibt dem Betrieb nach Ausschöpfung aller Möglichkeiten des absatzpolitischen Instrumentariums und der innerbetrieblichen Rationalisierung als letzter Ausweg nur noch die Verminderung der Kapazität.

Entsprechend den technischen Gegebenheiten vollzieht sich dieser Kapazitätsschnitt durch Teil- oder Totalstillegung, der als „Gesundschrumpfen" populär geworden ist. Definitionsgemäß werden die Arbeitskräfte in diesem Fall entlassen, weil eine Verlegung in die beiden vorher behandelten Kategorien fallen würde, bei denen das alte Produktionsniveau aufrechterhalten oder sogar gesteigert werden kann. Bei Stillegungen vollzieht sich der Entlassungsprozeß ruckartig und ohne allzu frühe Ankündigung, weil sonst ein vorzeitiger (freiwilliger) Abgang der Arbeitskräfte eintreten würde bzw. befürchtet wird.

Abschließend ist darauf hinzuweisen, daß ähnlich wie bei der Diskussion der Ursachen von Beschäftigungsschwankungen auch hier für einen konkreten Fall kaum eine Anpassungsform in „Reinkultur" anzutreffen sein wird. Ein typisches Beispiel ist der Ruhrbergbau. Dort versuchten die Bergwerksgesellschaften sich an die verminderte Nachfrage anzupassen, indem sie einen Teil ihrer Kapazität stilllegten, die kostengünstigsten Anlagen weiter rationalisierten und einen Teil der Belegschaft auf diese „Großzechen" verlegten, um dort die Förderung zu konzentrieren.

2.2 Die Krisenanfälligkeit monoindustrieller Regionen

Nachdem aufgrund theoretischer Überlegungen die Ursachen von Beschäftigungsveränderungen in Industriebetrieben aufgedeckt worden sind, soll jetzt kurz dargelegt werden, welche Bedeutung ihnen in der bisherigen und zukünftigen Wirtschaftsentwicklung einzelner Regionen zukommt. Da diese Überlegungen zu dem Ergebnis führen, daß sie von erheblichem Einfluß auf die regionale Wirtschaftsentwicklung sein können, sind anschließend die Bestimmungsmerkmale dieser „Problemgebiete" zu suchen und die Möglichkeiten ihrer räumlichen Abgrenzung zu prüfen.

2.2.1 Die Bedeutung regional unterschiedlicher Beschäftigungsdeterminanten für das regionale Wirtschaftswachstum

2.2.1.1 Der Strukturwandel ausgewählter Industriezweige in NRW seit 1958

Nachdem die Wirtschaft der BRD nach erreichter Vollbeschäftigung ab 1958 aus der Phase eines extensiven in die eines intensiven Wachstums überging, zeigten sich recht bald „Branchenkrisen", von denen in NRW der Kohlenbergbau, die Eisen- und Stahlindustrie sowie die Textilindustrie vorrangig betroffen waren. Als Beispiel bietet sich das Land Nordrhein-Westfalen an, weil dort schon wenige Indikatoren den industriellen Strukturwandel klar erkennen lassen[72].

Tabelle 1: *Indikatoren zur Entwicklung ausgewählter Industriezweige in NRW von 1958 bis 1967*[73]

Index 1967 (1958 = 100)	NRW				BRD
	Kohlen-bergbau	Eisen- u. Stahlin-dustrie	Textil-industr.	Industr. insges.	Industrie insges.
Zahl der Betriebe	50,3	104,5	90,6	105,8	108,4
Beschäftigte	52,3	95,5	69,8	90,8	101,5
Gesamtumsatz	93,8	121,3	124,4	161,2	180,8
Löhne u. Gehälter	89,6	163,2	143,3	175,0	214,6
Nettoproduktion (arbeitstäglich)	80	140	120	143	156
Arbeitsproduktivität (technologisch)	153	147	172	157	153

Da die drei ausgewählten Industriezweige ca. 25 % der Industriebeschäftigten NRWs stellen, empfiehlt sich auch ein Vergleich mit der Entwicklung der gesamten Industrie in der BRD. Aus den wenigen Angaben wird deutlich, daß es sich bei den bisher aufgetretenen Veränderungen weniger um absolute Rückgänge als um ein relatives Zurückbleiben bestimmter Industrien handelt, vor allem in Hinblick auf die Produktion und Lohnsummen. Absolut rückläufig sind jeweils nur die Beschäftigtenzahlen, was vor allem auf eine z. T. überdurchschnittliche Steigerung der Arbeitsproduktivität (Rationalisierung) in diesen Branchen zurückzuführen ist.

Die branchenspezifischen Ursachen dieser Veränderungen sind allgemein bekannt und brauchen hier nicht weiter erörtert zu werden. Im Bergbau[74] waren es die Substitutionskonkurrenz von US-Kohle, Heizöl und Erdgas sowie die laufende Senkung des Kokskohleeinsatzes in Hochöfen. In der Eisen- und Stahlindustrie[75] führten Substitutionskonkurrenz durch Aluminium, Kunststoffe und Stahlbeton, steigende Bezugskosten für Koks, eine verschärfte Auslandskonkurrenz durch das Auftreten neuer Stahlproduzenten (mit z. T. besseren Produktionsverfahren) und ausländische Schutzzollpolitik zu einer Verschlechterung der Absatzlage. Die Textilindustrie[76] steht seit der Jahrhundertwende einer relativ geringen Einkommenselastizität gegenüber und wird zudem von der liberalen Außenhandelspolitik der BRD und der Schutzzollpolitik des Auslandes in ihrer Expansion gehindert. Die Veränderung der Rohstoffbasis (Chemiefasern) brachte außerdem noch produktionstechnische Probleme mit sich.

Die Umstellung erfolgte jeweils in einer Kombination der drei Anpassungsformen, nämlich durch Stillegung unrentabler Anlagen, Rationalisierung und Automatisierung der Fertigung sowie durch Konzentration der Produktion auf die kostengünstigsten Anlagen, wobei sich jedoch bestimmte Schwerpunkte feststellen lassen. Im Bergbau standen Stillegungen, in der Eisen- und Stahlindustrie vertikale und horizontale Konzentrations- und Kooperationsprozesse mit der Zielrichtung Rheintrasse — Nordsee, bei den relativ eigenständigen Mittel- und Kleinbetrieben der Textilindustrie die Rationalisierung im Vordergrund der Anpassungsbestrebungen.

2.2.1.2 Entwicklungstendenzen der zukünftigen regionalen Verteilung der Industriebeschäftigten

Für eine vorausschauende Regionalpolitik ist es weniger interessant, die bisherigen Veränderungen der regionalen Industriestruktur zu analysieren, als vielmehr darauf aufbauend zu prüfen, ob und wie sich dieser Prozeß fortsetzen wird und welche Faktoren dabei dominieren. Über diesen Fragenkreis hat die Prognos AG in Basel eine Reihe empirischer Untersuchungen durchgeführt, die zwar methodisch noch z. T. unvollkommen sind, deren Ergebnisse jedoch immerhin Teil- bzw. Tendenzaussagen zulassen[77]. Den Ausgangspunkt bildet eine Prognose der Wachstumsraten einzelner Industriezweige für die Gesamtwirtschaft, die u. a. folgende Einzelergebnisse liefert:

Tabelle 2: *Die Veränderungen der Beschäftigten ausgewählter Industriezweige in der BRD von 1964 bis 1980*[78]

Industriezweige mit ... Beschäftigtenzahlen					
absolut rückläufigen		relativ zurückbleibenden		überproportional zunehmenden	
Bergbau	− 34,6 %	Eisen- u. Stahl	+ 5,9 %	Chemie	+ 31,8 %
Textil	− 28,0 %	Feinmechanik und Optik	+ 12,1 %	Elektrotechnik	+ 55,6 %
Steine und Erden	− 9,7 %				
Nahrung u. Genuß	− 5,8 %	Bekleidung	+ 12,7 %	Kunststoffverarbeitung	+ 110,0 %

Gesamtindustrie: + 13,6 %

Tabelle 3: *Die Veränderung der Beschäftigten aller Industriezweige von 1961 bis 1980 in den Regierungsbezirken Nordrhein-Westfalens*[82]

Reg. bez.	a) (Prognostizierte) tatsächliche Entwicklung	b) Abweichung vom Bundesdurchschnitt b) = a) - 13,1 %	c) (Hypothetische) Entwicklung bei Wachstum der einzelnen Industriezweige im Ausmaß ihres jeweiligen Bundesdurchschnitts	d) Standorteinfluß d) = a) - c)	e) Struktureinfluß e) = b) - d)
Düsseldorf	- 0,8 %	- 13,9 %	+ 9,5 %	- 10,3 %	- 3,6 %
Köln	+ 16,9 %	+ 3,8 %	+ 11,9 %	+ 5,0 %	- 1,2 %
Aachen	- 2,0 %	- 15,1 %	+ 6,8 %	- 8,8 %	- 7,3 %
Münster	- 6,1 %	- 19,1 %	+ 6,5 %	- 12,6 %	- 6,5 %
Detmold	+ 7,0 %	- 6,1 %	+ 16,7 %	- 9,7 %	- 3,6 %
Arnsberg	- 4,0 %	- 17,1 %	+ 7,5 %	- 11,5 %	- 5,6 %
NRW insges.	+ 0,3 %	- 12,8 %	+ 9,4 %	- 9,1 %	- 3,7 %
BRD	+ 13,1 %	–	+ 13,1 %	–	–

Auf der Grundlage dieser voraussichtlichen Wachstumsraten der einzelnen Industriezweige kann cet. par. die Zahl der Industriebeschäftigten in den einzelnen Teilräumen prognostiziert werden, wenn ihre regionale Verteilung im Ausgangszeitpunkt bekannt ist. Aus den bisherigen Ausführungen geht aber hervor, daß nicht nur branchenspezifische Faktoren das regionale Wirtschaftswachstum beeinflussen. Wenn sich bei genügend großen Regionen (z. B. Regierungsbezirken) Unterschiede bei den betriebsspezifischen Faktoren aufgrund des „Gesetzes der großen Zahl" wahrscheinlich ausgleichen werden, müssen noch die standortspezifischen Faktoren in die Analyse einbezogen werden. Struktur- und Standorteinflüsse determinieren bei diesem Ansatz dann das regionale Wachstum, z. B. der Industriebeschäftigten[79]. Für NRW kam die Prognos-Untersuchung zu dem in Tabelle 3 gezeigten Ergebnis.

Da die Industriestruktur nicht in allen Regionen der BRD identisch ist, ergeben sich zwangsläufig bei verschiedenen Wachstumsraten der einzelnen Industriezweige auch entsprechend differenzierte Entwicklungen der Industriebeschäftigten in den Teilräumen. Die unterschiedliche Standortgunst und Branchenstruktur einzelner Regionen können die Entwicklungsmöglichkeiten ganz entscheidend verändern und eine potentielle Zunahme in einen absoluten Rückgang (Reg. bez. Aachen, Münster, Arnsberg) oder eine mögliche überdurchschnittliche in eine tatsächliche unterproportionale Zunahme der Industriebeschäftigten verwandeln (Reg. bez. Detmold).[80]

Hier braucht nicht mehr näher auf die spezielle Problematik dieser oder ähnlicher Prognoseansätze eingegangen zu werden. Es sollte nur kurz dargelegt werden, daß auch das zukünftige Wachstum einzelner Regionen aufgrund ihrer verschiedenartigen Industriestruktur unterschiedlich sein wird, daß standortspezifische Faktoren (so unvollkommen z. Z. auch noch die Möglichkeiten ihrer Quantifizierung und Prognose sein mögen) dieses potentielle Wachstum erheblich verändern können und daß sich das Bild noch stärker differenzieren wird, wenn kleinere Raumeinheiten gebildet werden, weil dann noch die betriebsspezifischen Faktoren zusätzlich Einfluß gewinnen. Da also auch (nicht unerhebliche) absolute Beschäftigtenrückgänge im Bereich des Möglichen liegen, muß auch in Zukunft mit Strukturkrisen in Problemgebieten gerechnet werden, für die jetzt nähere Bestimmungsmerkmale gesucht werden müssen.

2.2.2 Bestimmungsmerkmale industrieller Problemgebiete

Bei der Frage, ob eine Region in ihrer Existenzgrundlage aus einem der in Abschnitt 2.1.2 dargelegten Gründe „gefährdet" ist oder nicht, soll zwischen aktuellen und potentiellen Problemgebieten unterschieden werden. Im ersten Fall ist die Regionalpolitik zu einer „Politik der Feuerwehr" verurteilt, im zweiten kann sie vorausschauend und prophylaktisch tätig werden. Die Bestimmungsmerkmale der aktuellen und potentiellen Problemgebiete sind dabei gleichzeitig Kriterien für das regionalpolitische Ziel einer krisenfesten bzw. -festeren Wirtschaftsstruktur.

2.2.2.1 Aktuelle Problemgebiete

Aktuelle Problemgebiete sind durch ein *fundamentales Ungleichgewicht auf dem Arbeitsmarkt* gekennzeichnet, das nicht konjunkturelle, sondern strukturelle Ursachen hat[81]. Die freigesetzten Arbeitskräfte stillgelegter, verlagerter oder rationalisierender Betriebe bleiben (unfreiwillig) längere Zeit beschäftigungslos. Der Grund für strukturelle Arbeitslosigkeit ist mangelnde Mobilität der Faktoren Kapital und/ oder Arbeit. Das Ungleichgewicht kann dadurch verursacht worden sein, daß die Abschreibungsgegenwerte bzw. Erlöse liquidierten Betriebsvermögens entweder überhaupt nicht, nur teilweise, nicht in der gleichen Branche, nicht in der gleichen Region oder in kapitalintensivere Produktionsverfahren reinvestiert worden sind. Auf der anderen Seite kann eine sektorale und/oder regionale Immobilität der Arbeitskräfte dazu führen, daß vorhandene Arbeitsplätze innerhalb oder außerhalb der Region nicht angenommen werden[83].

Dieses Ungleichgewicht auf dem Arbeitsmarkt führt dazu, daß die Zahl der freigesetzten Arbeitskräfte zuzüglich des natürlichen Zuwachses und des Wanderungssaldos der Erwerbspersonen größer ist als die Zunahme an Dauerarbeitsplätzen, und zwar nicht nur vorübergehend (z. B. saisonal bedingt), sondern auf Dauer. Da die einzelnen Determinanten, die zu einer solchen Lage führen, sich in der Praxis nur schwer quantifizieren und prognostizieren lassen, müssen wiederum Indikatoren gesucht werden, die ein derartiges Ungleichgewicht „signalisieren" können. Dies ist zu vermuten, wenn:

1. das Niveau der Arbeitslosigkeit, gemessen durch die Arbeitslosenquote oder den Parameter „Arbeitslose pro 100 offene Stellen" seit längerer Zeit weit über dem Bundes- oder Landesdurchschnitt liegt,
2. die Zahl der Fernpendler ständig zunimmt,
3. ein steigender Wanderungsverlust oder abnehmender Wanderungsgewinn verzeichnet wird,
4. die Zahl der Industriebeschäftigten ständig rückläufig ist,
5. ein Rückgang oder eine verminderte Zunahme der Gewerbesteuereinnahmen (besonders bei der Lohnsummensteuer) festgestellt wird,
6. die Umsatzentwicklung in Industrie und Einzelhandel stagniert oder rückläufig ist,
7. das BIP eine sinkende oder stagnierende Tendenz aufweist.

Um konjunkturelle Bewegungen auszuschalten, empfiehlt sich immer ein Vergleich mit den Bundes- oder Landeswerten. Die standort- und betriebsspezifischen Eigenarten lassen sich evtl. dadurch ermitteln, daß die Werte ähnlich strukturierter Gebiete zum Vergleich herangezogen werden. Zeigen nun mehrere dieser Indikatoren einen klaren „Trendbruch", so besteht der Verdacht, daß die „Selbstheilungskräfte des Marktes" ein Ungleichgewicht auf dem Arbeitsmarkt nicht haben beseitigen können. Die Wanderungssalden und die Veränderung der Altersstruktur der Bevölkerung (von den Kommunen häufig jährlich ermittelt) zeigen außerdem an, in welchem Ausmaß bereits eine passive Sanierung stattgefunden hat. Das Erkennen eines aktuellen Arbeitsmarktungleichgewichts ist bei Massenentlassungen (vor allem im Stillegungsfall) kein empirisch schwieriges Problem. Vollzieht sich dieser Prozeß aber „schleichend" (z. B. im Rationalisierungsfall), so muß die Regionalpolitik diese Entwicklung möglichst frühzeitig erkennen. Dazu reichen die oben genannten Indikatoren aber nicht aus, da sie ein Ungleichgewicht nur konstatieren können.

2.2.2.2 Potentielle Problemgebiete

Um Anhaltspunkte für ein potentielles Arbeitsmarktdefizit, also zu erwartende oder zu befürchtende Beschäftigtenrückgänge zu erhalten, kann von der Systematik der Ursachen von Beschäftigtenrückgängen ausgegangen werden[84]. In einem zweiten Schritt ist dann zu prüfen, welchen Faktoren die Regionalpolitik „hilflos" gegenübersteht und welche sie evtl. beeinflussen kann. Die Schlagworte „Monostruktur" und „Krisenanfälligkeit" sind dabei in der Tagesdiskussion häufig gebrauchte Begriffe, die aber einer wesentlichen Präzisierung und Differenzierung bedürfen[85].

Branchenspezifische Faktoren

Das am häufigsten genannte Kriterium ist die *industrielle Branchenstruktur* einer Region. Als monostrukturiert (und damit häufig auch krisenanfällig) werden Kreise angesehen, deren Industriebeschäftigte zu über 40 % in einem Industriezweig tätig sind[86]. Dieser oder ein anderer Anteilswert läßt sich aber beliebig durch Variation der Regionsgröße manipulieren. Außerdem müßte nicht nur die Hauptbranche, sondern wenigstens auch der zweitgrößte Industriezweig in die Überlegungen einbezogen werden, da sonst eine Region als „gesund" angesehen wird, in der jeweils 30 % der Industriebeschäftigten in je zwei schrumpfenden Branchen arbeiten. Die *Zukunftsaussichten der Hauptbranchen* müssen außerdem bekannt sein, damit einfachen Prozentwerten überhaupt eine Aussagekraft zukommen kann. *H.-L. Fischer* hat aus diesen Überlegungen heraus versucht, einen Index der Strukturkrisenanfälligkeit zu bilden, der wie folgt definiert ist[87]:

$$s = \frac{\Sigma w_i \cdot B_i}{\Sigma B_i}$$

s = Strukturkrisenindex
w_i = Zukünftige Wachstumsrate der Beschäftigten in der Industrie i, i = 1 ... j[88]
B_i = Beschäftigte der Industrie i, i = 1 ... j, in der Ausgangslage

Liegt der Wert von s unter 1, so muß mit einem Rückgang, liegt er über 1, so kann mit einem Zuwachs der Beschäftigten gerechnet werden. Die Untergliederung in Industriezweige allein genügt aber häufig auch noch nicht, um detailliertere Aussagen zuzulassen.

Die *Zahl der erstellten Produkte* (Grad der Diversifikation) und deren Einkommenselastizitäten sind weiterhin von Bedeutung, da sie die Gefahr von Beschäftigungsschwankungen erhöhen oder vermindern können. So stellt z. B. eine Zeche nur die Produkte Kohle bzw. Koks und die sog. Kohlenwertstoffe her, ein Chemiebetrieb dagegen einige Tausend Produkte, die auf den verschiedensten Märkten angeboten werden und unterschiedliche Einkommenselastizitäten aufweisen. Ein Textilbetrieb besitzt zwar oft ein breites Sortiment, der Textilmarkt insgesamt (nicht unbedingt auch jeder Teilmarkt) sieht sich jedoch einer abnehmenden Einkommenselastizität gegenüber. Schließlich sind noch Faktoren zu beachten, die nur auf den ersten Blick von nebensächlicher Bedeutung sind, und zwar der *Einfluß der Hauptindustrien auf die Entscheidungen der allgemeinen Wirtschaftspolitik*. Es handelt sich dabei um den Druck, den Industrieverbände und Gewerkschaften besonders auf die Außenhandelspolitik ausüben (können), um einen „verstärkten Schutz der heimischen Wirtschaft" durchzusetzen oder durch steuerpolitische Maßnahmen Substitutionskonkurrenz zurückzudrängen, falls diese sich keiner „freiwilligen Selbstbeschränkung" unterwirft. Solche Pressionen können zumindest auf kurze Sicht Beschäftigtenrückgänge verzögern oder verhindern.

Standortspezifische Faktoren
Wie bereits dargelegt, können sie positive branchenspezifische Determinanten in ihrer Wirkung (teilweise) kompensieren oder gar übertreffen. Da bei Dominanz standortspezifischer Mängel die Verlagerung die typische Anpassungform ist, muß deshalb zunächst die *Standortabhängigkeit* der wichtigsten Industriezweige geprüft werden[89]. Hier ist vor allem die Transportkostenempfindlichkeit und das Vorhandensein von Bodenschätzen sowie die Bedeutung natürlicher Standortfaktoren zu beachten, die ein Ausweichen an andere Standorte oft unmöglich machen. Langfristig zeigt sich aber klar die Tendenz, daß der Anteil der "footloose industries" laufend zunimmt, weil die „machbaren" Standortfaktoren immer stärker an Bedeutung gewinnen. Die Gefahr einer Betriebsverlagerung dürfte trotzdem weniger relevant werden, wenn die Hauptindustrien rohstoff-, beschaffungs- oder absatzorientiert sind. Nach Untersuchungen der Prognos AG sind noch gut ein Drittel der Industriebeschäftigten in standortabhängigen Industrien tätig, die knapp die Hälfte der Industrieproduktion der BRD erstellen[90].

In Zukunft wird der *Ausrichtung der Infrastruktur* auf die speziellen Standortanforderungen der ansässigen Industriebetriebe jedoch immer stärkere Bedeutung zukommen. Hier ist vor allem die Verkehrsinfrastruktur, aber auch Qualität, Quantität und Preiswürdigkeit der Ver- und Entsorgung (Energie, Wasser) zu beachten[91]. Aber nicht nur diese direkt in die Kostenkalkulation der privaten Unternehmer eingehenden Größen sind zu berücksichtigen, sondern auch die realisierbaren externen Ersparnisse[92] (Agglomerations- bzw. Verbundvorteile) und Faktoren, die für die allgemeine Attraktivität einer Region mitbestimmend sind[93] (Wohn- und Freizeitwert, Gesundheitswesen, Bildungsmöglichkeiten). Auch die Lage auf dem Grundstücksmarkt (ausreichender Vorrat von Industriegrundstücken) und der Arbeitsmarkt (z. B. über den Wohnungsbau) entziehen sich nicht einer Einflußnahme der Regionalpolitik[94].

Die Zahl der *Verflechtungsbeziehungen* zwischen den heimischen Industriebetrieben und deren Intensität sind zwar nicht für das Ausmaß des Beschäftigtenrückgangs im Grundleistungssektor (i. S. dieser Untersuchung) entscheidend, sie können aber die Gesamtveränderung der Beschäftigten im Grund- und Folgeleistungssektor, vor allem bei den Zu- und Vorlieferanten, wesentlich erhöhen. Ist die regionale Industriestruktur ausgesprochen „kopflastig", d. h., werden die „Exporterlöse" nur von einem (oder wenigen) Unternehmen erzielt, und sind zahlreiche Betriebe des verarbeitenden Gewerbes mit ihm eng verbunden, so kann sich über die interindustriellen Lieferbeziehungen die Zahl der freigesetzten Arbeitskräfte evtl. verdoppeln. Aus einem zunächst nur mäßigen wird dann ein fühlbarer Beschäftigtenrückgang. Dieses Multiplikatorproblem wird im dritten Kapitel noch ausführlich untersucht.

Der voraussichtliche Zuwachs an Industriebeschäftigten durch neue oder ihre Produktion erweiternde Betriebe, der bei besonderer Standortgunst und günstigen Arbeitsmarktverhältnissen auch „autonom" (nicht durch regionalpolitische Maßnahmen induziert) erfolgen kann, ist ein wichtiger Aspekt, vor allem dann, wenn geplante Betriebserweiterungen und -neugründungen bisher z. B. am Arbeitskräftemangel scheiterten. Erfahrungen aus der Vergangenheit dürfen dabei jedoch nicht unbesehen auf die Zukunft übertragen werden. Bei einer Prognose müssen nicht nur die eigenen

Aktivitäten (z. B. im Straßen- oder Wohnungsbau), sondern auch die (evtl. stärkeren) Bemühungen anderer, vor allem der benachbarten, Regionen berücksichtigt werden.

Betriebsspezifische Faktoren

Es wird in der Praxis schwierig sein, Indikatoren für das Vorliegen günstiger oder ungünstiger betriebsspezifischer Faktoren empirisch zu ermitteln, da die Betriebsinhaber wohl kaum Personen, die dem Regionalpolitiker Entscheidungshilfen erarbeiten sollen, Einblick in die interne Rechnungsführung gewähren werden, damit sie die Effektivität der betrieblichen Faktorkombination oder die Finanzstruktur auf deren Solidität hin überprüfen können[95]. Um weitere evtl. notwendig werdende Nachforschungen nicht zu erschweren, sollte daher der „Intimbereich" zunächst gemieden werden. Das Banken- und Steuergeheimnis erlaubt ebenfalls keine Umgehung dieser Informationssperren. Einige Angaben werden sich aber trotzdem einholen lassen.

Unter ihnen ist die *spezielle betriebliche Absatzstruktur* von größter Bedeutung, um die Zukunftsaussichten des Betriebes besser beurteilen zu können, als es mit Hilfe prognostizierter Wachstumsraten für gesamte Industriezweige möglich ist. So ist es z. B. nicht gleichgültig, ob ein Betrieb der Sparte „Maschinenbau" im starken Maße abhängig ist von (außerhalb der Region liegenden) Betrieben der Textilindustrie, der Feinmechanik oder Elektrotechnik. Der Anteil des Auslandsumsatzes (der häufig mit Stolz genannt wird) kann außerdem über die Folgen einer Maßnahme der Außenhandelspolitik (z. B. Aufwertung) ein besseres Bild geben.

Die allgemeine Qualität des Managements läßt sich dagegen (außer durch persönliche Eindrücke) nur schwer einordnen. Hier kann höchstens die *Rechtsform der Betriebe* Anhaltspunkte für einen gewissen Mindeststandard geben. Bei publizitätspflichtigen Gesellschaften ist ein Vergleich der Jahresabschlüsse mit anderen Betrieben der gleichen Branche (evtl. in der gleichen Region) möglich. Er gibt aber nur Auskunft über den bisherigen Markterfolg, der außerdem immer im Verdacht steht, „frisiert" zu sein. Bei Aktiengesellschaften kann außerdem mit einer gewissen Berechtigung erwartet werden, daß unfähige Betriebsleiter recht bald ihrer Stellung enthaben werden, vor allem bei dividendenhungrigen Aktionären. Die Inhaber von Personalgesellschaften kann hingegen praktisch niemand daran hindern, ihren Betrieb in den Bankrott zu führen.

Die Höhe der Gewerbesteuerzahlungen der Unternehmen läßt sich von den Kommunen ebenfalls ermitteln, jedoch sind Auskünfte über deren Entwicklung nur grober Natur, da die Veranlagung vom Finanzamt durchgeführt wird und die einzelnen Determinanten dort der Geheimhaltung unterliegen. Trotzdem läßt ein absoluter oder relativer Rückgang gewisse Rückschlüsse zu. *Möglichkeiten des internen Verlustausgleichs* sind bei Mehrproduktunternehmen und Betrieben von horizontalen oder vertikalen Konzernen gegeben und erhöhen ganz erheblich die Fähigkeit, „Durststrecken" zu überwinden. Sie geben zwar keine Gewähr für eine langfristige Produktion mit Verlusten, jedoch dürfte bei ihnen die Gefahr eines plötzlichen Beschäftigtenrückgangs nicht so groß sein. *Anzahl und Betriebsgrößenstruktur* der Grundleistungsbetriebe schließlich sagen zwar nichts über das Ausmaß von Beschäftigtenrückgängen aus, lassen aber gewisse Tendenzaussagen über deren Geschwindigkeit zu. Bei vielen relativ kleinen Betrieben, wie sie z. B. in der Textilindustrie typisch sind, wird der Schrumpfungsprozeß wahrscheinlich wesentlich langsamer verlaufen als bei einem einzigen Großbetrieb (z. B. im Bergbau), der plötzlich in Schwierigkeiten kommt.

2.2.2.3 Die Konsequenzen für die Regionalpolitik

Diese kurzen Ausführungen haben gezeigt, daß das Problem der Krisenanfälligkeit einer Region sehr komplexer Natur ist und häufig nicht einmal etwas mit „Monostruktur" zu tun haben muß. Aus der Fülle von Einzelinformationen und Urteilen muß aber abschließend ein Gesamtbild entworfen werden, um brauchbare Ansatzpunkte für die Regionalpolitik zu erhalten, die unter anderem versuchen könnte, einen drohenden Beschäftigtenrückgang zu vermeiden, zu vermindern oder zu verzögern. Dieser Überblick könnte wie folgt aussehen und ließe sich je nach Informationsstand weiter differenzieren.

Schema zur Klassifizierung der Betriebstypen[96]

Betriebstyp	Beurteilung der ... spezifischen Faktoren			Zukunftsaussichten
	branchen...	standort...	betriebs...	
I	−	−	−	Mit baldiger Stillegung muß gerechnet werden
II	−	−	+	Gefahr der Verlagerung oder Teilstillegung
III	−	+	−	Stark gefährdet
IV	−	+	+	Obwohl nicht zu einer Wachstumsbranche gehörend, wird der Betrieb seinen Marktanteil vergrößern können; evtl. Entlassungen infolge Rationalisierung
V	+	−	−	Stark gefährdet, vor allem bei nachlassender Branchenkonjunktur
VI	+	−	+	I. d. R. nicht gefährdet; evtl. unausgenutztes Wachstumspotential
VII	+	+	−	Wahrscheinlich nicht gefährdet
VIII	+	+	+	Betrieb mit besten Zukunftsaussichten; typischer „Wachstumsmotor" der Region

Es bedeuten: + gut; − schlecht

Nach einem solchen oder ähnlichen Überblick, der zu einer Gesamtbeurteilung führen muß, ist zu prüfen, ob durch frühzeitiges Handeln die Entwicklungsaussichten der Betriebe nicht verbessert werden können, oder ob noch Möglichkeiten bestehen, drohende Beschäftigtenrückgänge zu vermindern bzw. hinauszuzögern. An dieser Stelle sind nur die dazu geeigneten Ansatzpunkte der Regionalpolitik kurz aufzuzeigen, mit Art,

Dosierung und Erfolgsaussichten evtl. Maßnahmen beschäftigen sich das 4. und 5. Kapitel.

Die Einflußmöglichkeiten müssen hier jedoch als relativ beschränkt angesehen werden, zumal wenn die Zeit drängt. Die branchenspezifischen Faktoren entziehen sich weitgehend einer Beeinflussung durch Maßnahmen, die von der Regionalpolitik ergriffen werden könnten. Die langfristigen Einkommenselastizitäten und die Substitutionsprozesse infolge technischen Fortschritts entwickeln sich weitgehend unabhängig von staatlicher Beeinflussung, es sei denn, sie werden durch eine diskriminierende Besteuerung gelenkt. Die Fixierung des Wechselkurses sowie die Festlegung von Zöllen und Kontingenten fallen in den Bereich der Außenwirtschaftspolitik. Hier ergäbe sich nur die Möglichkeit einer Abstimmung bei der Planung dieser Maßnahmen, die allerdings nicht protektionistischer oder dirigistischer Art sein dürften.

Bei den betriebsspezifischen Faktoren ist die Steigerung der betrieblichen Faktorproduktivität eine essentiell unternehmerische Aufgabe in einer Marktwirtschaft, die seitens der Regionalpolitik nur durch eine Beratung (vor allem bei Klein- und Mittelbetrieben) zu beeinflussen ist. Der Schwerpunkt möglicher Aktivitäten liegt deshalb bei der Verbesserung der standortspezifischen Faktoren, vor allem bei der Verbesserung der Infrastruktur. Dadurch könnten vor allem Beschäftigtenrückgänge in den Betriebstypen II und V vermieden und das Wachstum derjenigen von VI forciert werden. Eine beratende Tätigkeit müßte vor allem bei den Typen III, V und VII ansetzen.

Trotzdem wird es sich nicht vermeiden lassen, daß vor allem die Betriebe des Typs I und einige der Typen II, III und V vom Markte verdrängt werden. Ist im Vergleich dazu der Anteil der Betriebstypen IV, VI und vor allem VIII zu gering und stehen auch keine entsprechenden Neuansiedlungen in Aussicht, so kann das Eintreten eines fühlbaren Beschäftigtenrückgangs als nicht unwahrscheinlich angesehen werden. Diese Gefahr rechtzeitig zu erkennen, um frühzeitig handeln zu können, ist ein ‚Verdienst', das nicht hoch genug bewertet werden kann[97].

2.2.3 Die räumliche Abgrenzung industrieller Problemgebiete

Der Begriff „Problemgebiet" wird meist im Zusammenhang mit ländlichen Räumen verwandt, die hinter der allgemeinen Entwicklung zurückgeblieben sind (Bayrischer Wald, Eifel–Hunsrück). Die Abgrenzung eines „industriellen Problemgebietes" kann sich dagegen auf eine Gemeinde oder Stadt mit ihrem Umland beschränken, wobei weniger an die Kommunalgrenzen als an die Gemeinde als räumliche Wirtschaftseinheit gedacht wird[98]. Wie bereits dargelegt wurde, sollen hier nur Industriegemeinden betrachtet werden, strukturelle Probleme der Landwirtschaft oder des Fremdenverkehrs bleiben ausgeklammert. Als Schwellenwert kann ein Anteil der in der Landwirtschaft Beschäftigten von weniger als 10 % der Erwerbsbevölkerung dienen[99]. Die Industriegemeinden können natürlich in ländlichen Gebieten liegen.

Die räumliche Abgrenzung und damit die Größe eines Untersuchungsgebietes kann zwar nicht die absoluten Veränderungen der Beschäftigten, Einkommen und Gemeindesteuern beeinflussen, wohl aber die relativen Zu- und Abnahmen. So bedeutet z. B. ein Verlust von 1.000 Arbeitsplätzen einen nur 10 %igen Rückgang bei 10.000, jedoch einen 50 %igen Rückgang bei 2.000 industriellen Arbeitsplätzen in einer jeweils anders abgegrenzten Region. Ein willkürlicher Umgang mit Veränderungsraten wird sich nicht immer vermeiden lassen, trotzdem sollte versucht werden, eine möglichst sinnvolle Abgrenzung zu finden. Von den dazu entwickelten Möglichkeiten[100] ist die funktionale Regionsabgrenzung als am geeignetsten anzusehen, weil die Analyse von Multiplikatorwirkungen und damit Aktivitäten zwischen bestimmten Gruppen von Wirtschaftssubjekten ein Hauptproblem dieser Untersuchung darstellt. Folgende Kriterien könnten als Abgrenzungsmerkmale dienen[101]:

1. der Pendlereinzugsbereich, um den relevanten Arbeitsmarkt zu erfassen,
2. der Ausgabenradius der privaten Einkommensverwendung, um die einkommensinduzierten Multiplikatoreffekte nicht zu vernachlässigen,
3. die räumliche Verteilung wichtiger Vorlieferanten, um auch die "backward linkages" mitzuerfassen und evtl.
4. die räumliche Verteilung von Abnehmern der Hauptbetriebe einer Gemeinde, die den Nachfragerückgang verursacht haben, um wichtige Multiplikatorwirkungen zu internalisieren.

Die betroffene Gemeinde selbst dürfte als kleinste räumliche Einheit (vor allem aus statistischen Gründen) anzusehen sein, deren Umland dann nach den vier Kriterien abzugrenzen wäre. Die Pendelwanderungen gehen aus den Ergebnissen der Volks- und Berufszählung hervor, die Haupteinkaufsorte lassen sich durch Befragung von Schlüsselpersonen ermitteln[102]. Über die Verteilung von Lieferanten und Abnehmern müßten allerdings die Betriebe selbst Auskunft geben, da diese Verflechtungen nicht immer allgemein bekannt sein werden.

Nur im Idealfall werden sich die vier so abgegrenzten Räume decken oder nur unwesentlich überschneiden. Da es hier vor allem um das Problem eines Ungleichgewichts auf einem regionalen Arbeitsmarkt geht, sollte der Einzugsbereich der Ein- und Auspendler als Hauptkriterium verwandt werden. Die restlichen können dann zur Abrundung der Grenzen benutzt bzw. zu deren Ausweitung herangezogen werden, weil sonst wichtige Verbindungen abgeschnitten und die dort auftretenden Multiplikatoreffekte dem „Rest der Welt" zugeordnet werden könnten[103]. Ein solches Vorgehen ist sinnvoller als nur die angrenzenden Gemeinden oder den entsprechenden Landkreis undiskutiert zum Umland zu erklären; es ist jedoch nur anwendbar, wenn die Stadt auch ein Umland bzw. einen Einzugsbereich besitzt. Dies ist z. B. bei vielen „Kohlenstädten" des Ruhrgebietes nicht der Fall. Hier müssen dann nach pragmatischen Gesichtspunkten entweder die angrenzenden Gemeinden oder das gesamte Ruhrgebiet zum „Umland" deklariert werden, damit nicht nur zwischen „betroffene Stadt" und „Rest der Welt" unterschieden wird.

2.3 Die Primärwirkungen eines Beschäftigtenrückgangs

Ist die Analyse der aktuellen oder zukünftigen Beschäftigtenentwicklung zu dem Ergebnis gekommen, daß ein fundamentales Ungleichgewicht auf dem Arbeitsmarkt herrscht oder in Zukunft eintreten wird, dessen Beseitigung durch den Markt selbst zu unerwünschten Folgen (Abwanderung) führen könnte, so ist zu prüfen, wie dadurch die wirtschaftliche Ausgangslage der Region verändert wird. Der Einfachheit halber wird im folgenden nicht mehr zwischen bereits eingetretenen und bevorstehenden Entlassungen unterschieden. Dabei soll jedoch nicht verkannt werden, daß vor allem die Quantifizierungsprobleme im letzten Fall wesentlich schwieriger zu lösen sind.

2.3.1 Definition und Abgrenzung der Primärwirkungen

Unter den Primärwirkungen werden hier die unmittelbaren Folgen der betrieblichen Anpassung (Rationalisierung, Verlagerung, Stillegung) des Problembetriebes (Betrieb des Grundleistungssektors, der seine Beschäftigten reduziert[104]) für andere Wirtschaftssubjekte verstanden. Die betriebliche Anpassung äußert sich in einer Veränderung der Ausgaben- und Beschäftigten(struktur) des Unternehmens. Dabei kann es sich um quantitative Zu- und Abnahmen der Ausgaben (z. B. für lfd. Vorleistungen) oder Beschäftigten handeln, aber auch (oder sogar ausschließlich) um qualitative Veränderungen, wenn z. B. Arbeiter oder Vorprodukte minderer Qualität durch bessere ersetzt werden. Die Lohn- und Gehaltszahlungen des Betriebes stellen dabei das monetäre Verbindungsglied zwischen den Veränderungen von Ausgaben- und Beschäftigten(struktur) dar. Von den Folgen dieser Anpassung können betroffen werden:

1. *private Unternehmer*, z. B. bei Verminderung der Vorleistungsbezüge des Problembetriebes von seinen Lieferanten,
2. *der Staat bzw. die Gemeinde*, die z. B. einen Teil ihrer Steuereinnahmen verliert und
3. *private Haushalte*, die z. B. Lohneinbußen hinnehmen müssen oder ihre Erwerbsquelle vollständig verlieren.

Graphisch lassen sich diese Zusammenhänge wie folgt darstellen:

Abb. 3: *Schema zur betrieblichen Anpassung und ihrer Primärwirkungen*

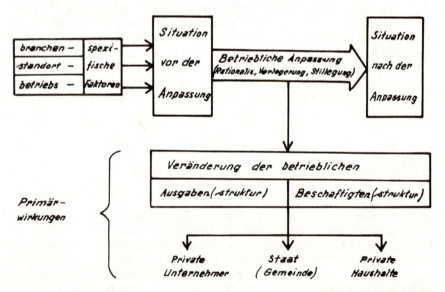

Im folgenden sind deshalb die Determinanten von Veränderungen der betrieblichen Ausgaben- und Beschäftigten(struktur) zu analysieren. Da hier kein konkreter Fall untersucht wird, muß sich die Behandlung der dabei auftretenden Quantifizierungsprobleme wiederum auf das Aufzeigen von systematischen Unterschieden zwischen beispielhaft angeführten Branchen beschränken.

2.3.2 Die Veränderung der betrieblichen Ausgaben(struktur)

Als ein systemindifferenter Tatbestand betrieblichen Geschehens gilt das Prinzip des finanzwirtschaftlichen Gleichgewichts[105], d. h., langfristig müssen allen Ausgaben eines Unternehmens auch Einnahmen gegenüberstehen. Erfährt eine dieser Größen eine Veränderung, so müssen Maßnahmen ergriffen werden, um die Liquidität zu sichern. Für die im 3. Kapitel zu prognostizierenden Multiplikatorwirkungen des Beschäftigtenrückgangs sind vor allem die Veränderungen derjenigen Ausgaben von Interesse, die durch einen Umsatzrückgang erzwungen oder bei Kostensteigerungen aus Rentabilitätsüberlegungen heraus vorgenommen werden. Zu unterscheiden sind dabei Veränderungen bei den verschiedenen Ausgabenarten und den regionalen Zahlungsströmen, also mengenmäßige, sachliche und räumliche Aspekte.

2.3.2.1 Die Veränderung der Gesamtausgaben sowie der einzelnen Ausgabenarten

Mit Ausgabenarten sind hier alle Entgelte für die von einem Betrieb in Anspruch genommenen Faktorleistungen (z. B. Ausgaben für Strom, Wasser, Rohstoffe, Halb-, Fertigfabrikate, Investitionsgüter, Zahlungen für Löhne, Gehälter, Pachten, Zinsen, Steuern und Gewinnausschüttung) gemeint. Über ihre Veränderung bei langfristiger Anpassung (totaler Faktorvariation) lassen sich keine generellen Aussagen machen, solange man die spezifischen technischen und ökonomischen Gegebenheiten nicht kennt[106]. Außerdem wird sich der dispositive Einfluß, der bestimmte Faktoren konstant oder variabel halten kann, einer allgemeinen Prognose entziehen. Ohne entsprechende Angaben seitens der Betriebsleitung ist man auf mehr oder weniger vage Vermutungen angewiesen, da sich einmal die Gesamthöhe der Ausgaben verändern wird, zum anderen aber strukturelle Verschiebungen zu gegenläufigen Veränderungen bei bestimmten Ausgabenarten führen können. Im Gegensatz zur Beschäftigtenzahl kann die Höhe der Gesamtausgaben sinken, konstant bleiben oder sogar steigen (z. B. bei verstärkten Rationalisierungsinvestitionen). Weder die Richtung der Veränderungen bei den einzelnen Ausgabenarten, noch diejenige der Gesamtausgaben liegt von vornherein fest. Bei den im 1. Kapitel entwickelten Zielvorstellungen sind jetzt drei Fragen zu beantworten:

1. Wie verändern sich die Käufe von anderen Unternehmen (lfd. Vorleistungen, Investitionsgüter) und damit die *Material-* und *Kapitalintensität*?
2. Wie entwickeln sich die Lohn- und Gehaltssummen sowie die Gewinne, also *Lohnintensität* und *Rentabilität*?
3. Welche Veränderungen ergeben sich bei den Steuerzahlungen an die Gemeinde?

Die beiden ersten Probleme sind eng miteinander verknüpft, weil sie durch die Unterschiede zwischen alter und neuer Minimalkostenkombination bedingt sind. Mit der neuen Faktorkombination sind auch die Steuern festgelegt, da sich die Einnahmen der Kommune aus der Grundsteuer sowie durch Gebühren und Beiträge kaum oder nur unwesentlich verändern werden. Beim gegenwärtigen Finanzsystem bestimmen Gewerbeertrag, Gewerbekapital und Lohnsumme sowie die Hebesätze das Steueraufkommen[107]. Die Gewinne sind i. d. R. nur bei Personalgesellschaften als Einkommensfaktoren zu berücksichtigen und bei ihnen auch nur dann, wenn vorher überhaupt Gewinne erwirtschaftet wurden. Sie werden in vielen Fällen eine „quantité negligeable" bleiben.

Relativ einfach ist die Quantifizierung der Ausgabenveränderungen im Stillegungsfall, da von der bestehenden Höhe und Struktur der Ausgaben ausgegangen werden kann, die dann als „Totalverlust" zu Buche schlagen. Aber auch in den beiden anderen Fällen (Rationalisierung, Verlagerung) kann die gegenwärtige Ausgabenstruktur Anhaltspunkte für die Größenordnung abgeben, die die interessierenden Parameter und Koeffizienten annehmen könnten. Auskunft über diese Inputstruktur, die sich „nur" durch die Nettoinvestitionen von der Ausgabenstruktur unterscheidet, kann z. B. eine Input-Output-Tabelle für eine übergeordnete Region geben. Für NRW liegt für das Jahr 1961 eine solche Tabelle vor, die systematische Unterschiede zwischen den einzelnen Industriezweigen deutlich erkennen läßt.

Tabelle 4: *Die Inputstruktur ausgewählter Industriezweige in NRW 1961 (in v. H. des Bruttoproduktionswertes)*[108]

Vorleistungen von	Kohlenbergbau	Eisen- u. Stahlindustrie	Textilindustrie	Industrie insgesamt
Industrie	30,3	74,2	51,6	37,4
Verkehr	3,0	6,5	2,3	4,2
Handel	1,3	2,3	1,5	2,0
Dienstleistungen	2,8	1,2	2,8	3,8
Sonstige[110]	1,3	0,3	6,3	5,9
Vorleistungen insg.	38,7	84,5[109]	64,5	53,3
Löhne und Gehälter	45,5	9,7[109]	19,7	23,1
Gewinne	3,7	0,7	7,2	12,8
Steuern ./. Subvent.	6,2	2,5	7,1	6,7
Abschreibungen	5,9	2,6	1,5	4,1
Bruttoproduktionswert	100,0	100,0	100,0	100,0

Über die Investitionsausgaben liegen Angaben aus der Industrieberichterstattung vor, wie sie in Tab. 5 auf der folgenden Seite dargestellt sind. Als weitere Anhaltspunkte können z. B. noch die Ergebnisse der Kostenstrukturerhebungen herangezogen werden[111].

Natürlich lassen sich aus solchen groben Durchschnittswerten keine detaillierten Schlußfolgerungen ziehen, jedoch sind zumindest Tendenzaussagen möglich, wie z. B. die, daß ein Umsatzverlust von 1 Mill. DM im Bergbau die Lohnsumme stärker vermindern würde als in der Textilindustrie, also die „Einkommenswirkungen" im Bergbau fast doppelt so hoch sein werden wie in der Textilindustrie. Im Rahmen von empirischen Befragungen sind solche Anhaltspunkte immer wertvoll, weil dann auch schon vage Angaben wie „über"- oder unterdurchschnittlich" für den Informationssuchenden einen gewissen Wert haben und falsche Angaben schneller als solche erkannt werden. Außergewöhnliche Abweichungen können aber auch wichtige Hinweise für das Vorliegen standort- und betriebsspezifischer Eigenheiten sein und damit eine weitere Informationssuche veranlassen.

Tabelle 5: *Die Anteile der Investitionsausgaben am Gesamtumsatz ausgewählter Industriezweige in NRW 1964*[112]

Branche	Investitionsausgaben	
	insgesamt	für Maschinen, Anlagen, Werkzeug etc.
Bergbau	8,8 %	6,6 %
Eisen- u. Stahlindustrie	9,1 %	7,4 %
Textilindustrie	4,8 %	3,9 %
Industrie insgesamt	6,5 %	5,0 %

Nicht ausgewiesen wird in der amtlichen Statistik der Anteil der Gewerbesteuer an den gesamten (indirekten) Steuern. Da den Kommunen das Steueraufkommen ihrer wichtigsten Betriebe und deren Beschäftigtenzahl aber häufig bekannt sind, läßt sich eine Umrechnung über den Koeffizienten „Gewerbesteuer pro Beschäftigten" vornehmen. Auch die Koeffizienten „Umsatz" oder „Brutto- bzw. Nettoproduktionswert pro Beschäftigten" sind wichtige Hilfsgrößen bei der Quantifizierung der Primärwirkungen, die sich aus der lfd. Industrieberichterstattung entnehmen lassen, um von einem Beschäftigtenrückgang auf die Größenordnung des Umsatzrückgangs schließen zu können und umgekehrt. Während für die Ermittlung der Veränderungen der Ausgaben(struktur) noch Bundes- oder Landesdurchschnitte zur Groborientierung verfügbar sind, ist dies bei der Bestimmung der Veränderungen der regionalen Zahlungsströme nicht mehr der Fall.

2.3.2.2 Die Veränderung der regionalen Zahlungsströme

Je nach Standort bzw. Wohnsitz der von den Ausgabenveränderungen Betroffenen (Stadt, Umland, „Rest der Welt") werden auch die intra- und interregionalen Zahlungsströme verändert. Die Höhe und evtl. Veränderungen der regionalen Inputkoeffizienten lassen sich ohne eigens dazu durchgeführte empirische Erhebungen nicht bestimmen[113]. Einen Einfluß auf sie haben zunächst die Größe der Region sowie Art und Dichte des Industriebesatzes. Aus einer Input-Output-Tabelle für eine übergeordnete Region lassen sich z. B. die wichtigsten Zulieferindustrien der Branche des Problembetriebes ermitteln. Sind diese Industriezweige in der Region nicht vorhanden, so ist zu vermuten, daß diese Vorleistungen „importiert" werden müssen.

Die (vor allem bei Mehrproduktunternehmern oft problematische) Zuordnung einzelner Betriebe zu bestimmten Industriezweigen und deren Aggregation zu 20 oder 40 Branchen in einer Input-Output-Tabelle führen nicht nur bei den sektoralen, sondern auch bei den regionalen Inputkoeffizienten immer nur zu (gewogenen) Durchschnittswerten. Vor allem die regionalen Inputkoeffizienten weniger Unternehmen eines kleineren Gebietes oder gar eines einzigen Betriebes können von den Landesdurchschnittswerten aber ganz erheblich abweichen. Ähnliches gilt für die Investitionsgüternachfrage. Selbst Bauleistungen z. B. werden dann nicht vom örtlichen Baugewerbe erbracht, wenn es sich um Aufträge handelt, die nur von Spezialfirmen mit überregionalem Kundenkreis durchgeführt werden können.

Nur die regionale Zuordnung der Löhne und Gehälter läßt sich ohne große Schwierigkeiten vornehmen, wenn die Höhe der Einpendler und ihre Verteilung auf die Industriezweige aus einer nicht allzu weit zurückliegenden Volks- und Berufszählung oder aus den Unterlagen des interkommunalen Gewerbesteuerausgleichs bekannt sind. Diese teilweise vollkommene Ignoranz über wichtige interregionale Verflechtungen und Zahlungsströme ist ein Hauptgrund für die mangelnde Praktikabilität differenzierter regionaler Prognosemethoden.

Jedoch hat sich bei der Untersuchung von Einzelproblemen herausgestellt, daß in monoindustriellen Städten häufig kaum oder gar keine Vorleistungen der Hauptindustrie von den örtlichen Betrieben geliefert werden. So bezog z. B. eine Schachtanlage in Werne keine, die Zechen in Bottrop nur ca. 2,4 % ihrer Vorleistungen und Investitionen aus der Stadt selbst[114]. Deshalb ist zu vermuten, daß in ausgesprochen monoindustriellen Gebieten die „Importquoten" bei den Hauptbetrieben recht hoch sein werden.

Gewißheit darüber können aber nur Angaben der Betriebe selbst bringen. Wenn es sich um relativ kleine Regionen handelt, ist es für die Unternehmen auch nicht schwierig, die Bedeutung ihrer wichtigsten Lieferanten in diesem Gebiet zu kennzeichnen. Schwierigkeiten tauchen vor allem dann auf, wenn im „Rest der Welt" Differenzierungen vorgenommen werden sollen; außerdem dann, wenn die Leistungen zwar aus der Untersuchungsregion, nicht aber vom Hersteller, sondern vom (Groß)Handel bezogen werden oder der Einkauf bei Konzernbetrieben zentral geleitet wird und die Einkaufszentrale keine Information über die regionale Herkunft der Vorleistungen eines ihrer vielen Betriebe geben kann oder will. Es hat sich aber gezeigt, daß bei gutem „Klima" und genügender Auskunftbereitschaft der Einkaufschef einer Firma zwar nicht exakte, so doch ungefähre Angaben über Art, Höhe und Herkunft der Vorleistungen machen kann, die meist nicht zur Erstellung einer regionalen Input-Output-Tabelle ausreichen, wohl aber für eine grobe regionale Differenzierung der zu erwartenden Multiplikatoreffekte[115].

2.3.3 Die Veränderung der Beschäftigten(struktur)

Die Veränderungen der Ausgaben für Löhne und Gehälter sind das monetäre Äquivalent für quantitative und qualitative Veränderungen in der betrieblichen Beschäftigtenstruktur, deren Folgen zu einem Ungleichgewicht auf dem regionalen Arbeitsmarkt führen müssen, damit das „Problem" dieser Untersuchung relevant wird. Neben Höhe und Art der freigesetzten Arbeitskräfte ist auch die Freisetzungsgeschwindigkeit hierfür von Bedeutung.

2.3.3.1 Die Freisetzungsgeschwindigkeit

Vor allem im Hinblick auf die z. T. recht langen „Anlaufzeiten" regionalpolitischer Maßnahmen sind Informationen darüber wichtig, ob sich der Freisetzungsprozeß abrupt und in großen oder kontinuierlich und in kleinen Schritten vollzieht. Hierfür sind entscheidend die

1. relative Höhe des Beschäftigtenrückgangs,
2. Form der Anpassung (Rationalisierung, Verlagerung, Stillegung) und die
3. Zahl und Größe der betroffenen Betriebe.

Ein Ungleichgewicht auf dem Arbeitsmarkt droht vor allem bei abrupten Massenentlassungen. Tendenziell läßt sich folgende Rangordnung festlegen:

Größe der Problembetriebe	Großbetrieb			Klein- und Mittelbetriebe		
Anpassungsform	Stillegung	Verlagerung	Rationalisierung	Stillegung	Verlagerung	Rationalisierung
Freisetzungsgeschwindigkeit						
abrupt	++	++	+	+	–	–
kontinuierlich	–	–	+	+	++	++

Es bedeuten: ++ wahrscheinlich, + möglich, – unwahrscheinlich

Selbstverständlich könnte hier noch weiter differenziert werden. Es zeigt sich jedoch, trotz evtl. Willkür in der Bewertung, ein nicht unerheblicher Einfluß der Betriebsgröße auf die Freisetzungsgeschwindigkeit, da eine Stillegung oder Verlagerung von zahlreichen Klein- und Mittelbetrieben (z. B. innerhalb eines Jahres) unwahrscheinlich ist. Auch im Rationalisierungsfall sind plötzliche Massenentlassungen kaum zu erwarten; Rationalisierungsschutzabkommen zwischen Gewerkschaften und Arbeitgeberverbänden werden diese Gefahr in Zukunft noch weiter vermindern. Die Betriebsgrößenstruktur zeigt nun aber erhebliche branchenspezifische Unterschiede (vgl. Tab. 6 auf S. 48).

Aufgrund dieser Angaben sind zwar nur allgemeine Tendenzaussagen möglich, die für einzelne Regionen natürlich nicht zuzutreffen brauchen. Jedoch zeigte sich in der Vergangenheit, daß „Krisen", die in der Öffentlichkeit Schlagzeilen machten, im Kohlenbergbau auftreten, von dessen Strukturwandel Großbetriebe betroffen wurden und die sich schwerpunktmäßig durch Stillegungen anpaßten. Dagegen verlief der Strukturwandel in der westfälischen Textilindustrie, in dessen Verlauf zahlreiche Klein- und Mittelbetriebe zu verstärkter Rationalisierung gezwungen wurden, wesentlich kontinuierlicher und damit „geräuschloser", obwohl er insgesamt etwas gleich hohe Freisetzungseffekte zur Folge hatte.

Tabelle 6: *Beschäftigtengrößenklassen der Betriebe ausgewählter Industriezweige in NRW 1967*
(Angaben in v. H. der Betriebe insgesamt)[116]

Beschäftigten-größenklasse	Kohlenberg-bau[117]	Eisen- u. Stahl-industrie	Textilin-dustrie	Industrie insgesamt
1 – 19	1,6	6,9	57,5	57,3
20 – 49	6,4	7,8	15,2	18,2
50 – 99	5,8	10,3	10,0	10,1
100 – 199	10,0	14,7	7,7	6,7
200 – 499	19,6	12,9	7,0	4,9
500 – 999	12,2	18,1	2,0	1,5
über 1.000	44,4	29,3	0,6	1,3
∅ Betriebsgröße (Beschäftigte)	1.490	2.002	68	89

2.3.3.2 Die Struktur der freigesetzten Arbeitskräfte

Für die von den Primärwirkungen des Beschäftigtenrückgangs ausgehenden Multiplikatorwirkungen ist nicht nur die absolute Höhe, sondern auch die Struktur der entlassenen Belegschaftsmitglieder von Interesse, vor allem für die Erfolgsaussichten regionalpolitischer Maßnahmen zur Umsetzung der Arbeiter in andere Beschäftigungsmöglichkeiten. Vier Aspekte sind dabei in jedem Fall zu berücksichtigen, und zwar:

1. die Stellung im Betrieb (kaufmännische, technische Angestellte, Fach-, angelernte, Hilfsarbeiter, Lehrlinge,
2. das Geschlecht,
3. der Altersaufbau der Belegschaft,
4. die Zahl der Einpendler aus dem Umland und dem „Rest der Welt" (Fernpendler).

Bis auf die Altersgliederung werden diese Auszählungen routinemäßig für die Industrieberichterstattung und den interkommunalen Gewerbesteuerausgleich vorgenommen. Aber auch die Altersgliederung gehört z. B. im Bergbau zu den lfd. erhobenen Merkmalen[118]. Deshalb dürfte es nicht schwierig sein, hierüber zunächst Angaben über den Gesamtbetrieb zu erhalten. Sie haben besonders für die später zu behandelnden Determinanten der Mobilitätsbereitschaft eine große Bedeutung. Der Anteil weiblicher Arbeitskräfte und die Stellung der Beschäftigten im Betrieb zeigen wiederum erhebliche branchenspezifische Unterschiede, die ihrerseits Lohnunterschiede bewirken, aus denen Rückschlüsse auf die zu erwartenden Einkommensverluste gezogen werden können.

Tabelle 7: *Die Beschäftigten ausgewählter Industriezweige in NRW nach Stellung im Betrieb, Geschlecht, Einkommen und Leistungsgruppe*[119]

	a) Kohlenbergbau	b) Eisen- u. Stahlindustrie	c) Textilindustrie	d) Industrie insgesamt
Stellung im Betrieb in v. H. der Gesamtbeschäftigten 1966				
Inhaber und Angestellte	13,5	18,5	19,1	21,0
(davon weiblich)	(8,9)	(21,2)	(31,8)	(27,2)
Arbeiter	83,6	77,6	78,4	74,9
(davon weiblich)	(1,2)	(3,2)	(50,0)	(20,9)
Lehrlinge	2,9	3,9	2,5	4,1
(davon weiblich)	(2,9)	(12,6)	(57,5)	(22,9)
Beschäftigte insgesamt	100,0	100,0	100,0	100,0
(davon weiblich)	(2,3)	(7,0)	(46,6)	(22,3)
Bruttowochenverdienst der Arbeiter in v. H. von d), Jan. 1969	111	109	84,6	100 (234,- DM/Woche)
Bruttostundenverdienst der weibl. Arbeiter in v. H. des der männl. Arbeiter des jeweiligen Industriezweiges	67,8	68,7	79,3	–
Leistungsgruppen der Arbeiter in v. H.				
I (Facharbeiter)	84,2	30,9	27,7	42,2
II (angelernte Arbeiter)	13,5	45,4	57,2	37,5
III (Hilfsarbeiter)	2,3	23,7	15,1	20,3

Je nach Betriebszweig werden die Arbeitsmarktprobleme anderer Art sein, weil die Pyramiden der Eignungsanforderungen in den einzelnen Branchen voneinander stark abweichen. In der Textilindustrie wird es wegen des überdurchschnittlich hohen Anteils weiblicher Arbeitskräfte wahrscheinlich zu verstärkter latenter Arbeitslosigkeit kommen, da vor allem Ehefrauen aus dem Erwerbsleben (vorübergehend) ausscheiden werden; im Bergbau werden vergleichsweise viele Facharbeiter freigesetzt, für die es relativ schwierig sein wird, gleichwertige Arbeitsplätze zu beschaffen. Aus der unterschiedlichen Beschäftigtenstruktur heraus läßt sich auch die Hälfte der Differenzen der zu erwartenden Lohnausfälle zwischen den Industriezweigen erklären. Nach einer jüngsten Untersuchung läßt sich die Differenz der Bruttolöhne zwischen allen Industriezweigen in NRW zu

$1/8$ auf unterschiedliche Arbeitszeit,
$1/3$ auf ein unterschiedliches Geschlechtsverhältnis,

$1/20$ auf unterschiedliche Qualifikation der Arbeiter und
$1/2$ auf „echte" Lohnunterschiede zwischen den Industriezweigen zurückführen[120].

Die Höhe der Einkommensausfälle wird außerdem noch durch den Familienstand bzw. die Steuerklasse beeinflußt, jedoch haben nicht alle Betriebe eine diesbezügliche Übersicht. Die Altersstruktur der Belegschaft läßt weitere Rückschlüsse auf die Belastung des Arbeitsmarktes zu, da bei relativ hohem Durchschnittsalter für viele Arbeiter die Möglichkeit bestehen wird, vorzeitig aus dem Erwerbsleben auszuscheiden[121]. Außerdem ist das Alter eine wichtige Determinante für die Mobilitätsbereitschaft sowie die Chance, einen neuen Dauerarbeitsplatz zu erhalten[123]. Ein ungünstiger Altersaufbau infolge Nachwuchsmangels, Einstellungsstopps oder großer Gefahr der Frühinvalidität kann das Umstellungsproblem der Arbeiter ganz erheblich verschärfen.

Die Zahl der Einpendler entscheidet schließlich darüber, wo sich die Einkommensverluste aus regionaler Sicht niederschlagen. Die Größe und Struktur des Arbeitsmarktes, die Lage auf dem Wohnungsmarkt sowie die Verkehrsverhältnisse entscheiden darüber, ob sie sich auf eine Stadt konzentrieren oder ein größeres Gebiet treffen. Die Analyse der bestehenden Beschäftigtenstruktur führt aber nur dann zu einer richtigen Bestimmung der Primärwirkungen, wenn ein „proportionaler" Schnitt vorgenommen wird. Werden bei der Entlassung qualitative und/oder soziale Gesichtspunkte berücksichtigt, so kann sich das Bild wesentlich verschieben, weil z. B. überwiegend jüngere Arbeiter entlassen werden, die außerdem evtl. noch Bummelanten sind. Hierüber müssen entweder vorher beim Betrieb selbst oder aber später beim Arbeitsamt weitere Informationen eingeholt werden.

Mit der Bestimmung der Primärwirkung des Beschäftigtenrückgangs ist die Deskription und Diagnose der (Veränderung der) Ausgangslage abgeschlossen. In einem nächsten Schritt ist jetzt zu untersuchen, welche weiteren Folgen dieser primäre Rückgang der Beschäftigten, Einkommen und Gemeindesteuern auf die wirtschaftliche Entwicklung der Problemregion haben wird.

3. Kapitel:
Die Folgen der Primärwirkungen auf die Wirtschaftsentwicklung des industriellen Problemgebietes

Da es sich bei der Prognose der Multiplikatorwirkungen des Beschäftigtenrückgangs um ein sehr komplexes Problem handelt, muß es zunächst definiert und abgegrenzt werden. Als Ausgangspunkt bietet sich dabei die Struktur der Entscheidungen derjenigen Wirtschaftssubjekte an, die von den Folgen des Beschäftigtenrückgangs direkt oder indirekt betroffen werden. Nachdem die von der Regionalpolitik beeinflußbaren Bereiche des Multiplikatorprozesses festgelegt worden sind, sollen im Rahmen einer Determinantenanalyse die dort relevanten Strukturzusammenhänge näher untersucht werden, um die Voraussetzungen für einen gezielten Mitteleinsatz zu schaffen. In einem nächsten Schritt werden in einer Verflechtungsanalyse die bisher entwickelten Methoden aufgezeigt, eine Prognose des Gesamtergebnisses (aller Teilbereiche) des Multiplikatorprozesses zu erstellen. Da diese Versuche für die vorliegende Problemstellung entweder theoretisch unbefriedigend oder aber empirisch (noch) zu anspruchsvoll sind, wird abschließend ein Ansatz vorgestellt, der versucht, einen theoretisch hinreichend fundierten, aber empirisch noch gangbaren Mittelweg zur Integration von Determinanten- und Verflechtungsanalyse aufzuzeigen.

3.1 Deskription und Abgrenzung des Prognoseproblems

Der durch den Beschäftigtenrückgang ausgelöste Multiplikatorprozeß kann als eine Abfolge dependenter Entscheidungen bestimmter (Gruppen von) Wirtschaftssubjekte(n) definiert werden. Dieser Entscheidungsprozeß eines einzelnen Wirtschaftssubjektes, bei dem habituelle Verhaltensweisen durch „echte" Entscheidungen verändert werden, ist eingebettet in wenigstens zwei weitere Entscheidungsprozesse anderer Personen(gruppen). Der Aktor selbst wird von Ausgabenveränderungen eines Wirtschaftssubjektes betroffen und ändert daraufhin selbst seine Ausgabengebarung. Die Veränderungen der Ausgaben(struktur) lassen sich für die Zwecke dieser Untersuchung in einer sog. *Ausgabenmatrix* (AM) darstellen, die die einzelnen Ausgabenarten nach den Regionen aufteilt, in die diese Ausgaben fließen. Die regionale Differenzierung umfaßt hier die Räume Stadt, Umland und „Rest der Welt" (Horizontale), die Ausgabenarten (Vertikale) sind je nach den betrachteten Personen(gruppen) verschieden: bei privaten Unternehmern z. B. Ausgaben für lfd. Vorleistungen, Investitionsgüter, Gewerbesteuer, Löhne, Gehälter und Gewinne; bei privaten Haushalten für Ver- und Gebrauchsgüter, Dienstleistungen sowie Vermögensbildung; bei Kommunen für Sach-, Bau- und Personalausgaben[124].

Eng verbunden mit Veränderungen bei den Ausgaben für Löhne und Gehälter sind Modifikationen der quantitativen und qualitativen Beschäftigtenstruktur, die in einer sog. *Beschäftigtenmatrix* (BM) ihren Niederschlag finden können. Sie enthält in der Horizontalen die Wohnorte (Stadt, Umland, „Rest der Welt"), in der Vertikalen die Stellung im Betrieb (Arbeiter, Angestellter, Lehrling) der Arbeitnehmer. Entlassungen sind zwar auch bei privaten Haushalten und Kommunen denkbar, ins Gewicht fallen im Rahmen dieser Untersuchung allerdings nur diejenigen der privaten Unternehmen. In den [A] – und [B] – Matrizen spiegeln sich demnach die Veränderungen der Ausgaben (aller Sektoren) und Beschäftigten (der Betriebe) wider, die nach einer neuen Entscheidung eines jeden betroffenen Wirtschaftssubjektes verlangen bzw. das Ergebnis dieser Entscheidungen sind.

3.1.1 *Der Ablauf des Multiplikatorprozesses*

Am Anfang des zu analysierenden Multiplikatorprozesses steht ein Rückgang der „Export"nachfrage, der einen empfindlichen Beschäftigtenrückgang zur Folge hat. Der hierdurch in Gang gesetzte Multiplikatorprozeß[125] kann zur Vereinfachung der analytischen Behandlung in fünf Teile zerlegt werden.

Die Primärwirkungen

Sie stellen die bereits untersuchten Veränderungen im Grundleistungssektor des Problemgebietes dar. Hier sind zunächst der Beschäftigtenrückgang des Problembetriebes sowie seine Ausgabenveränderung (dargestellt in einer [A]– und [B]– Matrix) relevant. Diesen Beschäftigten- und evtl. auch Ausgabenrückgängen können Beschäftigtenzugänge und Ausgabenerhöhungen neuer bzw. erweiterter Betriebe gegenüberstehen. Damit sind nicht autonome, d. h. im normalen Wachstumsprozeß vollzogene, sondern induzierte Zuwächse gemeint, wenn also Betriebe durch die freigesetzten Arbeitskräfte angezogen oder durch Maßnahmen der Regionalpolitik zur Verlagerung, Neugründung oder Erweiterung in der Region veranlaßt worden sind. Der Saldo aus Beschäftigten- und Ausgabenzuwachs bzw. -rückgang der Primärwirkungen gibt durch seine

1. *direkten Nachfragewirkungen* (aufgrund der Lieferverflechtungen mit anderen Betrieben),
2. *Steuerwirkungen* (beim Gemeindeetat) und
3. *Einkommenswirkungen* (bei den privaten Haushalten)

den Anstoß zum eigentlichen Multiplikatorprozeß, der mit dem Umstellungsprozeß seinen Anfang nimmt.

Der Umstellungsprozeß

Die Primärwirkungen veranlassen nur bei den Vorlieferanten der Basisbetriebe unmittelbar neue betriebliche Anpassungsvorgänge. Die Veränderung der Einkommens- und Steuerzahlungen führt erst über die Ausgabenentscheidungen der privaten Haushalte und des Gemeindehaushalts zu Umsatzveränderungen bei Betrieben des Folgeleistungssektors. Diese „Zwischenstufe" wird Umstellungsprozeß genannt, obwohl die Entscheidungen der privaten Haushalte und des Gemeindehaushalts sowohl das Umstellungs-, Kompensations- als auch das Anpassungsproblem[126] umfassen. Für die Problemregion insgesamt handelt es sich aber schwerpunktmäßig um einen Um-

stellungsprozeß, weil der Freiheitsgrad bei den Entscheidungen im Grundleistungssektor wesentlich größer ist als im non basic-Bereich, der sich nur „anpassen" kann.
Zentrale Bedeutung im Umstellungsprozeß hat die sektorale und regionale Mobilität der freigesetzten Arbeitskräfte, die auch wesentlich die Veränderungen der Haushaltseinkommen bestimmt. Das Ergebnis dieser Entscheidungen läßt sich in einer *Mobilitätsmatrix* (MM) festhalten, die in der Horizontalen die neuen, in der Vertikalen die alten Wohnorte enthält (jeweils Stadt, Umland, „Rest der Welt"). Die Entlassenen in jeder Region können dann noch jeweils unterteilt werden nach ihrem späteren Verbleib in vorzeitig Pensionierte, Umschüler/Branchenwechsler und Arbeitslose. Die [M]–Matrix gibt also über den Verbleib sowie den neuen und alten Wohnsitz der freigesetzten Beschäftigten Auskunft. Darauf aufbauend kann eine *Einkommensmatrix* (EM) erstellt werden, die die Veränderung der verfügbaren persönlichen Nettoeinkommen der privaten Haushalte in den drei Regionen angibt[127]. Sie wiederum haben Veränderungen der privaten Konsum- und Sparentscheidungen sowie der kommunalen Ausgaben zur Folge, die ebenfalls in einer [A]–Matrix jeweils ihren Niederschlag finden. Die direkten Nachfrageveränderungen der Basisbetriebe sowie die Ausgabenveränderungen der privaten Haushalte und des Gemeindehaushalts führen zu Umsatzveränderungen im Folgeleistungssektor, in dem hier alle Betriebe erfaßt werden, die überwiegend Wirtschaftssubjekte der betroffenen Region beliefern[128]. Je nach Informationsstand läßt er sich mehr oder weniger breit differenzieren. Da ein Teil der Ausgaben nicht in der Problemregion selbst verausgabt wird, muß auch hier unterschieden werden nach Betrieben in der Stadt selbst, im Umland und im „Rest der Welt", wobei die branchenmäßige Differenzierung mit zunehmender Entfernung (und damit meist abnehmendem Interesse) gröber werden kann. Die Folgen der dadurch bedingten betrieblichen Anpassungsprozesse stellen die Sekundärwirkungen des Beschäftigtenrückgangs dar.

Die Sekundärwirkungen

Schwerpunktmäßig, aber nicht ausschließlich werden bei ihnen die Industriebetriebe von der Nachfrage nach Vorleistungen, das Baugewerbe von den Gemeindeausgaben und die Handels- und Dienstleistungsbetriebe von den privaten Konsumausgaben betroffen. Je nach Größe und Richtung des „Nettoeffektes" der Primärwirkungen und des Ergebnisses des Umstellungsprozesses (vor allem der Höhe der Wegzüge) sind die Sekundärwirkungen positiv oder negativ, wobei die Richtung bei einzelnen Ausgabenarten durchaus der Gesamtentwicklung entgegengesetzt verlaufen kann.
Durch Addition der [A]– und [B]–Matrizen, in denen die Folgen der betrieblichen Anpassung wieder festgehalten werden können, lassen sich die gesamten Sekundärwirkungen einschließlich evtl. Rückwirkungen aus dem Umland und dem „Rest der Welt" auf die Stadt ermitteln. Bei monoindustriellen Regionen sind „Bumerangeffekte" aus dem „Rest der Welt" jedoch wahrscheinlich unbedeutend[129], so daß sie im folgenden vernachlässigt werden können. Falls sich im Basissektor selbst oder im Verlauf des regionalen Umstellungsprozesses quantitative und/oder strukturelle Veränderungen der Nachfrage nach Gütern und Diensten des Folgeleistungssektors ergeben, sind weitere Multiplikatoreffekte zu erwarten, die sich aber nur innerhalb des non basic-Sektors auswirken, da sich die Basis jetzt definitionsgemäß nicht mehr verändert, es sei denn wiederum aufgrund von Rückwirkungen (aus dem Regionsausland). Dieser regionale

Anpassungsprozeß

des Folgeleistungssektors an quantitative und strukturelle Veränderungen der Nach-

Abb. 4: *Die Verflechtungsbeziehungen im Multiplikatorprozeß*

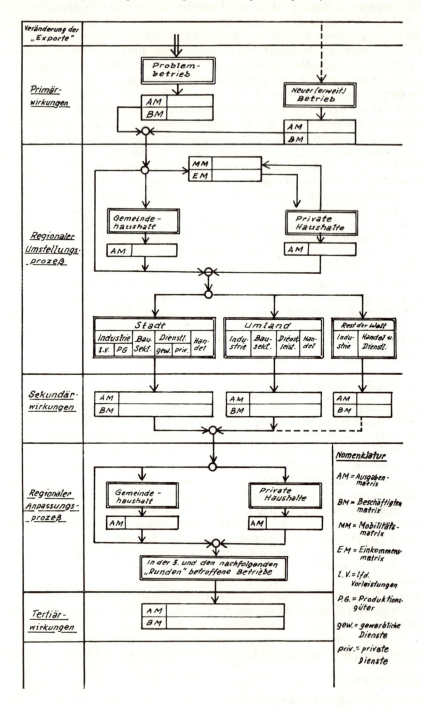

frage des Grundleistungssektors und der von ihm abhängigen Haushalte vollzieht sich in mehreren „Runden", in denen wiederum private Unternehmen, Gemeindehaushalt und private Haushalte Umstellungs-, Kompensations- und Anpassungsprobleme zu lösen haben. Sachlich unterscheidet er sich nicht von den Vorgängen beim Umstellungsprozeß, für die Region insgesamt handelt es sich aber um einen Anpassungsprozeß an Veränderungen im Grundleistungssektor. Sein Ergebnis sind die

Tertiärwirkungen,

also die Folgen des regionalen Strukturwandels in der 3. und in den nachfolgenden „Runden", die wiederum in [A]– und [B]– Matrizen festgehalten werden können.

Die *Gesamtwirkungen* des regionalen Strukturwandels werden schließlich definiert als die Summe aus Primär-, Sekundär- und Tertiärwirkungen, formal durch die Summe der entsprechenden [A]– und [B]– Matrizen, aus denen sich vor allem die als Zielindikatoren wichtigen Veränderungen der Beschäftigten, Einkommen und Gewerbesteuerzahlungen ablesen lassen. Der gesamte Multiplikatorprozeß ist in Abbildung 4 noch einmal schematisiert dargestellt worden[130].

3.1.2 Die Entscheidungen vom Strukturwandel betroffener Wirtschaftssubjekte

Diese formale Gliederung des Multiplikatorprozesses ist nur ein Rahmen, in dem die zahlreichen privaten Entscheidungen systematisch eingeordnet werden können. Um aber Ansatzpunkte für die Regionalpolitik zu ihrer Beeinflussung gewinnen zu können, muß zunächst die Struktur dieser Entscheidungen näher untersucht werden.

Die logische Grundstruktur rationaler Entscheidungen[131] besteht aus den Elementen Aktor, Umwelt, Wertsystem und Entscheidungsmaxime, die zusammen das Entscheidungsergebnis bestimmen. Der „*Aktor*" bei den hier relevanten Entscheidungen ist entweder ein privater Haushalt, ein privater Unternehmer oder die Kommune, wobei der Einfachheit halber von kollektiven Entscheidungen abstrahiert wird. Die Entscheidungen werden also (so wird im folgenden unterstellt) vom Haushaltsvorstand, von der Geschäfts- und Betriebsleitung sowie dem Oberkreisdirektor (Oberbürgermeister, Regierungs- oder Ministerpräsidenten) getroffen.

Das Element „*Umwelt*" umfaßt den Datenkranz eines Wirtschaftssubjektes (also Größen, die es nicht beeinflussen kann), seine Handlungsalternativen und die möglichen Ergebnissituationen. Je nach Informationsstand, der von vollkommener Gewißheit über objektive bzw. subjektive Wahrscheinlichkeit bis hin zur vollkommenen Ignoranz reichen kann, ergibt sich für jeden Aktor in einer Entscheidungssituation eine sog. *Ergebnismatrix*, die wie folgt dargestellt werden kann[132].

	p_1	p_2	$\ldots p_m$
	s_1	s_2	$\ldots s_m$
a_1	e_{11}	e_{12}	$\ldots e_{1m}$
a_2	e_{21}	e_{22}	$\ldots e_{2m}$
$\vdots$	$\vdots$	$\vdots$	$\vdots$
a_n	e_{n1}	e_{n2}	$\ldots e_{nm}$

a = Handlungsalternativen
s = Zustände der Umwelt
p = Wahrscheinlichkeiten für die Zustände der Umwelt
e = Ergebnissituationen

Jede nur denkbare Entscheidungssituation kann durch eine solche Ergebnismatrix beschrieben werden. In einem konkreten Fall muß vor allem die Horizontale (Zustände der Umwelt und ihre Eintrittswahrscheinlichkeiten) sehr breit differenziert werden, wenn auch nur annähernd alle realistischen Möglichkeiten erfaßt werden sollen.

Zur Beurteilung der alternativen Ergebnissituationen ist ein *„Wertsystem"* notwendig, das die Ziele eines Wirtschaftssubjektes kennzeichnet und recht vielfältiger Natur sein kann. Bei Unternehmen ist z. B. an Gewinnmaximierung, Umsatzmaximierung oder Maximierung des Marktanteils[133], bei privaten Haushalten an Nominal- bzw. Realeinkommens- oder Nutzenmaximierung[134], beim Gemeindehaushalt an Steuermaximierung oder an eines der im 1. Kapitel genannten regionalpolitischen Ziele zu denken. Herrscht vollkommene Information über die Umweltbedingungen, so ist mit dem Wertsystem auch die *Entscheidungsmaxime* festgelegt. Erst bei unvollkommener Information werden die Entscheidungsmaximen bzw. Entscheidungsregeln bei Unsicherheit relevant, die eine bestimmte Risikofreude, -neutralität oder -aversion charakterisieren.

Für die Zwecke dieser Untersuchung ist eine weitergehende Unterteilung der Handlungsalternativen angebracht. Sie entspricht in etwa der bei der Theorie der Steuerüberwälzung von *G. Schmölders*[135] unterschiedenen Informations- bzw. Wahrnehmungsphase, der Zahlungsphase und der Inzidenzphase. Sie geben systematische Unterschiede im Freiheitsgrad der betroffenen Wirtschaftssubjekte an, die die Besteuerung den wirtschaftenden Menschen noch läßt, nämlich die drohende Steuerbelastung zu vermeiden (1. Phase), sie auszugleichen, vor allem durch Überwälzung (2. Phase) oder sich schließlich an die Einkommensminderung anzupassen (3. Phase). Analog dazu lassen sich drei typische *Komplexe von Handlungsalternativen* unterscheiden.

Eine neue Konstellation der Umweltbedingungen (genauer: des Datenkranzes) zwingt ein Wirtschaftssubjekt zu einer Veränderung seiner bisherigen Verhaltensweise. Den größten Freiheitsspielraum hat es bei Handlungen zur Lösung des *Umstellungsproblems*, wenn es nämlich die „Flucht nach vorn" antritt, um bei gleichen oder gesteigerten Anstrengungen bzw. Kosten das Einnahmenniveau der Vergangenheit aufrecht zu erhalten. Ist ihm dies nicht oder nur im geringen Umfang möglich, so stellt sich als nächstes das *Kompensationsproblem*, weil es versuchen kann, andere Wirtschaftssubjekte zu einer vollen oder teilweisen Egalisierung der eigenen Einnahmenverluste zu veranlassen. Der 3. Komplex umfaßt schließlich die Aktionen zur Lösung des *Anpassungsproblems*. Einnahmenreduktionen, die weder verhindert, vermindert noch kompensiert werden konnten, müssen entweder durch Kürzung der Ausgaben bzw. des Sparens oder Kreditaufnahme bzw. Kapitalauflösung ausgeglichen werden. Die „Freiheit" besteht also nur noch darin, zwischen alternativen Notwendigkeiten wählen zu dürfen.

Nach dieser Systematik läßt sich die Struktur einer Einzelentscheidung in Abhängigkeit von denjenigen anderer Wirtschaftssubjekte wie in Abbildung 5 aufgezeigt darstellen. Wie bereits dargelegt, stellen hierbei die Veränderungen in den Ausgaben- und Beschäftigtenmatrizen die Ursachen und Folgen der notwendig werdenden Entscheidungen der Wirtschaftssubjekte zur Modifikation ihrer bisherigen Verhaltensweisen dar.

Abb. 5: *Struktur und Dependenz der Entscheidungen von Wirtschaftssubjekten im Multiplikatorprozeß*

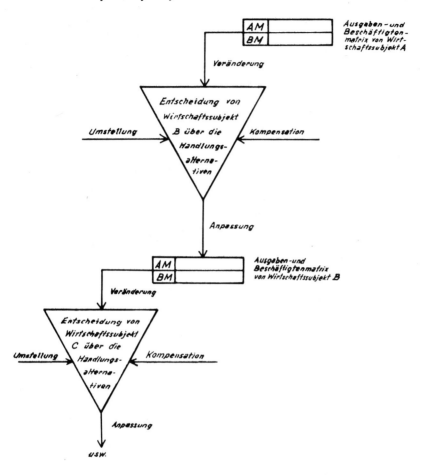

3.1.3 Die Auswahl der von der Regionalpolitik beeinflußbaren Bereiche des Multiplikatorprozesses

Um das Ausmaß der anschließenden Untersuchungen in überschaubaren Grenzen zu halten, können nicht alle Bereiche des regionalen Strukturwandelprozesses weiter diskutiert werden. Von ihnen sind zunächst diejenigen auszuwählen, in denen die „Weichen" für seinen weiteren Verlauf gestellt werden. Da dieser Prognoseteil Grundlagen für Entscheidungen der Regionalpolitik liefern soll, wird die weitere Auswahl unter den verbleibenden Komplexen danach vorgenommen, ob bei ihnen ein erfolgversprechender Eingriff der Regionalpolitik überhaupt möglich, und ob dies unter ordnungspolitischen Aspekten vertretbar ist. Dadurch scheiden z. B. Alternativen wie die Aufnahme von Schwarzarbeit beim Umstellungsproblem der privaten Haushalte oder die Dauersubventionierung von Betrieben des Folgeleistungssektors beim

Kompensationsproblem der privaten Unternehmungen aus dem Betrachtungskreis aus.

Die wichtigsten Problemkreise für die später zu formulierenden empirischen Hypothesen sollen also in einer Vorauswahl bestimmt werden. Da die Struktur der Entscheidungen in den verschiedenen Phasen des Multiplikatorprozesses jeweils die gleiche ist, können die Entscheidungssituationen der privaten Haushalte, des Gemeindehaushalts und der privaten Unternehmungen beim Umstellungs-, Kompensations- und Anpassungsproblem gemeinsam behandelt werden.

3.1.3.1 Das Umstellungsproblem

Den privaten Haushalten bietet sich bei Verlust des Arbeitsplatzes zunächst die Möglichkeit, eine neue Beschäftigung aufzunehmen. Dieser Vorgang kann mit einem Branchen-, Berufs- oder auch Wohnortwechsel verbunden sein. Zu untersuchen wären also die Bestimmungsgründe der Mobilität des Faktors Arbeit. Von der Sache her gleichartig ist die Aufnahme einer Nebenbeschäftigung oder Schwarzarbeit. Vor allem bei anhaltender Arbeitslosigkeit kann diese (brutto = netto) Verdienstmöglichkeit von Bedeutung werden, jedoch ist nicht zu verkennen, daß in Krisenzeiten diesen Möglichkeiten enge Grenzen gesetzt sein werden. Sie bleiben deshalb außer Betracht.

Der *Gemeindehaushalt* nimmt an dem Umstellungsprozeß nur passiv teil, soweit sich die Regionalpolitik dirigistischer Maßnahmen enthält. Die Kommune kann nur versuchen, durch Maßnahmen der Zielbeeinflussung, Informations-, Infrastruktur- und Subventionspolitik[136] den Umstellungsprozeß auszulösen, zu fördern oder zu erleichtern. Dabei handelt es sich aber um eine politische Aufgabe, mit der sich das 4. Kapitel befaßt und die hier zunächst ausgeklammert bleibt.

Bei den *privaten Unternehmen* sind zwei Gruppen zu unterscheiden. Die Ansiedlung neuer bzw. Ausweitung bereits vorhandener Betriebe des Grundleistungssektors (soweit es keine Problembetriebe sind) ist eine notwendige Ergänzung zu allen Umstellungsbemühungen der privaten Haushalte. Zu untersuchen sind deshalb die Determinanten der regionalen Kapitalmobilität, besonders die Bestimmungsgründe der unternehmerischen Standortentscheidung und ihre Beeinflußbarkeit.

Die zweite Kategorie umfaßt Betriebe des Folgeleistungssektors, die direkt durch den Problembetrieb oder indirekt durch Ausgabenkürzungen im Gemeindeetat oder der privaten Haushalte betroffen werden. Sie können sich durch Aktivierung ihres absatzpolitischen Instrumentariums neue Märkte und/oder Abnehmer bei konstanter oder veränderter Produktgestaltung erschließen. Die Regionalpolitik kann diesen Prozeß fördern und erleichtern. Es eröffnet sich hier für sie ein Aufgabenfeld, das mit „Neuorientierung des Folgeleistungssektors" bezeichnet werden soll.

3.1.3.2 Das Kompensationsproblem

Die *privaten Haushalte* können zunächst versuchen, die „Last" des drohenden Realeinkommensausfalls auf „fremde" Wirtschaftssubjekte zu überwälzen. Die einfachste Form besteht z. B. darin, daß Familienangehörige, die zum Haushalt gehören, wie z. B. berufstätige Kinder oder auch Eltern, die Renten beziehen etc., verstärkt „zur Kasse" gebeten werden, zumal dann, wenn die bisherige wirtschaftliche Situation es dem Haushaltsvorstand erlaubte, nur niedrige „Kostgelder" zu verlangen. Obwohl dem einzelnen Haushalt dabei geholfen werden mag, ergibt sich für die Region insgesamt nur eine Umverteilung der Einkommen (Sohn → Vater) und evtl. eine strukturelle Verschiebung der Ausgaben (Lederjacke → Strickweste). Die Gesamtnachfrage bleibt, abgesehen von dem Fall, daß die Beträge sonst gespart worden wären, konstant. Eine Mehr- oder Mitarbeit der Ehefrau schafft dagegen zusätzliches Einkommen. Hier gelten aber neben familienbedingten Rücksichtnahmen[137] die bei der Neben- und Schwarzarbeit des Mannes bereits erwähnten Restriktionen, die aus der allgemeinen Knappheit der Arbeitsplätze herrühren.

Die zweite Kategorie umfaßt einen allgemeinen Druck auf die Konsumgüterpreise[138]. Selbst wenn die Marktlage dies erlaubte (bei der geringen Organisation der Verbrauchermacht), ist das Ergebnis ebenfalls nur eine Umverteilung, im einfachsten Falle eine Realeinkommenssteigerung bei den Arbeitern und eine Gewinnreduktion bei den Unternehmen. Nur wenn Verluste der betroffenen Unternehmen aus dem Regionsausland finanziert oder Gewinnausschüttungen dorthin reduziert würden, wäre ein Effekt auf die Gesamthöhe der Multiplikatorwirkungen zu erwarten.

Der dritte Bereich, auf den sich das Interesse nur konzentrieren soll, sind die Hilfeleistungen der öffentlichen Hand, wie z. B. die Arbeitslosenunterstützung, deren Notwendigkeit aufgrund sozialpolitischer Zielsetzungen allgemein anerkannt ist. Hier tragen die Bundesanstalt für Arbeit bzw. die beitragszahlenden Erwerbspersonen in der BRD oder der Zentralstaat und damit alle Mitglieder bzw. Steuerzahler in der gesamten Volkswirtschaft die „Last" des Einkommensverlustes. Ist die Region im Verhältnis zur Gesamtwirtschaft relativ klein und werden die Ausgaben des Zentralstaates in der Region daraufhin nicht gesenkt, so bildet das System der sozialen Sicherung den wichtigsten Ansatzpunkt der Regionalpolitik beim Kompensationsproblem der privaten Haushalte.

Der Gemeindehaushalt vermag einen Ersatz seiner Steuerausfälle einmal dadurch zu erreichen, daß er — je nach Elastizität des Steueraufkommens — die Hebesätze bei den Realsteuern variiert oder einen Preisdruck bei der Auftragsvergabe ausübt. Wegen fehlender Informationen über diese Elastizitäten und wegen des zu erwartenden Widerstandes gegen die Anhebung der Hebesätze (die in aller Regel dann nur vorgenommen werden), scheiden diese Möglichkeiten aber weitgehend aus. Durch sie würde ebenfalls nur eine Umverteilung der Einkommen in der Region bewirkt. Auch hier liegen die besseren Möglichkeiten in einer Steigerung der Geldzuflüsse aus dem Regionsausland, nämlich durch Mittel des Finanzausgleichs, der (u. a. aufgrund der Zielsetzung einer gleichmäßigen Versorgung der Bevölkerung mit Infrastruktur) die Erfüllung der kommunalen Aufgaben von der Ergiebigkeit der heimischen Steuerquellen unabhängiger machen soll. Nur er wird im folgenden noch weiter untersucht.

Privaten Unternehmen des Folgeleistungssektors bieten sich in einer freien Marktwirtschaft nur beschränkte Möglichkeiten der Kompensation. Ist ihnen die „Flucht nach vorn" nicht gelungen, so können sie durch eine entsprechende Mengen- oder Preispolitik auf ihren Absatz- und Beschaffungsmärkten versuchen, eine Vor- oder Rückwälzung der drohenden Gewinneinbußen zu erreichen. Die Problematik ist dabei ähnlich gelagert wie bei der Theorie der Steuerüberwälzung. Es ist fraglich, ob die Nachfrage nach Produkten des Folgeleistungssektors so unelastisch und die Mobilität ihrer Produktionsfaktoren so gering sind, daß diesen Aktionen allzu große Erfolge beschieden sein können. Vor allem in relativ kleinen Regionen dürfte die (räumlich nahe) Konkurrenz solche „Alleingänge" (z. B. drastische Preiserhöhungen oder Lohnsenkungen) verhindern. Auch die ständige Subventionierung einer Produktion in einem Mehrproduktbetrieb oder einem vertikalen bzw. horizontalen Konzern dürfte auf Dauer nicht zu erwarten sein. Eine andersartige Zufuhr von Mitteln aus dem Regionsausland stellen dagegen direkte Subventionen bzw. Steuernachlässe seitens des Zentralstaates dar. Diese Möglichkeiten scheiden aber aus ordnungspolitischen Gesichtspunkten aus[139]. Das Kompensationsproblem der privaten Unternehmen bietet daher keine erfolgversprechenden Ansatzpunkte für die Regionalpolitik.

3.1.3.3 Das Anpassungsproblem

Die *privaten Haushalte* müssen im letzten Stadium des Entscheidungsprozesses darüber bestimmen, wie der nicht mehr zu reduzierende Einkommensverlust (real) durch ein verändertes Spar- bzw. Konsumverhalten auszugleichen ist. Zunächst können bei konstanten Ausgaben die bisherige Sparsumme verringert, angesammelte Ersparnisse aufgelöst oder Kredite aufgenommen werden. Die zweite Alternative ist eine Reduktion der Ausgaben, wobei je nach Einkommenselastizität einzelne Ausgabenarten unterschiedlich stark betroffen werden. Hier kommt es zu den bekannten Einkommens- und Substitutionseffekten[140], letztere evtl. auch in Form einer Substitution von Freizeit durch Realeinkommen (Do it yourself!), die aber hier vernachlässigt werden kann. Obwohl das Verbraucherverhalten der Regionalpolitik nicht allzu viele Einflußmöglichkeiten bietet, muß es wegen seiner zentralen Bedeutung für die Umsatzentwicklung des Folgeleistungssektors weiter verfolgt werden.

Für den *Gemeindehaushalt* wäre an dieser Stelle die Veränderung der Schulden- und Ausgabenpolitik zu untersuchen. Dabei handelt es sich aber wiederum um politische Entscheidungen, durch die der Multiplikatorprozeß in bestimmte Richtungen beeinflußt werden kann, wie z. B. um die Frage, ob man beim Straßenbau oder bei der Vermehrung von Planstellen in der Verwaltung Einsparungen vornehmen soll. Dieser Problembereich bleibt zunächst ausgeklammert, da er ebenfalls in den politischen Teil der Untersuchung gehört.

Für *private Unternehmen* stehen hier die gleichen Fragen an, wie sie bereits im 2. Kapitel bei den Formen der kurz- und langfristigen Anpassung der Betriebe an Beschäftigungsschwankungen untersucht worden sind. Eine nochmalige Erörterung erübrigt sich deshalb.

Somit sind insgesamt fünf Bereiche zu untersuchen, die Mobilität der Produktionsfaktoren Arbeit und Kapital, die Neuorientierung des Folgeleistungssektors, das System der sozialen Sicherung, der kommunale Finanzausgleich und das Verbraucherverhalten. Für sie werden jetzt im Rahmen einer Determinantenanalyse die wichtigsten Bestimmungsgründe aufgezeigt, bevor sie in einer daran anschließenden Verflechtungsanalyse in ihrem Zusammenwirken und damit im Gesamtzusammenhang behandelt werden.

3.2 Determinantenanalyse einzelner Problembereiche

3.2.1 Die Mobilität der Produktionsfaktoren

Bei der Diskussion der Mobilität der Produktionsfaktoren brauchen hier nur die Faktoren Arbeit und Kapital untersucht zu werden, weil die Mobilität des Bodens (z. B. Umwidmungen im Flächennutzungsplan) stark juristischer, die des technischen Fortschritts mehr langfristiger Natur ist[141]. Für die sektorale und regionale Mobilität von Arbeit und Kapital soll zunächst ein allgemeines Determinantensystem entwickelt werden, um eine gemeinsame Ausgangsbasis für die später aufzuzeigenden spezifischen Bestimmungsgründe der einzelnen Mobilitätsformen und -arten zu gewinnen.

3.2.1.1 Ein allgemeines Determinantensystem der Faktormobilität

Neuere Untersuchungen[142] unterscheiden bei der Entscheidung über einen Mobilitätsakt vier große Komplexe. Notwendige Bedingung für einen Mobilitätsakt sind positive sektorale oder regionale *Opportunitätsdifferenzen*, also Erträge in Form höherer Erfüllungsgrade von Anspruchsniveaus, wie z. B. eine 10 %ige Lohndifferenz zwischen dem alten und einem neuen Arbeitsplatz oder 20 % niedrigere Strompreise am Standort B im Vergleich zum (alten) Standort A. Streng genommen müssen diese alternativen (auch nicht quantifizierbaren) Erträge in der Zukunft erst diskontiert werden, um dann mit den *Kosten* des Mobilitätsaktes verglichen werden zu können; aber auch negative Opportunitätsdifferenzen (vergleichsweise schlechtere Arbeitsbedingungen oder höhere Bodenpreise) sind als Kostenfaktoren zu berücksichtigen.

Um diesen Kalkül durchführen zu können, benötigt man *Informationen* über die Erträge und Kosten. Für einen Informationsstrom müssen jeweils „Sender", „Kanal" und „Empfänger" vorhanden sein, wobei nach formellen und informellen Informationskanälen zu differenzieren ist. Da eine vollkommene Information im Regelfall nicht möglich oder (z. B. aus Kostengründen) nicht erwünscht ist, herrscht immer unvollkommene Information und damit ein Bereich von Ungewißheit und Unsicherheit. Der letzte Determinantenkomplex umfaßt die *individuellen Faktoren* bei der Mobilitätsentscheidung. Es handelt sich hier um Einflußgrößen, die jeweils nur für einzelne bzw. eine Gruppe von Personen gelten. Unter ihnen dürften die jeweiligen Zielvorstellungen, Umwelt- und Lebensbedingungen, Erfahrungen und die Risikobereitschaft die wichtigsten sein. Diese vier Faktorengruppen stehen nicht unabhängig nebeneinander, sondern sind wie folgt miteinander verknüpft:

Abb. 6: *Determinantenschema der Faktormobilität*

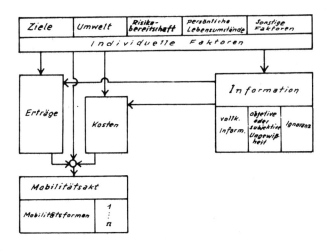

Der (unvollkommene) Informationsstand kann das Wissen über Erträge und Kosten sowohl hinsichtlich der Vollständigkeit als auch bezüglich der Höhe verändern und zu einer Unter- bzw. Überbewertung von Erträgen und/oder Kosten führen. Die individuellen Faktoren beeinflussen zunächst die Erträge und Kosten direkt, weil sie für jedes Wirtschaftssubjekt eine andere Bedeutung haben können. Dies gilt vor allem für nicht quantifizierbare Nutzen und Kosten (z. B. den Wohn- und Freizeitwert eines neuen Wohn- oder Standorts), aber auch für quantifizierbare Größen, wenn z. B. ein älterer, verheirateter Arbeiter den höheren Lohn an einem anderen Arbeitsplatz niedriger bewertet als ein jüngerer Arbeitnehmer oder ein beträchtlicher Unterschied in den Energiepreisen für einen Unternehmer der Aluminiumbranche wichtiger ist als für einen Textilbetrieb.

Indirekt können die Erträge und Kosten noch dadurch verändert werden, daß eine unterschiedliche Bewertung alternativer Informationen vorgenommen wird, besonders bezüglich verschiedener Informationssender. So könnten z. B. Angaben der amtlichen Statistik über den regionalen Arbeitsmarkt mehr Glaubwürdigkeit beigemessen werden als dem Inhalt von „werbenden" Informationen einer Wirtschaftsförderungsgesellschaft über die Standortgunst einer Region in einer Tageszeitung. Überwiegen die (diskontierten) Nettonutzen die Kosten, so kommt es zu einem Mobilitätsakt, der sich in verschiedenen Mobilitätsformen äußern kann, wie Berufs- und Wohnortwechsel, Verlagerung oder Neugründung. Dabei braucht jeweils der ganze Kalkül immer nur für eine bestimmte Mobilitätsform positiv auszufallen, weil z. B. eine Teilverlagerung sinnvoll sein kann, die Totalverlagerung eines Betriebes dagegen nicht.

Dieses allgemeine Determinantenschema der Faktormobilität ist jetzt für die hier nur zu untersuchenden Faktoren Kapital und Arbeit zu konkretisieren. Die Literatur über diesen Problemkreis hat wegen seiner Bedeutung inzwischen ein solches Ausmaß angenommen, daß eine auch nur annähernd vollständige Behandlung des Themas den Rahmen dieses Abschnitts weit überschreiten würde. Deshalb kann hier nur eine knappe Zusammenfassung der Ergebnisse gegeben werden. Alle Überlegungen zur Vermeidung oder Beseitigung eines Ungleichgewichts auf einem regionalen Arbeitsmarkt haben bei der Steigerung des Arbeitsplatzangebots ansetzen. Eine Strategie der aktiven Sanierung muß also versuchen, das Kapital zur Arbeit hinzulenken (job to people), wobei sich der Faktor Arbeit auf die ihm gebotenen Beschäftigungsmöglichkeiten umzustellen hat.

3.2.1.2 Die regionale Kapitalmobilität[144]

Jede Investitionsentscheidung eines Unternehmers ist gleichzeitig auch eine Entscheidung über die Regionalisierung privaten Sachkapitals. Von regionaler Mobilität des privaten Kapitals wird gesprochen wenn:

— Sachkapital seinen Standort wechselt,
— freigesetzte Kapitalmittel (Abschreibungsgegenwerte, Verkaufserlöse) nicht am Orte ihrer Entstehung reinvestiert werden,
— freies Geldkapital (Gewinne, Kredite) in einer Region, wo es nicht entstanden ist, in Sachkapital überführt wird.

Im Falle der Immobilität werden sowohl die Netto- als auch Reinvestitionen am alten Standort vorgenommen. Bei Kapitalmobilität wirken sog. "push- and pull-Effekte".

weil die Attraktivität einer Region den Drang des Kapitals zu bzw. aus anderen Regionen verstärkt oder mindert. Im Rahmen dieser Untersuchung interessieren aber weniger Faktoren, die einen Unternehmer zur Aufgabe seines alten Standorts bewegen, als vielmehr diejenigen, die ihn dazu veranlassen, einen bestimmten neuen Standort zu wählen. Aus der Sicht der „Zuzugsregion" sind dabei folgende Mobilitätsformen zu untersuchen:

1. Total- oder Teilverlagerungen von Betrieben in die Region (besonders durch Ausgliederung von Produktionsabteilungen),
2. Erweiterungen bereits bestehender Betriebe durch Zuführung von Geldmitteln aus dem Regionsausland,
3. Neugründungen von Betrieben in der Region.

Die *regionalen Opportunitätsdifferenzen* bei der Kapitalmobilität lassen sich am einfachsten anhand eines Standortfaktorenkatalogs aufzeigen. Die wichtigsten von ihnen sind[145]:

1. „natürliche" Standortfaktoren (Bodenschätze, Flußläufe, Klima, geologische und geographische Gegebenheiten),
2. Arbeitskräfte (Zahl, Beruf, Geschlecht, Lohnniveau),
3. Grundstücke (Zahl, Lage, Größe, m^2-Preise, vorhandene Gebäude, Erschließung),
4. Ver- und Entsorgung (Strom, Gas, Wasser, Müll- und Abwässerbeseitigung),
5. Verkehr (Straßen, Eisenbahn, Kanäle, Flughäfen),
6. Kontakte zu Abnehmern, Lieferanten und zentralörtlichen Diensten,
7. „psychische" Faktoren (Wohn- und Freizeitwert, „Industrieklima"),
8. finanzielle Vorteile (subventionierte Grundstücks-, Strom- und Wasserpreise, Kreditfazilitäten, Steuererleichterung, Investitionsprämien u. ä.).

Je nach Erfüllungsgrad der einzelnen Standortanforderungen und ihrer jeweiligen Bedeutung für den Unternehmer übt eine Region eine bestimmte Anziehungskraft (Attraktivität) aus, die sich allerdings (bis heute) nur schwer quantifizieren läßt[146]. Für die Regionalpolitik sind dabei auch evtl. Substitutionsmöglichkeiten von Bedeutung, da ein Teil der o. g. Faktoren gar nicht (z. B. Bodenschätze) oder nur sehr langfristig (Kanäle, Straßen) „machbar" ist. Die Erfahrungen haben gezeigt, daß die Kompensation negativer regionaler Opportunitätsdifferenzen vor allem durch finanzielle Vorteile, die schnell und in beliebiger Höhe geschaffen werden können, nur im beschränkten Ausmaß erreichbar ist. Nur bei den nicht standortgebundenen Industrien (footloose industries) ist diese Substitution überhaupt möglich und dann auch nur in engen Grenzen bei Mängeln in der technischen Infrastruktur (Verkehr, Grundstücke, Gebäude), nicht dagegen bei unzureichender sozio-kultureller Infrastruktur (Ausbildung, Erholung, kulturelles Angebot, Gesundheitswesen)[147].

Die *Kosten* der regionalen Kapitalmobilität hängen stark von der jeweiligen Mobilitätsform ab. Bei Formen der Realverlagerung sind sie sehr hoch, da der Abbau, Transport und Wiederaufbau von Produktionseinrichtungen sehr zeitraubend und kostspielig, in vielen Fällen sogar technisch unmöglich ist[148]. Beim Verkauf der bestehenden und Ankauf neuer Produktionsmittel entspricht die (negative) Differenz zwischen Buch- und Verkaufswert den Verlagerungskosten. Nur für sog. Rucksackbetriebe (z. B. in der Bekleidungsindustrie) ist eine Realverlagerung mit relativ geringen Kosten verbunden. Neben evtl. Anlaufkosten können auch noch Umzugsbeihilfen für Facharbeiter anfallen. Letztere stellen schließlich die einzigen Verlagerungskosten von Bedeutung dar, die bei denjenigen Formen der Kapitalmobilität auftreten, die keine Realverlagerungen darstellen.

Informationen über positive oder ggf. negative regionale Opportunitätsdifferenzen werden z. T. routinemäßig von der amtlichen Statistik, den Arbeitsämtern, Industrie- und Handelskammern sowie Wirtschaftsförderungsgesellschaften bzw. -ämtern gesammelt, aufbereitet und veröffentlicht. Dabei mangelt es heute weniger an Quantität als an Qualität und Systematisierung, weil sie häufig jeweils nur einen kleinen Bereich umfassen, wie z. B. die Ausstattung eines Kreises mit Krankenhausbetten und Schulen, den Arbeitsmarkt oder die Beschäftigtenentwicklung der ansässigen Industriebetriebe. Deshalb kommt den informellen Informationskanälen zu bekannten Unternehmen an potentiellen Standorten, Hinweisen auf Kongressen, Messen u. ä. noch große Bedeutung zu[149]. Ob die Informationen auf den formellen Informationskanälen aber überhaupt „ankommen", hängt zudem entscheidend von der Zufriedenheit des Unternehmers mit seinem derzeitigen Standort ab. Es hat sich gezeigt, daß erst nach dem Auftreten von nicht zu beseitigenden Engpässen der bisherige Standort überhaupt erst in Frage gestellt wird. Eine permanente Informationssuche oder gar Standortanalysen werden nur von wenigen Großunternehmungen vorgenommen[150].

Die *individuellen Faktoren* beeinflussen einmal das Gewicht der einzelnen Opportunitäten im Mobilitätskalkül, zum anderen die Bereitschaft zur Aufnahme und evtl. aktiven Suche von Informationen. Gemäß dem angestrebten Anspruchsniveau des Unternehmers wird der Prozeß der Informationsgewinnung (nach u. U. geeigneteren Standorten) früher oder später abgebrochen[151]. Die subjektive Beurteilung der vorhandenen bzw. einzugehenden Risiken stellt eine weitere Determinante dar, die vor allem zu einer Vermeidung von Totalverlagerungen führt, da sie einen „Sprung ins kalte Wasser" bedeuten. Aus einem typischen Verhalten der Unternehmer bei Unsicherheit sind diese Hemmnisse (auch bei den anderen Mobilitätsformen) zu erklären.

Bei hoher Unsicherheit werden in Rentabilitätsberechnungen der Kalkulationszinsfuß zu hoch, die Investitionsdauer kürzer und/oder die Einnahmen niedriger, die Kosten dagegen höher als erwartet bzw. sonst üblich angesetzt[152]. Dies führt zu einer systematischen Unterschätzung der Erträge und Überschätzung der Kosten, die sich dann in einer niedrigeren Gewinnerwartung und damit geringen regionalen Mobilität äußert. Erst bei Unternehmen mit großer Kapitaldecke, mehreren Zweigwerken und Erfahrungen bei Verlagerungen oder Neugründungen werden diese Risiken „kalkulierbarer" und zumeist auch geringer. Zusammenfassend läßt sich festhalten[153]:

1. Die häufigste Form der regionalen Kapitalmobilität ist die der Immobilität. Betriebserweiterungen oder -neugründungen werden bevorzugt am alten Standort vorgenommen.
2. Selten sind die mit hohen Kosten verbundenen Totalverlagerungen bzw. Realverlagerungen, aber auch echte Neugründungen von Unternehmen mit allen betrieblichen Teilbereichen anzutreffen.
3. Die geläufige Form der regionalen Kapitalmobilität besteht in der Gründung von Zweigwerken, die anfangs häufig nur Produktionsaufgaben wahrnehmen und evtl. eine Sukzessivverlagerung (das Zweigwerk entwickelt sich allmählich zum Stammwerk) einleiten. Eine spezielle Variante hiervon ist der Ankauf und anschließende Ausbau eines bereits bestehenden Betriebes.

Für die BRD steht leider noch kein entsprechendes empirisches Material zur Verfügung, das diese doch noch recht vagen Thesen statistisch untermauern könnte. Es liegen lediglich einige Angaben der Arbeitsämter über die Hauptmotive bei der Standortwahl verlagerter und neuerrichteter Betriebe in der Bundesrepublik vor, die aber bei weitem nicht ausreichen, bestimmte Mobilitätshypothesen zu bestätigen oder zu widerlegen. Da sie jedoch gewissen Tendenzaussagen für den Mitteleinsatz der Regionalpolitik zulassen, wird im 4. Kapitel[154] auf diese Veröffentlichungen kurz eingegangen.

Da sich die indivuellen Faktoren einer Beeinflussung weitgehend entziehen und Verlagerungskosten relativ selten anfallen, weil Realverlagerungen ihrer enorm hohen Kosten wegen vermieden werden, kann die Regionalpolitik ihre Maßnahmen einmal bei der Steigerung der positiven und Verminderung der negativen regionalen Opportunitätsdifferenzen ansetzen. Hier bieten sich vor allem Infrastrukturinvestitionen an. Zum anderen können durch problembezogene Verbreiterung, Vertiefung und vor allem durch Systematisierung von Informationen über formelle Informationskanäle bezüglich bereits bestehender oder in Zukunft geschaffener Opportunitäten (ergänzt evtl. durch eine Beratungstätigkeit) Unsicherheiten und (unbegründete) Risikofurcht abgebaut werden.

3.2.1.3 Die sektorale Arbeitsmobilität

Umstrukturierungen im regionalen Arbeitsplatzangebot bedingen in aller Regel auch eine Veränderung der Arbeitskräftenachfrage und verlangen damit von den arbeitenden Menschen eine Umstellung auf die neuen Erfordernisse. Beim Faktor Arbeit sind folgende Mobilitätsformen zu unterscheiden[155]:

1. Eintritt in den Erwerbsprozeß bzw. Ausscheiden aus dem Berufsleben,
2. Verlust des Arbeitsplatzes und Arbeitslosigkeit bzw. Beendigung der Arbeitslosigkeit durch Aufnahme einer Beschäftigung,
3. Wechsel des Arbeitsplatzes innerhalb einer Firma oder Branche,
4. Wechsel des Industriezweiges oder der Branche,
5. Berufswechsel und
6. Wohnortwechsel (regionale Mobilität, Wanderung).

Dabei können mehrere Mobilitätsformen bei einem Mobilitätsakt gleichzeitig auftreten, wie z. B. ein Berufs- und Wohnortwechsel. Da es im Rahmen dieser Untersuchung primär um die Wieder- bzw. Weiterbeschäftigung der entlassenen Arbeitskräfte geht, interessiert bei (1.) nur der vorzeitige Austritt aus dem Erwerbsleben. Diese besondere Form der Mobilität ist an das Vorliegen bestimmter Voraussetzungen geknüpft, die von der Sozialpolitik in Gesetzesform festgelegt werden. Sie werden in dem Abschnitt über das System der sozialen Sicherheit behandelt[156]. Auch die Mobilitätsform (2.) bedarf keiner speziellen Erörterung. Bei ihr wird der Übergang vom alten zum neuen Arbeitsplatz nur zeitlich unterbrochen und kann deshalb im Zusammenhang mit den Mobilitätsformen (3. bis 5.) behandelt werden, wo sie allerdings einen Extremfall darstellt. Unter sektoraler Arbeitsmobilität wird deshalb hier die Aufnahme einer neuen Beschäftigung

— in einer anderen Industrie oder Branche (Branchenmobilität), evtl.
— bei gleichzeitigem Wechsel des Berufes (Berufsmobilität),

verstanden. Das Wanderungsproblem tritt dagegen in den Hintergrund, wenn man sich für die Strategie "job to people" entschieden hat.

Zu den sektoralen *Opportunitätsdifferenzen* gehören zunächst alle Faktoren, die E. *Gutenberg* als „Bedingungen optimaler Ergiebigkeit menschlicher Arbeitsleistungen im Betrieb" bezeichnet[157]. Dies sind u. a. Lohnhöhe und Entlohnungsform, allgemeine Arbeitsbedingungen (Staub-, Lärmbelästigung), Arbeitszeit, Pausen- und Urlaubsregelungen, Arbeitsinteresse und Betriebsklima. Zu ergänzen wären noch die Sicherheit des Arbeitsplatzes, Aufstiegsmöglichkeiten, Kosten der Fahrt von der Wohnung zum Arbeitsplatz und weitere Vergütungen wie zusätzliche Altersversorgung, preiswerte Betriebskrankenkasse, Urlaubszuschüsse, verbilligte Werkswohnungen und Deputate[158].

Die Ermittlung „echter" Opportunitätsdifferenzen ist jedoch günstigstenfalls einem noch Arbeitenden möglich. Bei Arbeitslosen bestehen höchstens allgemeine Vorstellungen über ein bestimmtes Mindestniveau, wahrscheinlich orientiert an dem des letzten Arbeitsplatzes. Für sie liegt außerdem die Lohndifferenz nicht in der Höhe des gesamten potentiellen Einkommens, sondern in dem Unterschied zwischen Arbeitslosenunterstützung und dem neuen Nettolohn. Seitens der Regionalpolitik kann über die Höhe der Arbeitslosenunterstützung indirekt Einfluß auf diese Opportunitätsdifferenzen genommen werden. Eine direkte Beeinflussung ist nur für Randbereiche durch den Wohnungsbau und Verkehrsinfrastrukturinvestitionen möglich, die übrigen Faktoren sind Aktionsparameter der jeweiligen Geschäfts- und Betriebsleitung des Unternehmens[159].

Die *Kosten* bestehen einmal in dem Zeit-, Arbeits- und Mittelaufwand für die Anlernung oder Umschulung und der psychischen Belastungen durch die Umstellung. Sie wird entscheidend von der „Nähe" bzw. „Verwandtheit" der Arbeitsplätze bzw. Berufe bestimmt, die sich in etwa durch die Dauer der Anlernzeit oder Umschulung messen läßt[160]. Außerdem zählen der Lohnausfall während der Umschulungszeit und der Zeit- und Arbeitsaufwand für die Informations- und Arbeitssuche (Vorstellung etc.) zu den Kosten. Für die individuelle Belastung ist vor allem entscheidend, wer die finanziellen Aufwendungen trägt, ob also der zukünftige Betrieb, der Staat oder der Betroffene selbst sie zu tragen hat. Hier bestehen deshalb zahlreiche Möglichkeiten für die Regionalpolitik die Mobilitätsbereitschaft über eine Senkung der Mobilitätskosten zu erhöhen.

Das *Informationsproblem* ist von nicht zu unterschätzender Bedeutung, da der Arbeitsmarkt zahlreiche Unvollkommenheiten aufweist. Dies liegt an den z. T. schlechten „Sendern" der Informationen über Arbeitsmöglichkeiten und -bedingungen. Schon Angaben über ein „Lohnniveau" sind äußerst schwierig, wenn man z. B. an differenzierte Akkordlohnsysteme denkt. Noch beschränkter sind Angaben über "non-wage-informations", die kaum an die Öffentlichkeit gelangen[161]. In den USA wurde festgestellt, daß erst nach dreimonatiger Arbeitszeit ein allgemeiner Überblick über alle Opportunitätsdifferenzen vorliegt, so daß erst dann die Zahl der Kündigungen von Neueingestellten abzunehmen begann[162]. Als „Sender" kommen einmal die Betriebe selbst in Betracht, zum anderen die Arbeitsämter. Von den „Informationskanälen" darf die Bedeutung der informellen Kanäle über Verwandte und Bekannte im Vergleich zu den formellen über Arbeitsämter und Zeitungen nicht unterschätzt werden[163]. Auch die Reichweite dieser Informationen nimmt mit zunehmender Entfernung ab, weil vor allem die Regionalzeitungen mit ihrem Stellenmarkt für nicht akademische Berufe nur einen beschränkten Einzugsbereich haben, und die Kommunikationsbeziehungen zu den in der Nähe wohnenden Bekannten und Verwandten meist intensiver sind[164].

Die „Empfänger" müssen schließlich den Informationen gegenüber aufgeschlossen sein. Dies ist bei Arbeitslosen oder Beschäftigten, die mit einer baldigen Entlassung rechnen müssen, auch der Fall. Sind die Arbeiter mit ihrem Arbeitsplatz aber noch relativ zufrieden (weil sie u. U. von der anstehenden Entlassung nicht frühzeitig informiert werden), so werden i. d. R. überhaupt keine Informationen über Opportunitätsdifferenzen aufgenommen und erst recht keine aktive Informationssuche in Gang gesetzt. Schließlich wird noch eine subjektive Auswahl vorgenommen, so daß nicht alle Informationen „ankommen" und die Zahl der zur Auswahl stehenden Alternativen deshalb meist gering bleibt[165]. Das Informationsproblem bietet der Regionalpolitik somit nicht zu unterschätzende Ansatzpunkte zur Steigerung der sektoralen Mobilität.

Die *individuellen Faktoren* dagegen entziehen sich weitgehend einer Beeinflussung. Es handelt sich hier um soziologische und demographische Merkmale wie Geschlecht, Alter, Stand im Lebenszyklus, Schul- und Berufsausbildung, Religion, bereits vorhandene Erfahrungen bei Arbeitsplatzwechsel, allgemeine geistige Elastizität etc. Hier kann die Regionalpolitik nur über eine Beeinflussung der Zielvorstellungen und durch Abbau von Vorurteilen tätig werden. Vor allem die Dauer der Arbeitslosigkeit hat nach den bisherigen Erfahrungen die Umstellungsbereitschaft erheblich gesteigert[166]. Durch eine gezielte Aufklärung und Werbung kann diese (unproduktive) Wartezeit jedoch erheblich verkürzt werden.

Mit einem Wechsel des Arbeitsplatzes und/oder Berufes ist oft eine Verlängerung der Wege zum Arbeitsplatz und evtl. ein Auspendeln verbunden. Dieser *Pendlermobilität* können drei Funktionen zukommen, sie kann[167]:

1. einen Endzustand darstellen, wenn die Arbeiter bereit sind, dauernd längere Anfahrtszeiten und -wege in Kauf zu nehmen,
2. als Übergangs- oder Notlösung angesehen werden, wenn die Auspendler hoffen, in Zukunft wieder einen Arbeitsplatz an ihrem Wohnort zu erhalten,
3. eine vorbereitende Maßnahme zu einem Wegzug sein, wenn das Wohnungsproblem am neuen Arbeitsplatz noch nicht gelöst worden ist.

Bei einer Strategie der aktiven Sanierung stellt die dritte Alternative eine unerwünschte Entwicklung dar[168]. Anzustreben ist die 2. Lösung, wobei die erste nach der Reform der Gemeindefinanzverfassung auch für Gemeindeväter, die eine Steuermaximierung anstreben, in Zukunft akzeptabel sein wird.

Der kurze Abriß hat ergeben, daß vor allem auf der Kostenseite und beim Informationsproblem die Ansatzpunkte der Regionalpolitik zur Steigerung der sektoralen Arbeitsmobilität zu suchen sind. Die Ertragsseite sowie die individuellen Faktoren entziehen sich dagegen weitgehend einer Beeinflussung. Im Gegensatz zu dem analogen Problem bei der Kapitalmobilität ist der Einfluß der individuellen Faktoren auf die Arbeitsmobilität bereits häufig empirisch untersucht worden, und zwar mit Hilfe von:

— korrelations- und regressionsanalytischen Ansätzen (z. B. zwischen Arbeitslosenquote und regionalen Einkommensdifferenzen) zur Erklärung der tatsächlich aufgetretenen Mobilitätsakte,
— Motivbefragungen von Personen, die einen Mobilitätsakt (nicht) vollzogen haben.

Für die USA liegen bereits zahlreiche, für die BRD (vorerst) nur wenige Untersuchungen dieser Art vor. Der Schwerpunkt liegt jedoch in beiden Fällen bei der Erklärung von Wanderungsbewegungen, weniger bei der Determinantenanalyse der sektoralen Arbeitsmobilität. Da es problematisch erscheint, amerikanische Erfahrungen auf die BRD oder gar eine ihrer Regionen zu übertragen, können nur folgende Ergebnisse als sicher angesehen werden, da sie sich bei allen einschlägigen Untersuchungen herausstellten[169]:

1. Männer sind mobiler als Frauen; diese Tendenz wird noch dadurch verstärkt, daß (verheiratete) Frauen sich vor allem hinsichtlich des Wohnorts an ihren Ehegatten orientieren (müssen).
2. Jüngere Personen (15 – 35 Jahre) sind mobiler als ältere. Hier macht sich einmal der Einfluß von Berufskarrieren bemerkbar, in deren Verlauf der Arbeitsplatz zunächst häufiger gewechselt wird, bis man die „Lebensstellung" erreicht zu haben glaubt; aber auch die familiären und sozialen Bindungen nehmen mit steigendem Alter zu.
3. Ungelernte Kräfte wechseln häufiger den Arbeitsplatz als Facharbeiter und Hochschulabsolventen, wobei allerdings mit steigender Qualifikation der räumliche Radius zunimmt.
4. Die Religion hat keinen Einfluß auf die Mobilitätsbereitschaft im Gegensatz zu rassischen Unterschieden, die aber in der BRD irrelevant sind[170].
5. Unzufriedenheit mit dem alten Arbeitsplatz und Arbeitslosigkeit steigern die Mobilitätsbereitschaft.
6. Ein Wechsel von Berufen der „Handarbeit" zu solchen, wo „Kopfarbeit" verlangt wird, ist relativ selten.
7. Eine sektorale Mobilitätsbereitschaft steigert die regionale und umgekehrt. Ein Mobilitätsakt ist Ausdruck allgemeiner Aufgeschlossenheit, geistiger Elastizität und Anpassungsfähigkeit, die sich nicht nur in einer Mobilitätsform äußert.

Schließlich läßt sich noch eine allgemeine Rangordnung der bevorzugten Mobilitätsformen festlegen. Am ehesten wird ein Arbeitsplatzwechsel innerhalb der gleichen Industrie vorgenommen, sodann ein Branchenwechsel bei gleichem Beruf[171]. Um diese Chance zu nutzen, nimmt man auch eine längere Arbeitslosigkeit in Kauf. Erweisen sich diese Erwartungen (bzw. Hoffnungen) als falsch, so sind jüngere Arbeiter dann eher bereit, den Wohnort zu wechseln als den Beruf, bei den älteren zeigt sich die genau entgegengesetzte Tendenz. Die Unsicherheit über die Erträge und Kosten eines Mobilitätsaktes führt schließlich dazu, daß sichere, relativ ungünstige Angebote den unsicheren, wenn auch günstigeren vorgezogen werden.

Damit soll die Determinantenanalyse der Faktormobilität abgeschlossen werden. Sie muß unbefriedigend bleiben, weil die empirische Überprüfung der einzelnen Hypothesen in der BRD über erste Fallstudien noch nicht hinausgekommen ist. Auf einige Ergebnisse einer solchen Untersuchung über die Arbeitsmobilität wird erst später eingegangen[172], weil sie selbst von einer gewissen Gültigkeit für die BRD noch weit entfernt sind. Dürfen bei regionalen Untersuchungen Aussagen über Strukturzusammenhänge, die nur für die Gesamtwirtschaft gelten, schon nicht ungeprüft auf Teilräume übertragen werden, so verbietet sich dies erst recht bei ausländischen Erfahrungen, weil dann auch noch „nationale Besonderheiten" vernachlässigt würden. Diese Vorsicht ist z. B. bei den Determinanten der Kapitalmobilität geboten, über die eine breite anglo-amerikanische Literatur vorliegt, weil einerseits immer wieder die zahlreichen "gaps" zwischen amerikanischen und deutschen Unternehmen hervorgehoben werden, andererseits die konservative Grundeinstellung englischer Unternehmer im Vergleich zu ihren deutschen Kollegen moniert wird. In noch größerem Ausmaß gelten diese Bedenken wahrscheinlich auch für die Arbeitsmobilität, wenn man die Existenz nationaler Mentalitätsunterschiede als gegeben voraussetzen kann.

3.2.2 Die Neuorientierung des Folgeleistungssektors

Während die bisherige Diskussion sich mit den Umstellungsproblemen innerhalb des Basissektors beschäftigte, ist nun zu prüfen, welche Probleme auf diejenigen Betriebe zukommen, die überwiegend für heimische Unternehmen, den Gemeindehaushalt oder private Haushalte Güter und Leistungen erstellen und nach dem Beschäftigtenrückgang aufgrund der direkten Lieferverflechtungen oder der Steuer- und Einkommenswirkungen von Umsatzrückgängen betroffen bzw. bedroht werden. Diesen Betrieben bieten sich drei Möglichkeiten:

1. Ersatz der (verlorenen) heimischen Abnehmer durch Aufnahme oder Intensivierung von Lieferbeziehungen zu (neuen) Abnehmern im Regionsausland,
2. Verdrängung auswärtiger Unternehmen von heimischen Märkten,
3. Ersatz der (verlorenen) heimischen Abnehmer durch Belieferung neuer bzw. solcher Betriebe innerhalb der Problemregion, die ihre Produktion ausgeweitet haben.

Für alle Unternehmen des Folgeleistungssektors (nicht für einen einzelnen!) ist diese Neuorientierung bis auf die dritte Alternative jedoch nur möglich, wenn die in Frage kommenden Güter überhaupt regional mobil sind, also ex- bzw. importiert werden können. Hierbei ist weniger an die technische Immobilität als an die Transportkosten zu denken, weil letztere vor allem bei Dienstleistungen eine regionale Mobilität weitgehend verhindern. Die Optimierung der betrieblichen Absatzstruktur ist jedoch eine spezifisch unternehmerische Aufgabe, auf die die Regionalpolitik relativ wenig Einfluß nehmen kann. Erstes und wichtigstes Erfordernis ist hier die Entfaltung unternehmerischer Initiative, die vom Staat nur angeregt werden kann. Sollten jedoch mit der Veränderung der Outputstrukturen auch neue Inputstrukturen erforderlich sein[173], so ergeben sich die gleichen Ansatzpunkte, wie sie bereits bei der Steigerung der Attraktivität einer Region aufgezeigt worden sind.

Sind alle Möglichkeiten der Umstellung für private Unternehmen und Haushalte erschöpft und Umsatz- bzw. Einkommensverluste auf Dauer oder für eine Übergangszeit nicht zu vermeiden, so ist als nächstes zu prüfen, ob und wie eine Kompensation dieser Lasten möglich ist. Die größte Bedeutung kommt hierbei der Zuführung von Mitteln aus dem Regionsausland seitens des Zentralstaates zu[174].

3.2.3 Das System der sozialen Sicherung

Das nicht aus regionalpolitischen, sondern primär aus allgemeinen sozialpolitischen Überlegungen heraus geschaffene System der sozialen Sicherung in der BRD ist sehr differenziert, in Gesetzesform niedergelegt und lfd. Veränderungen und Verbesserungen unterworfen, so daß hier nur die Grundzüge behandelt werden können[175]. Die

„Determinanten" bestehen aus Voraussetzungen, die erfüllt sein müssen, damit bestimmte Leistungen gewährt werden. Da auf sie ein Rechtsanspruch besteht, können sie als Konstante im Multiplikatorprozeß betrachtet werden. Im Rahmen dieser Untersuchung sind drei Personengruppen zu unterscheiden, für die jeweils spezifische Regelungen relevant werden. Nach der Entlassung kann ein Arbeiter

— (vorzeitig) aus dem Erwerbsleben ausscheiden,
— eine andere Beschäftigung (evtl. nach Umschulung) aufnehmen,
— (vorerst) arbeitslos bleiben.

Dieser Unterteilung folgend sollen die Kompensationsmöglichkeiten der einzelnen Gruppen untersucht werden.

3.2.3.1 Vorzeitig Pensionierte

Das natürliche Ausscheiden aus dem Berufsleben nach Vollendung des 65. Lebensjahres und der damit evtl. verbundene Einkommensverlust hat zwar Einfluß auf die absolute Höhe, nicht aber auf die durch den Beschäftigtenrückgang bedingten Veränderungen der Einkommen und kann ausgeklammert bleiben, da er in jedem Falle eingetreten wäre. Um vorzeitig aus dem Erwerbsleben auszuscheiden, kann ein Arbeiter das sog. *vorgezogene Altersruhegeld* beantragen[176]. In der allgemeinen Sozialversicherung muß er dafür das 60. Lebensjahr vollendet, die Wartezeit (180 ununterbrochene Monatsbeiträge) erfüllt haben und ein Jahr arbeitslos sein. Die Rente beträgt 1,5 % der Bemessungsgrundlage. Es ist schwierig, hiervon auf den tatsächlichen Einkommensverlust zu schließen, da zu viele individuelle Faktoren das „Rentenbild" beeinflussen. Im „Normalfall" beträgt die Rente 60 % des Bruttoverdienstes, also etwa 70 bis 80 % des ehemaligen Nettolohnes[177]; die Bandbreiten dürften aber bei 50 bis 90 % liegen. Für Frauen sind die Anforderungen geringer, da die Wartezeit nur 121 Monate in den letzten 20 Jahren beträgt und die Zahlung nicht nur bei Arbeitslosigkeit gewährt wird.

In der knappschaftlichen Rentenversicherung[178] beträgt die Wartezeit 300 Monate, in denen mindestens 180 Monate eine Hauertätigkeit ausgeübt worden sein muß. Die Rentenhöhe beträgt 2,5 % der Bemessungsgrundlage und dürfte damit bei 80 – 90 % des Nettolohns liegen. Ein Ruhegeld, das das letzte Einkommen übersteigt, ist im Bergbau kein Ausnahmefall. Die Differenz des vorgezogenen Altersruhegelds zum normalen Altersruhegeld ist relativ gering und bewegt sich in einer Größenordnung von DM 50,-- pro Monat. Für Bergleute ist schließlich noch eine Sonderregelung, die sog. *Knappschaftsausgleichsleistungen*[179], festzuhalten. Voraussetzungen für ihren Bezug sind, daß der Bergmann das 55. Lebensjahr vollendet, 300 Monate in einem knappschaftlichen Betrieb gearbeitet (entweder 300 Monate unter Tage oder wenigstens 180 Monate als Hauer) und daß er die Entlassung nicht selbst verschuldet hat. Die Rentenhöhe beträgt 2 % der Bemessungsgrundlage und dürfte wegen der geringeren Zahl der Beitragsjahre dem vorgezogenen Altersruhegeld in der allgemeinen Sozialversicherung gleichzustellen sein.

3.2.3.2 Umschüler, Branchenwechsler

Der Branchen- und Berufswechsel ist durch das neue Arbeitsförderungsgesetz (AFG)

vom 25. 6. 1969[180] wesentlich erleichtert worden[181]. Umschüler erhalten bis zu einer Dauer von zwei Jahren ein sogenanntes *Unterhaltsgeld*, das aus einem (lohnbezogenen) Hauptbetrag und Familienzuschlägen besteht. Für Ledige aller Einkommensgruppen beträgt es 77 % des letzten Nettolohnes, für Verheiratete ca. 85 — 90 %, unabhängig von der Kinderzahl, wobei die Kompensationsquote allerdings mit steigendem Einkommen geringfügig abnimmt (93 % → 84 %)[182]. Ein etwaiger Lohnausfall bei Aufnahme einer Neubeschäftigung (auch ohne Umschulung) wird durch ein Überbrückungsgeld für höchstens drei Monate ersetzt.

Für Bergleute bestehen wiederum zahlreiche Sonderregelungen. Die Umschulungsbeihilfen werden bei ihnen z. T. von der Montanunion gemäß Art. 52,2 Montanunion-Vertrag getragen, ihre Höhe liegt aber nicht über derjenigen des normalen Unterhaltsgeldes. Subsidiär tritt auch das Land NRW ein. Zusätzlich werden jedoch noch Lohnbeihilfen und Abfindungen gezahlt, so daß verlegte oder wiederbeschäftigte Bergleute in den ersten zwei Jahren nur geringfügige Einkommensverluste zu erwarten haben[183]. Neben diesen Dauerleistungen werden allen Umschülern und Branchenwechslern noch im Rahmen des AFG einmalige Leistungen wie z. B. Fahrtkostenerstattung, Trennungsentschädigung, Zuschuß zu Reise- und Umstellungskosten etc. gewährt.

3.2.3.3 Arbeitslose

Bei Arbeitslosigkeit können drei Arten von Unterstützungen relevant werden, das Arbeitslosengeld (ALG), die Arbeitslosenhilfe (ALH) und die Sozialhilfe (SH). Nach 24 Monatsbeiträgen zur Arbeitslosenversicherung hat jeder Arbeitslose ein Jahr lang Anspruch auf ALG. Liegen diese Voraussetzungen nicht vor oder dauert die Arbeitslosigkeit länger, so kann er ALH beziehen. Beide Leistungen bestehen aus einem (lohnbezogenen) Hauptbetrag und Familienzuschlägen. Arbeitslosenhilfe sowie Sozialhilfe werden aber nur gewährt, wenn „Bedürftigkeit" vorliegt, d. h., wenn weder der Arbeiter selbst über ausreichende Mittel verfügt, noch andere Familienangehörige im Sinne des BGB unterhaltspflichtig sind. Zeitlich sind Arbeitslosenhilfe und Sozialhilfe nicht befristet. Die Höhe der Sozialhilfe ist nicht lohnbezogen, sondern richtet sich nach der Familiengröße und ist daher unbegrenzt. Folgende Tabelle soll die relative Höhe der Leistungen verdeutlichen.

Tabelle 8: *Die Höhe von Arbeitslosengeld (ALG), Arbeitslosenhilfe (ALH) und Sozialhilfe (SH) in v. H. des zuletzt bezogenen Nettolohnes*[184]

Unterstützung	ALG			ALH			SH		
Monatseinkommen (in DM)	Steuerklasse			Steuerklasse			Steuerklasse		
	I	III,1	III,3	I	III,1	III,3	I	III,1	III,3
400 - 500	64	82	82	54	77	77	41	97	—[185]
800 - 900	64	75	78	54	66	74	23	54	77
1250 - 1350	64	70	76	54	58	67	16	37	54

Nur bei Ledigen und Beziehern relativ hoher Einkommen kann der Verlust 50 % des ehemaligen Nettoeinkommens übersteigen. Bei kinderreichen Familien und Beziehern niedriger Einkommen beträgt der Einkommensverlust jedoch maximal 25 %. Für Bergleute treten an die Stelle des Arbeitslosengeldes häufig Leistungen der Montanunion (Wartegeld) und Sonderzuwendungen des Bundes. Zu erwähnen ist noch die Abfindung von maximal DM 5.000,-, die entlassenen Bergleuten gezahlt wird[186]. Schließlich können auch Mittel aus einem betrieblichen Sozialplan, der übrigens für Stillegungen im Bergbau gesetzliche Pflicht ist[187], den Einkommensverlust vermindern. Sie entziehen sich jedoch einer allgemeinen Abschätzung, da sie individuell zwischen Betriebsleitung und Betriebsrat ausgehandelt werden.

Die Bedeutung dieser „automatischen Stabilisatoren" im System der sozialen Sicherung ist vor allem darin zu sehen, daß sie einen regional konzentrierten Rückgang der verfügbaren Nettoeinkommen im Ausmaß der zunehmenden Arbeitslosigkeit und somit einen beträchtlichen Teil der potentiellen Einkommenswirkungen verhindern. Ähnliches gilt für die Kompensation der Steuerwirkungen des Beschäftigtenrückgangs.

3.2.4 Der Finanzausgleich

Für den Ersatz von Steuerausfällen sind in erster Linie die sogenannten *Schlüsselzuweisungen* des Landes an die Kommunen von Bedeutung, auf die letztere einen Rechtsanspruch haben und über die sie frei verfügen können. Auf die Technik sei hier nur kurz eingegangen[188]. Bei einem konstanten Betrag für die gesamten Schlüsselzuweisungen des Landes an die Gemeinden bestimmen *Bedarfsmeßzahl* und *Steuerkraftmeßzahl* das Ausmaß der Zuweisungen. Die Bedarfsmeßzahl wird bestimmt durch Multiplikation der „veredelten Einwohnerzahl" (Einwohner, differenziert nach Gemeindegröße, soziologischer Struktur, Wirtschaftsstruktur) mit einem einheitlichen Grundbetrag. Die Steuerkraftmeßzahl ergibt sich aus dem Produkt der Maßbeträge der Realsteuern (außer Lohnsummensteuer) und einem einheitlichen (fingierten) Hebesatz. Liegt die Steuerkraftmeßzahl unter der Bedarfszahl, so bestimmt die Ausschüttungsquote den Anteil der (negativen) Differenz, der erstattet wird (in NRW 50 %), liegt sie über der Steuerkraftmeßzahl, so erfolgen keine Zuweisungen.

Die Kompensationsquote läßt sich für eine bestimmte Gemeinde deshalb relativ einfach errechnen, wenn die Höhe des Steuerausfalls bekannt ist. Sie kann zwischen 0 und 50 % betragen. Liegt die Steuerkraftmeßzahl auch nach dem Beschäftigtenrückgang über der Bedarfsmeßzahl, so erfolgt keine Kompensation, wurden schon vorher Schlüsselzuweisungen bezogen, so können bis zu 50 % erstattet werden. Dieses Maximum wird aber i. d. R. nicht erreicht werden, da die Erstattungsquote mit steigendem Anteil der Lohnsummensteuer am gesamten Gewerbesteueraufkommen sowie bei höheren tatsächlichen Hebesätzen im Vergleich zum fiktiven Hebesatz abnimmt.

Der ursprüngliche Steuerausfall vermindert sich dabei noch um die Beträge, die im Zuge des *interkommunalen Gewerbesteuerausgleichs*[189] bisher für (jetzt entlassene) Einpendler an die Wohngemeinden gezahlt wurden. Außerdem setzt die sogenannte *Sockelgarantie* eine unterste Grenze für Einnahmenverluste der Gemeinden. Für Bergbaugemeinden in NRW, die bei Zechenstillegungen Steuerausfälle hinnehmen mußten, wurden 1966 und 1967 jedoch durch spezielle Beihilfen die gesamten

Ausfälle (auch bei der Lohnsummensteuer) ersetzt[190]. Hier zeigt sich schon die Schwierigkeit einer allgemeinen Prognose der Kompensationsquote, weil ad-hoc-Regelungen immer Härten im Einzelfall verhindern können. Dies gilt besonders dann, wenn sich die sogenannte Schlüsselmasse des Landes und damit der einheitliche Grundbetrag bei der Ermittlung der Bedarfsmeßzahl laufend verändert.

Führen Steuerausfälle, die nicht voll kompensiert werden, zu einer Verminderung der sogenannten freien Spitze (Überschuß der laufenden Einnahmen über die laufenden Ausgaben), so sinkt damit die Investitionskraft bzw. die Verschuldungsmöglichkeit der Gemeinde[191]. Starke multiplikative Effekte sind also gerade hier möglich[192]. Die kommunalen Investitionsausgaben können jedoch jederzeit auf das alte oder sogar auf ein höheres Niveau gehoben werden, wenn die sogenannten *Bedarfs-* oder *zweckgebundenen Zuweisungen* erhöht werden, deren Festsetzung im Ermessen der Landesregierung liegt. Nur bei den Schlüsselzuweisungen handelt es sich also um „automatische Stabilisatoren", sonstige Bedarfszuweisungen oder Beihilfen sind Ausdruck regionalpolitischer Aktivität und gehören deshalb in den politischen Teil dieser Untersuchung.

Im Zuge der kommunalen Finanzreform wird sich an der Methodik des Finanzausgleichs nichts ändern, nur geht bei der Ermittlung der Steuerkraftmeßzahl auch die anteilige Einkommensteuer in die Berechnung ein. Außerdem sind noch Veränderungen bei der Ermittlung der veredelten Einwohnerzahl geplant. Der interkommunale Gewerbesteuerausgleich soll dagegen fortfallen[193].

Der Finanzausgleich zwischen Ländern und Gemeinden kann somit eine starke Verminderung der kommunalen Gesamtausgaben verhindern, er muß es aber nicht in jedem Falle, besonders dann nicht, wenn es sich um relativ finanzstarke Gemeinden handelt. Hier bietet sich der Regionalpolitik also eine gute Möglichkeit, durch ein kommunales "deficit spending" die Einkommensentwicklung in der Problemregion unmittelbar und nicht nur über "incentives" zu erhöhen[194].

3.2.5 Das Verbraucherverhalten

Von den Anpassungsproblemen der von den Folgen des Beschäftigtenrückgangs betroffenen Wirtschaftssubjekte brauchen hier nur noch diejenigen der privaten Haushalte, die Einkommmensverluste nicht haben verhindern oder kompensieren können, näher untersucht zu werden[195]. Geht man vom Typ des „Residualsparers" aus, der in den unteren Einkommensschichten hauptsächlich anzutreffen sein dürfte, so muß das Schwergewicht der Analyse auf den Bestimmungsgründen des privaten Konsums liegen.

3.2.5.1 Die Hauptdeterminanten des privaten Konsums

Bei der Analyse des Verbraucherverhaltens geht die neuere Literatur von einem Konzept aus, das schon von *O. von Zwiedineck-Südenhorst*[196] in den Grundzügen entworfen worden ist. Man unterscheidet zwischen Determinanten der Bedürfnisse (willingness to pay), der Kauffähigkeit (ability to pay) und den Erwartungen. Sie können hier wiederum nur kurz dargestellt werden[197].

(1) Die *Bedürfnisse* werden bestimmt durch die bereits vorhandenen Konsumgüter

und den bisherigen bzw. den angestrebten Lebensstandard, die ihrerseits durch eine Fülle demographischer Faktoren, wie Alter, Familienstand und -größe, Beruf, Wohnort etc. beeinflußt werden. Hinzu kommt noch die Kenntnis über die Möglichkeiten der Bedürfnisbefriedigung, von denen der Kaufort der Konsumgüter hier von besonderem Interesse ist.

(2) Die *Kauffähigkeit* ist abhängig vom laufenden verfügbaren persönlichen Einkommen, von der Möglichkeit, Vermögen aufzulösen (besonders der Ersparnisauflösung), sich zu verschulden und vom Preisniveau.

(3) Den *Erwartungen* und ihrem Einfluß auf das Konsum- und Sparverhalten wird in der neueren Literatur immer größere Bedeutung beigemessen[198]. Es handelt sich hier um Erwartungen über Einkommen, Preise, Angebot, persönliche Umstände, aber auch hinsichtlich der allgemeinen politischen und wirtschaftlichen Zukunftsaussichten. Diese Erwartungen oder Einstellungen entscheiden vor allem darüber, ob ein Einkommensverlust nur als vorübergehend oder aber dauerhaft angesehen wird, ob der Haushalt sich also kurzfristig oder langfristig an das niedrigere Einkommensniveau anpaßt.

Dieses Anpassungsproblem soll in zwei Komplexen behandelt werden. Der erste befaßt sich mit der Veränderung der Gesamthöhe der Konsumausgaben, d. h. der Frage, welcher Anteil des Einkommensausfalls durch Veränderungen im Vermögensbestand bzw. in der Vermögensbildung aufgefangen werden kann; der zweite mit dem Problem der Struktur der Konsumausgabenminderungen.

3.2.5.2 Die Veränderung der Gesamthöhe der Konsumausgaben

Bei gegebenem Einkommensverlust hängt die Höhe der Verbrauchsausgabenreduktion eines Residualsparers ab von der Höhe der

— bisherigen laufenden Ersparnis, die jetzt vermindert werden könnte,
— bereits angesammelten Ersparnisse bzw. Vermögen, die liquidiert werden könnten und den
— Verschuldungsmöglichkeiten.

Die *Verschuldungsmöglichkeiten* und die Verschuldungswilligkeit dürften bei beengten finanziellen Verhältnissen nicht allzu hoch sein, solange das physische Existenzminimum gesichert ist[199]. Die Gesamtnachfrage verändert sich bei verstärkter Kreditaufnahme in einem Zeitraum von zwei bis drei Jahren aber nicht, da diese Kredite ja zurückgezahlt werden müssen. Konsumentenkredite haben i. d. R. eine maximale Laufzeit von ca. zwei Jahren und bewirken deshalb nur eine zeitliche Vorwegnahme von Konsumausgaben, die insgesamt wegen der Zins- und Bearbeitungsgebühren noch niedriger als im „Normalfall" sind[200]. Nur bei Revolvierung der Kredite ergibt sich ein einmaliger, zusätzlicher Konsumstoß. Im Gegensatz zu den Erfahrungen in den USA[201] dürften nach zwei Inflationen in der BRD auch die Möglichkeit der ständigen *Vermögensauflösung* insgesamt gering sein. Eine Untersuchung des Instituts für Mittelstandsforschung kam bei einer Befragung über das Vermögen privater Haushalte zu folgenden Ergebnissen:

Tabelle 9: *Das Geld- und Wertpapiervermögen ausgewählter privater Haushalte 1961/62*[202]

Monatseinkommen in DM	Von den ... besaßen ...				durchschnittliches Vermögen der ... in DM	
	Arbeitern		Rentnern u. Pensionären			
	kein Vermögen	über Tsd. DM Vermögen	kein Vermögen	über Tsd. DM Vermögen	Arbeiter	Rentner und Pensionäre
300– 500	48,6 %	14,2 %	50,4 %	18,0 %	490	550
500– 800	39,6 %	19,3 %	26,8 %	32,3 %	680	1.250
800–1200	26,7 %	28,6 %	23,9 %	43,4 %	960	1.870
∅ (Insg.)	40,0 %	20,0 %	39,0 %	26,0 %	680	990

Da es sich hier nicht um Zeitreihen-, sondern Querschnittsergebnissen handelt, kann den Angaben auch noch heute eine gewisse Gültigkeit zukommen[203]. Nur bestimmten Gruppen wird eine Vermögensauflösung über längere Zeit (1 1/2 – 2 Jahre) möglich sein, nicht aber dem Durchschnitt der betroffenen Arbeiter und Rentner, obwohl letztere aufgrund ihres höheren Alters ein größeres Vermögen angesammelt haben.

Somit wird dem überwiegenden Teil der betroffenen Arbeiter nur die Möglichkeit verbleiben, die laufenden Ersparnisse zu reduzieren, um ihr altes Konsumniveau weitgehend aufrechtzuerhalten, ein Verhalten, das dem von *J. M. Keynes* aufgestellten und von *J. S. Duesenberry* verfeinerten „fundamentalen psychologischen Gesetz" entspricht. Dieser Weg ist jedoch nur gangbar, wenn bisher überhaupt gespart wurde und sich die Ersparnisse kurzfristig reduzieren lassen. Über die Sparquoten der privaten Haushalte in der BRD liegen nur wenige Ergebnisse vor. Eine neuere Untersuchung ist zu einer Quote von ca. 12 % bei Arbeitnehmern und ca. 7 % bei Rentnern und Pensionären gekommen[204]. Weil hierbei aber auch Angestellte mit einem höheren Durchschnittseinkommen erfaßt wurden, dürften die Quoten für noch tätige bzw. pensionierte Arbeiter, die in dieser Untersuchung vorwiegend interessieren, bei ca. 10 % bzw. 5 % zu suchen sein[205]. Nach Einkommensklassen und Familiengröße differenzierte Querschnittsanalysen der Spartätigkeit liegen für die BRD leider noch nicht vor. Dieser Ersparnisreduktion sind aber auch Grenzen gesetzt durch bestimmte Sparformen, die fixer Natur sind, wie z. B. Versicherungsprämien, die selbst in äußersten Notlagen nur ungern aufgegeben werden[206].

Erst ein Vergleich des Einkommensverlustes mit der maximal möglichen Verminderung der (bisherigen) laufenden Ersparnis kann deshalb Aufschluß über die wahrscheinliche Reduktion der gesamten Konsumausgaben geben. Allgemeine Aussagen lassen sich nicht treffen, da zunächst die Einkommenshöhe der betroffenen Arbeiter bekannt sein muß, weil gerade das Sparen ausgesprochen einkommenselastisch ist. Eine Durchschnittsbetrachtung muß deshalb das Bild verfälschen. Auch Ergebnisse aus den USA, wo festgestellt wurde, daß nur ca. 2/3 des Einkommensverlustes von Arbeitslosen durch Verminderung der Konsumausgaben ausgeglichen wurden, hat für die BRD wenig Aussagekraft, da in den USA die Arbeitslosenunterstützung im

Vergleich zur BRD relativ niedrig (nur ca. 30 % des Nettolohnes) und damit der Zwang zur Verschuldung wesentlich größer ist[207].

3.2.5.3 Die Struktur der Konsumausgabenveränderungen

Liegt die Gesamthöhe der Konsumausgabenminderung fest, so muß in einem weiteren Schritt untersucht werden, welche Ausgabengruppen in welchem Ausmaß reduziert werden. Hier muß zunächst nach der Dringlichkeit des Bedarfs unterschieden werden zwischen Gütern und Dienstleistungen des physischen und kulturellen Existenzminimums sowie dem Luxusbedarf. Das Güterbündel kann dann noch differenziert werden nach Ver- und (langlebigen) Gebrauchsgütern sowie Dienstleistungen. Die Anteile dieser Gütergruppen an den Gesamtaugaben der privaten Haushalte verschieben sich mit steigendem Einkommen, weil jede Gütergruppe eine Phase des hochelastischen, elastischen, relativ unelastischen und vollkommen unelastischen Bedarfs durchläuft, d. h., es wird von einem Luxusgut zu einem existenznotwendigen Massenkonsumgut[208]. Graphisch läßt sich dieser Zusammenhang in Anlehnung an *H. G. Graf*[209] wie folgt darstellen:

Abb. 7: *Die Entwicklung der Einkommenselastizitäten ausgewählter Konsumgütergruppen*

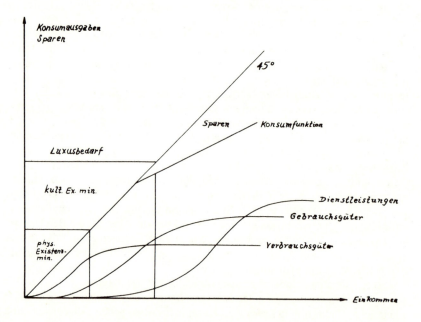

Jedem Einkommensniveau ist also eine bestimmte Menge von Ver- und Gebrauchsgütern sowie Dienstleistungen zugeordnet, deren Anteile sich im Zuge der Einkommensentwicklung verschieben. Ähnliches gilt für das Sparen, das heute wohl in gewissem Umfang auch zum kulturellen Existenzminimum zählen dürfte.

Schließlich gibt es noch Ausgaben, die nur auf längere Sicht als flexibel angesehen werden können. Es sind dies vor allem die Miet-, Strom-, Wasser- und Heizungskosten, die zu der Gruppe „Wohnungsnutzung" zusammengefaßt werden können. Eliminiert man diese Anteile, so zeigt sich, daß im Bereich der Einkommen von 300,— bis 1.200,— DM pro Monat, der in dieser Untersuchung relevant sein dürfte, sich die einzelnen Anteile zwar im vorher dargestellten Sinn verschieben, aber nur in relativ engen Grenzen, wie folgende Aufstellung zeigt:

Tabelle 10: *Die Struktur der Konsumgüterkäufe privater Haushalte in der BRD 1962/63* [210]

Monats-einkommen in DM	Von den Ausgaben entfielen auf... (in v. H. von e)				Konsumausgaben insgesamt	
	a	b	c	d	e	f
	Wohnungsnutzung	Verbrauchsgüter	Gebrauchsgüter	Dienstleistungen	pro Monat in DM	in v. H. von 2.
1. 300– 600	16,5	50,6	23,7	9,2	586	75 %
2. 600– 800	15,0	49,2	26,0	9,8	782	100 %
3. 800–1200	14,3	46,5	28,0	11,2	1.004	128 %

Die kurzfristigen Einkommenselastizitäten werden aber von den langfristigen erheblich abweichen. Man kann nach den bisherigen Erfahrungen davon ausgehen, daß die Ausgaben für die Wohnungsnutzung kurzfristig vollkommen unelastisch ($\eta = 0$), die Nachfrage nach Verbrauchsgütern relativ unelastisch ($0 \leq \eta \leq 1$), die Ausgaben für Gebrauchsgüter elastisch ($1 \leq \eta \leq 2$), vor allem durch die zeitliche Hinausschiebung von Käufen zum Ersatz von Kleidung, Kühlschränken, Autos etc. sein werden, die Ausgaben für Dienstleistungen dagegen hochelastisch ($2 \leq \eta < \infty$), wenn man z. B. an Urlaubsreisen, "do it yourself" bei Reparaturen etc. denkt[211]. Letzteres dürfte auch für die Sparneigung zutreffen. Bei kurzfristiger Anpassung eines Haushalts dürften deshalb die absoluten und relativen Beträge bei den elastischen Ausgabenarten im Vergleich zu denjenigen von Beziehern gleich hoher, aber konstanter Einkommen, wesentlich niedriger liegen[212].

Beide Formen der Anpassung sind im Rahmen dieser Untersuchung relevant. Die Rentner und Pensionäre, die z. B. das vorgezogene Altersruhegeld beziehen, werden Sparen und Konsum langfristig anpassen müssen; für sie würden deshalb die Relationen eines niedrigeren Einkommensniveaus als realistisch anzusehen sein. Für Umschüler, Branchenwechsler und Arbeitslose dagegen sind die kurzfristigen Einkommenselastizitäten anzusetzen, da sie den Einkommensverlust nur als vorübergehend ansehen werden, wenn die allgemeinen Erwartungen nicht allzu pessimistisch sind.

Das letzte Problem besteht in der regionalen Zuordnung der Ausgabenminderungen. Es ist also noch zu untersuchen, inwieweit die betroffene Stadt selbst, das Umland oder der „Rest der Welt" von den Konsumausgabenreduktionen betroffen wird. Ohne empirische Untersuchungen werden sich diese Kaufkraftabflüsse kaum abschätzen lassen. Sie dürften in Städten mit hoher Zentralität gering, in Orten mit niedriger Zentralität (vor allem bei den Gebrauchsgütern) hoch sein[213]. Dies ist z. B. von großer Bedeutung, wenn zu erwarten ist, daß von den Haushalten gerade beim aperiodischen Bedarf die größten Einsparungen vorgenommen werden. Die Breite und Preiswürdigkeit des heimischen Konsumgüterangebots im Vergleich zu den benachbarten Einkaufszentren sowie die Verkehrsverbindungen zu ihnen haben außerdem noch einen Einfluß, der sich allein aus der Stellung der Stadt innerhalb der regionalen Zentralitätspyramide nicht aufdecken läßt[214]. Verallgemeinernde Aussagen lassen sich hier nicht treffen, da außerdem noch unsicher ist, ob die (bisherige) durchschnittliche „Importneigung" von der marginalen abweicht, ob man also die vorhandenen Strukturen unmodifiziert auch auf die Veränderungsraten übertragen kann.

Bei der Analyse des Verbraucherverhaltens kommt es für die Regionalpolitik zunächst weniger darauf an, Ansatzpunkte zur Beeinflussung der Konsumnachfrage als vielmehr Informationen über die Größenordnung der einkommensinduzierten Multiplikatoreffekte zu erhalten. Wenn die direkten Nachfragewirkungen in relativ kleinen und einseitig strukturierten Regionen vergleichsweise gering sind, kommt den Einkommenswirkungen weniger von den Erfolgsaussichten ihrer Beeinflussung als von ihrer Quantität her zentrale Bedeutung zu[215]. Eine Einflußnahme ist aber trotzdem in gewissen Grenzen möglich. Die Determinante „Einkommen" bei der Konsumnachfrage verspricht selbstverständlich den größten Erfolg, weil der Einfluß des Einkommens als hoch und gesichert angesehen werden kann. Die Höhe des Einkommensverlustes ist jedoch schon im Stadium der Umstellung und Kompensation festgelegt worden. Dem Komplex „Erwartungen" ist vor allem dann Aufmerksamkeit zu schenken, wenn eine allgemeine Krisenstimmung zu entstehen droht, die zu pessimistischem Konsumentenverhalten und damit evtl. zu einer höheren Reduktion der Konsumausgaben führt, als es aufgrund der Einkommensverluste eigentlich notwendig wäre[216]. Die Bedürfnisse der Haushalte entziehen sich dagegen weitgehend einer Beeinflussung, nicht dagegen die Möglichkeiten der Bedürfnisbefriedigung. Bei ihnen kann der räumliche Aspekt für die Regionalpolitik interessant werden, und zwar in Hinblick auf eine Verminderung von Kaufkraftabflüssen. Hier besteht also eine direkte Verbindung zu dem Komplex „Neuorientierung des Folgeleistungssektors".

In den bisherigen Ausführungen wurde versucht, einen Problembereich innerhalb des Multiplikatorprozesses zu isolieren und die dort relevanten Determinanten und Zusammenhänge aufzudecken. In einem zweiten Schritt müssen jetzt die einzelnen Problembereiche integriert und Methoden zur Prognose der gesamten Multiplikatorwirkungen gesucht werden.

3.3 Verflechtungsanalyse des gesamten Multiplikatorprozesses

Schon der kurze Abriß nur der wichtigsten Problembereiche des Multiplikatorprozesses dürfte deutlich gemacht haben, daß der jetzt folgende Abschnitt auf einem wesentlich höheren Abstraktionsniveau stehen muß, um die gesamten Multiplikatorwirkungen mit einer noch praktikablen Methode prognostizieren zu können. Je nach verlangter Genauigkeit der Ergebnisse und dem Stand des Wissens sowie der Informationen über (inter)regionale Verflechtungen lassen sich mehrere Methoden herauskristallisieren, mit deren Hilfe bisher versucht worden ist, die Multiplikatorwirkungen zu ermitteln bzw. abzuschätzen. Die Verflechtungsanalyse selbst kann aber keine neuen Maßnahmen für die Regionalpolitik aufzeigen, da Maßnahmen zur Beeinflussung des regionalen Strukturwandlungsprozesses immer nur bei den Determinanten der Entscheidungen von Personen(gruppen) ansetzen können. Die Beziehungen zwischen den einzelnen Wirtschaftssubjekten sind in einer Marktwirtschaft weitgehend dem staatlichen Eingriff verschlossen. Nur über den Gemeindehaushalt bzw. durch direkte Ausgaben des Zentralstaates in der Region kann die Regionalpolitik in die Verflechtungsbeziehungen unmittelbar eingreifen bzw. Verflechtungsstrukturen ändern.

3.3.1 Erfahrungswerte und Faustregeln

Die Möglichkeit, aufgrund von Erfahrungen in anderen Regionen die Entwicklung von Beschäftigten, Einkommen und Gemeindesteuern zu schätzen, besteht nur dann, wenn

— eine ähnlich strukturierte Region vorhanden ist,
— ein etwa gleichartiger Beschäftigtenrückgang dort eingetreten ist, der zeitlich nicht zu weit zurückliegt, und
— in dieser Vergleichsregion die Veränderungen der interessierenden Parameter und Größen analysiert und gemessen worden sind.

Aus der dritten Bedingung geht hervor, daß das Prognoseproblem damit nur auf eine andere Region verlagert, nicht aber prinzipiell gelöst wird. Eine Übernahme von Erfahrungswerten dürfte nur in den seltensten Fällen möglich sein, weil es vor allem schwierig sein wird, eine echte Vergleichsregion zu finden.

Eine andere, sehr häufig verwandte Methode ist die Schätzung der zu erwartenden Veränderungen mit Hilfe von "basic-non basic-ratios"[217]. Man beschränkt sich dabei auf die zu erwartenden Veränderungen der Beschäftigten und Gesamtbevölkerung einer Region. Folgende Größen werden für die Untersuchungsregion ermittelt:

P = Gesamtbevölkerung
B = Gesamtbeschäftigte
G = Beschäftigte im Grundleistungssektor
F = Beschäftigte im Folgeleistungssektor

Aufbauend auf diese Beschreibung eines Zustandes werden folgende Hypothesen formuliert:

(1) Das Verhältnis F : G bleibt konstant,
    („ratio" $r = \frac{F}{G}$ = const.)

(2) Das Verhältnis P : B bleibt konstant,
    („Familienkoeffizient" $f = \frac{P}{B}$ = const.).

Bei einem Beschäftigtenrückgang von ΔG im Grundleistungssektor verändert sich dann die Gesamtbeschäftigung um:

$$\Delta B = \Delta G + \Delta G \cdot r$$ und die Gesamtbevölkerung um
$$\Delta P = (\Delta G + \Delta G \cdot r) \cdot f$$

Das Verhältnis von G : F streut in empirischen Untersuchungen zwischen 1 : 0,7 und 1 : 3, das von P : B zwischen 2 : 1 und 2,5 : 1[218]. Dabei zeigt der Familienkoeffizient eine relative zeitliche Konstanz, allerdings liegt er bei den Beschäftigten des Grundleistungssektors wahrscheinlich höher als bei denjenigen des Folgeleistungssektors[219]. Die „ratio" dagegen zeigte in 12 untersuchten Städten NRWs zwischen 1950 und 1958 starke Veränderungen[220]. Die Kritik kann sich kurz fassen, da in der Literatur[221] weitgehende Übereinstimmung über die Möglichkeiten und Grenzen dieser Methode herrscht:

1. Die Methode berücksichtigt keine Verflechtungsbeziehungen (z. B. bei den Einkommens- und Zahlungsströmen) zwischen den Wirtschaftssubjekten, sondern ist nur ein schlichter Ansatz zur Abschätzung der Entwicklung von Beschäftigten und Bevölkerung.
2. Je nach der räumlichen Abgrenzung der Region und der Definition des Grundleistungssektors nimmt die „ratio" verschiedene Werte an.
3. Die Konstanz der Koeffizienten darf höchstens für den Familienkoeffizienten unterstellt werden, der sich nur langfristig verändern dürfte.
4. Die Methode unterstellt einen weitgehenden Mechanismus im Verhalten der Wirtschaftssubjekte. Die verschiedenen Möglichkeiten der Kompensation und Anpassung werden nicht berücksichtigt. Eine Politik, die nur hierauf aufbaute, begäbe sich aller Möglichkeiten, über eine Beeinflussung der Kompensations- und Anpassungsaktionen der Wirtschaftssubjekte den Multiplikatorprozeß zu beeinflussen bzw. diesen Einfluß in den Kalkül einzubeziehen.

Deshalb kann der Gebrauch dieser Faustregeln nur dann in Frage kommen, wenn

— anspruchsvollere Methoden nicht angewandt werden können, weil die dazu notwendigen Informationen (in der verfügbaren Zeit) nicht zu beschaffen sind, oder
— aus Überlegungen der Ökonomisierung der Informationssuche heraus der Prozeß der Materialbeschaffung abgebrochen wird, weil der zusätzliche Nutzen bzw. Aussagewert genauerer Ergebnisse relativ gering ist.

Erfahrungswerte und Faustregeln können deshalb nur als Notlösung oder Methoden zur Abschätzung relativ unwichtiger oder unbedeutender Auswirkungen betrachtet werden.

3.3.2 Regionale Input-Output-Analysen

3.3.2.1 Darstellung

Eine *Input-Output-Tabelle* versucht die Verflechtungen zwischen bestimmten Sektoren einer Volkswirtschaft (Unternehmen, private Haushalte, Investoren, Staat, Ausland) mit Hilfe der innerhalb einer Rechnungsperiode erfaßten (wertmäßigen) Güterströme in Matrixform sichtbar zu machen. Sie gibt Auskunft über die *Lieferun-*

gen eines Sektors *an* alle anderen Sektoren, die *Bezüge* eines Sektors *von* allen anderen Sektoren sowie den *Selbstverbrauch*. Da über dieses von *W. Leontief* entwickelte Instrument eine breite Literatur vorliegt, kann auf eine detailliertere Darstellung verzichtet werden[222].

Zunächst sind verschiedene Typen von Input-Output-Tabellen zu unterscheiden. Eine dynamische Input-Output-Tabelle berücksichtigt im Gegensatz zur statischen nicht nur die laufenden Vorleistungen, sondern neben dem Einkommens- auch den Kapazitätseffekt der Investitionen. Ein geschlossenes Input-Output-System integriert alle relevanten Sektoren, während ein offenes die Nachfrage der privaten Haushalte, des Staates, der Investoren und des Auslandes als (exogene) Endnachfrage behandelt, die isoliert bestimmt werden müssen. Am häufigsten anzutreffen sind offene statische Systeme, deren sogenannte Transaktionsmatrix die Verflechtungen aufgrund der laufenden Vorleistungen zwischen den einzelnen Industriezweigen enthält.

Die *Input-Output-Analyse* geht von der Hypothese aus, daß die sogenannten technischen Koeffizienten (z. B. der Anteil der Lieferungen von Sektor A an Sektor B am Bruttoproduktionswert des Sektors B) bei Beschäftigungsveränderungen konstant bleiben; man unterstellt also eine linear limitationale Produktionsfunktion. Nach Inversion der Transaktionsmatrix läßt sich dann berechnen, wie sich der Output (und damit die einzelnen Inputs) jedes Sektors verändert, wenn die Endnachfrage um einen bestimmten Betrag zu- oder abnimmt.

Regionale bzw. interregionale Input-Output-Systeme[223] versuchen die Verflechtung einer Region mit dem Regionsausland bzw. allen anderen Regionen einer Volkswirtschaft zu erfassen. Dabei kann auf die Interdependenz der einzelnen Sektoren von Region A mit der Region B, C und D insgesamt, oder auch mit den einzelnen Sektoren in den Regionen B, C und D abgestellt werden. Mit abnehmender Größe der untersuchten Region(en) kommt dabei den „Ex- und Importen" eine wesentlich stärkere Bedeutung zu als auf gesamtwirtschaftlicher Ebene.

Nach Integration des gesamtwirtschaftlichen oder regionalen Input-Output-Systems in eine volkswirtschaftliche bzw. regionale Gesamtrechnung können dann bei vorgegebener Veränderung der Endnachfrage die Entwicklung der Bruttoproduktionswerte und Faktoreinkommen bestimmt werden, die ihrerseits wiederum Rückschlüsse auf Arbeitskräfte- und Flächenbedarf, Steueraufkommen etc. zulassen. Die Input-Output-Analyse stellt somit ein umfassendes Instrument der gesamtwirtschaftlichen und regionalen Verflechtungsanalyse dar. Während gesamtwirtschaftliche Input-Output-Tabellen für die BRD bereits ein befriedigendes Niveau erreicht haben[224], stecken regionale Input-Output-Tabellen noch in den „Kinderschuhen"[225]. Die hohen Informationsansprüche, besonders bezüglich der „Auslandsverflechtung", ließen sich noch nicht mit den vorhandenen und beschaffbaren Materialien in zufriedenstellende Übereinstimmung bringen.

Zur empirischen Auffüllung einer regionalen Input-Output-Tabelle können die sogenannte originäre oder derivative Methode verwandt werden. Bei der originären Methode werden die technischen und regionalen Inputkoeffizienten durch Befragung aller oder eines repräsentativen Teils der Betriebe gewonnen. Die hierzu notwendigen Erhebungen verlangen aber einen enormen Arbeitsaufwand[226]. Bei der derivativen Methode[227] geht man davon aus, daß die gesamtwirtschaftlichen gleich den regionalen Inputkoeffizienten sind; man benötigt dann keine eigenen Erhebungen, wenn die Bruttoproduktionswerte der einzelnen Sektoren einer Region bekannt sind bzw. aufgrund amtlicher Unterlagen geschätzt werden können. Da diese Methode aber nur einen „Außenhandelssaldo" (Differenz von Spalten und Zeilensummen) liefert, müssen noch die Importquoten bestimmt werden. Es wird dann meist unterstellt, daß nur dann Güter im- oder exportiert werden, wenn die heimische Produktion die heimische Nachfrage unter- oder übersteigt[228]. Da diese Hypothese jedoch sehr problematisch ist, kann die derivative Methode nur als „statistische Notlösung" betrachtet werden. Ohne Ergänzung durch originäre Erhebungen besitzt sie wenig Aussagekraft.

Auf die einzelnen Probleme der Materialbeschaffung, -auf- und -bearbeitung, wo mehr als ein Teufel im Detail steckt, soll hier nicht näher eingegangen werden. Die Schwierigkeiten erreichen jedoch ein Ausmaß, daß erst nach zwei- bis dreijähriger Arbeit eine Tabelle fertiggestellt sein kann. Einen neuen Weg hat hier *H.-L. Fischer*[229] beschritten, indem er die Buchungsbelege der Sparkassen einer Stadt zur Schätzung der Verflechtungen auswertete. Dieses in der Konzeption nicht unproblematische, aber empirisch elegante Verfahren müßte erst noch weiter getestet werden, um abschließend beurteilt werden zu können. Jedoch verspricht dieses Vorgehen eine beträchtliche Ersparnis an Zeit- und Arbeitsaufwand.

Liegt eine Input-Output-Tabelle für eine Region vor, von der die untersuchte Problemregion nur einen Teilraum bildet, so könnten nach einem Vorschlag von *L. H. Klaassen*[230] die für den größeren Raum errechneten Multiplikatoren als Maximalwerte für diejenigen der Problemregion angesehen werden. Aber auch hierbei ist Vorsicht geboten, weil dieses Vorgehen leicht zu Fehlprognosen führen kann, wenn z. B. die Importquote eines Textilbetriebes in der Problemregion 5 % beträgt, für alle Textilbetriebe der größeren Region sich aber ein gewogener Durchschnitt für die Importquote von z. B. 80 % ergibt.

Regionale Input-Output-Tabellen werden üblicherweise als offene statische Systeme konzipiert[231], weil die Hypothese konstanter Koeffizienten für Haushalte, Staat, Investitionen und Exportnachfrage auch kurzfristig als nicht zutreffend angesehen wird. Dies hat den Nachteil, daß „einkommensinduzierte" Effekte nicht berücksichtigt werden, wenn sich das Einkommen einer Region nicht nur aufgrund erhöhter Endnachfrage, sondern auch durch die Wiederverausgabung der Einkommenszuwächse erhöht. Ähnliches gilt für die Staatsausgaben. Einen Typ, der diese Schwächen vermeidet, verwenden *F. T. Moore* und *J. W. Petersen* in ihrer Utah-Studie[232]. Durch Einführung von Konsumfunktionen (differenziert nach drei Gütergruppen) werden Einkommenseffekte berücksichtigt, die die Multiplikatoren nicht unwesentlich erhöhen. Dies ist vor allem dann der Fall, wenn die direkten Wirkungen durch die laufenden Vorleistungen aufgrund hoher Importquoten gering sind.

Einen Schritt weiter geht noch *W. Z. Hirsch* in einer Untersuchung über St. Louis (USA)[233], bei der auch die Einnahmen und Ausgaben der Kommune in ein Input-Output-System integriert werden, so daß auch die (un)mittelbaren Steuerwirkungen einer Verminderung der Endnachfrage (die dann nur noch aus Exporten und Investitionen besteht) ermittelt werden können. Veränderungen von Einkommen, Beschäftigten[234] und Gemeindesteuern können somit direkt (beim Problembetrieb), indirekt (bei Vorlieferanten des Problembetriebes) oder einkommensinduziert (beim Handels- und Dienstleistungssektor) sein. Dieser Modelltyp wäre deshalb für die vorliegende Problemstellung adäquat.

3.3.2.2 Würdigung und Kritik[235]

Die regionale Input-Output-Analyse ist das geeignetste der bisher entwickelten Instrumente, um ökonomische Interdependenzen zwischen den einzelnen Sektoren innerhalb einer Region und Verflechtungen zwischen den Regionen darzustellen und darauf aufbauend eine Prognose der Entwicklung verschiedenster regionalpolitischer Zielgrößen zu erstellen. Nach Verfeinerung und Ausbau für die jeweilige konkrete Fragestellung kann bzw. müßte sie für fast alle Probleme der Stadt- und Regionalplanung verwandt werden.

Jedes Modell kann aber nur ein (möglichst genaues) Abbild der Realität darstellen, und die Treffsicherheit seiner Prognosen hängt immer ab von der Realitätsnähe der verwandten empirischen Hypothesen sowie der Vollständigkeit und Richtigkeit des empirischen Materials. Die Kritik an den Hypothesen der Input-Output-Analyse konzentriert sich zunächst auf die Konstanz der technischen und regionalen Inputkoeffizienten.

(1) Selbst wenn das empirische Material originär erhoben worden ist, bleibt offen, ob die technischen Inputkoeffizienten auch für die Zukunft noch gelten, vor allem dann, wenn das Basisjahr schon weit zurückliegt (z. B. das Jahr der letzten Volks- und Arbeitsstättenzählung). Technischer Fortschritt und Substitutionsprozesse bei Preisveränderungen bleiben häufig ausgeklammert. Für Industriebetriebe mag die Leontief-Produktionsfunktion wenigstens kurzfristig Gültigkeit haben, für Handwerks-, Handels- und Dienstleistungsbetriebe dürften dagegen (wenigstens in bestimmten Grenzen) substitutionale Produktionsfunktionen realistischer sein.

(2) Die Hypothese konstanter regionaler Inputkoeffizienten ist noch problematischer. Während bei der originären Ermittlung die technischen Koeffizienten einer nationalen Input-Output-Tabelle einen relativ sicheren Anhaltspunkt darüber geben, in welcher Größenordnung die Koeffizienten zu suchen sind, sind die regionalen Koeffizienten Ergebnisse eines Zustandsbildes, das stark durch Zufälligkeiten geprägt sein kann. Hier muß weiter differenziert werden. Neueste Untersuchungen in Hessen haben gezeigt, daß Betriebsgröße und Art der Vorleistungen einen wesentlichen Einfluß auf die Konstanz der Handelskoeffizienten haben[236]. Relativ große Betriebe beziehen relativ homogene Güter (Kohle, Öl, Zement, Chemikalien etc.) dort, wo sie gerade am billigsten angeboten werden. Relativ kleine Betriebe und relativ inhomogene Güter (vor allem Halbfabrikate) zeigen stabile Koeffizienten. weil hier Qualität, Sicherheit der Lieferung und persönliche Präferenzen Preisunterschiede überkompensieren.

(3) Verändert sich das regionale Produktionsprogramm (und das ist typisch für eine Region im Strukturwandel), so ist eine Konstanz der technischen und regionalen Koeffizienten fast unwahrscheinlich.

(4) Diese Argumente gelten jedoch nicht für relativ kleine Regionen, in denen das Angebot an industriellen Vorleistungen beschränkt oder sogar oft gleich Null ist. Außerdem können durch Einführung von variablen Koeffizienten (aufgrund von Entwicklungshypothesen) oder durch Abschätzung des größtmöglichen Prognosefehlers mit Hilfe einer Sensitivitätsanalyse[237] die Fehlerrisiken zwar nicht beseitigt, dem Entscheidungsträger aber sichtbar gemacht werden.

(5) Der Zeit- und Arbeitsaufwand zur Erstellung einer regionalen Input-Output-Tabelle ist noch so groß, daß die Ergebnisse nur dann für den regionalpolitischen Entscheidungsträger noch rechtzeitig vorliegen, wenn das Problem zwei bis drei Jahre

vorher erkannt worden ist. Obwohl sich der reine Rechenaufwand durch die EDV wesentlich verringert hat, läßt sich die Zeit zur Datenerhebung (vorerst) kaum verkürzen.

(6) Die amtliche und halbamtliche Statistik kann höchstens die „Randwerte" einer Input-Output-Tabelle liefern, über Verflechtungen gibt sie (außer in der Pendler- und Verkehrsstatistik) keine Auskunft. Auf regionaler Ebene verhindern außerdem die statistischen Geheimhaltungsbestimmungen die Veröffentlichung bestimmter (oft entscheidender) Werte.

(7) Befragte Betriebe sind selbst bei Antwortwilligkeit oft nicht in der Lage, die gewünschten Informationen zu liefern, da nur das Rechnungswesen von Großbetrieben (EDV) darauf eingestellt ist. Angeblicher Arbeitskräftemangel und Angst vor „Schnüfflern" führen häufig zu unvollständigen und z. T. bewußt falschen Angaben.

(8) Versucht man die empirischen Schwierigkeiten durch Verwendung derivativer Methoden zu umgehen, so erhält man gesamtwirtschaftliche Input-Output-Tabellen in „Miniaturausführung" mit z. T. oft willkürlich festgelegten Importquoten oder nur mit einem „Außenhandelssaldo". Man abstrahiert bewußt von regionalen Besonderheiten und Verflechtungen, über die eine regionale Input-Output-Tabelle gerade Auskunft geben soll.

Angesichts dieser enormen konzeptionellen und empirischen Schwierigkeiten stellt sich abschließend die prekäre Frage, „ob man mit schmutzigem Wasser und einem schmutzigen Tuch schmutzige Gläser sauber machen kann"[238]. Will man aber die Möglichkeit einer rationalen Regionalpolitik nicht grundsätzlich in Frage stellen und nicht einer „Politik auf gut Glück" das Wort reden, so muß man sich notgedrungen zunächst mit „approximativen Vorstellungen über die relevanten Größenordnungen der Verflechtungen"[239] zufriedengeben. Dann kann der regionalpolitische Entscheidungsträger wenigstens die verfügbaren Informationen (unter ausdrücklicher Berücksichtigung des vorhandenen Fehlerrisikos) bei der Planung seiner Maßnahmen verwerten und einen Lernprozeß in Gang setzen, der vielleicht später zu einer Verbesserung der Diagnose- und Prognosetechniken führt. Außerdem ist ständig zu prüfen, ob das Dilemma zwischen theoretisch zu fordernden und empirisch realisierbaren Modellen nicht wenigstens für bestimmte Problemstellungen zu umgehen ist.

3.3.3 Die Semi-Input-Output-Analyse

Eine Möglichkeit, für bestimmte Problemstellungen eine vereinfachte Form der Input-Output-Analyse zu verwenden, hat *J. Tinbergen*[240] mit der von ihm konzipierten Semi-Input-Output-Analyse aufgezeigt, die bei der Planung von Investitionsbündeln in der Türkei erprobt wurde. Das Charakteristische an ihr ist, daß nicht alle Verflechtungen in einem Input-Output-System berücksichtigt werden, sondern nur diejenigen, die im Zuge der Industrialisierung eine Veränderung erfahren. *J. Tinbergen* unterscheidet zwischen internationalen (Export)Industrien und nationalen Industrien, die weder ex- noch importieren. Wird nun die Kapazität der internationalen Industrie um eine Einheit vergrößert (z. B. durch eine Weberei), so brauchen zur Planung der dadurch notwendig werdenden Folgeeinrichtungen bei den nationalen Industrien (z. B. im Verkehrs- und Energiebereich) nur die Multiplikatorwirkungen direkter und indirekter Art bei denjenigen Sektoren der Wirtschaft untersucht zu werden, die von der Weberei verursacht bzw. berührt werden. Der gesamte Bereich der übrigen internationalen Industrien (und evtl. ein Teil der nationalen) bleibt aus der Analyse ausgeklammert und wird als konstant bleibend betrachtet. Damit wird eine enorme Vereinfachung des empirischen Aufwandes erreicht; dieses Vorgehen ist natürlich mit einem Informationsverlust (über die Verflechtungsbeziehungen der übrigen nationalen Industrien) verbunden, jedoch sind sie auch für die konkrete Fragestellung von untergeordneter Bedeutung. "It only uses a portion of the input-output-information. It is a much simpler problem. It can be handled easily, and this I think is an additional advantage of the method."[241]

Der Grundgedanke der Semi-Input-Output-Analyse kann auch auf regionale Multiplikatoranalysen übertragen werden, um durch Vereinfachung der Materialbeschaffung und -verarbeitung den empirischen Zusammenhängen und ihrer Struktur mehr Gewicht zukommen zu lassen als es üblicherweise bei regionalen Input-Output-Analysen der Fall ist.

3.4 Ein Ansatz zur Integration von Determinanten- und Verflechtungsanalyse

Im folgenden soll ein Modellansatz vorgestellt werden, der eine regionale Variante der Semi-Input-Output-Analyse darstellt, jedoch versucht, die einzelnen Determinanten, die die Entscheidungen innerhalb des Multiplikatorprozesses bestimmen und sich von der Regionalpolitik beeinflussen lassen, stärker in den Vordergrund zu stellen. Dadurch soll der z. T. mechanistische Charakter einer Input-Output-Analyse, die i. d. R. nur eine politische Beeinflussung hinsichtlich der Endnachfrage zuläßt, vermieden werden. Er ist im Zusammenhang mit einem Gutachten über die Auswirkungen einer Zechenstillegung entwickelt und empirisch aufgefüllt worden[242], mußte jedoch für die hier vorliegende allgemeinere Fragenstellung erweitert und vertieft werden.

3.4.1 Darstellung

Der Modellansatz ist nach dem „Baukastensystem" konzipiert und geht von dem Verflechtungsschema auf S. 54 und den dort eingeführten Matrizentypen aus. Es handelt sich dabei um ein sogenanntes abstraktes Modell[243], das noch erst einer empirischen Auffüllung bedarf, bevor es Aussagen über Strukturzusammenhänge in der Realität treffen kann. Nach Quantifizierung der einzelnen Größen und Parameter stellt es ein sogenanntes Explikationsmodell dar, das Prognosen über die zukünftige Entwicklung unter bestimmten Bedingungen erlaubt[244]. Vereinfacht läßt sich sein Ablauf wie folgt darstellen:

X   Exogene Veränderung

xy   Ausdruck für das Ergebnis von Umstellungs- und Kompensationsbemühungen

Y_{mn} Veränderung der Gesamteinnahmen bzw. -ausgaben eines Wirtschaftssubjektes

y_{ij} Ausdruck für das Ergebnis eines bestimmten Anpassungsverhaltens

Y_{ij} Veränderung einer regional zugeordneten Ausgabenart

Der Ansatz besteht also aus insgesamt nur vier Komponenten, die sich auf die Elemente der Entscheidungen im Multiplikatorprozeß beziehen[245]:

1. einer (für die jeweilige Region) exogenen Veränderung X[246], z. B. dem Umsatzverlust des Problembetriebes;
2. einer Matrix $[Y_{ij}]$[246]; i = 1 ... m, j = 1 ... n, die die Struktur der Ausgabenveränderung eines Wirtschaftssubjektes definiert, das von einer Einnahmenveränderung in der Gesamthöhe Y_{mn} betroffen wird; die Subscripte i und j beziehen sich auf einzelne Ausgabenarten sowie deren regionalen Zuordnung;
3. einem Parameter xy, der angibt, welcher Anteil von X sich in einer Veränderung von Y_{mn} niederschlägt, also den Grad angibt, zu dem Umstellung und Kompensation zu einer Verminderung des Gesamtverlustes beigetragen haben; es gilt demnach: $Y_{mn} = xy \cdot X$;
4. einen Parameter y_{ij}, der zeigt, wie sich der Gesamtverlust Y_{mn} als Veränderung bestimmter regional zugeordneter Ausgabenarten niederschlägt; es gilt also $Y_{ij} = y_{ij} \cdot Y_{mn}$.

Der Parameter y_{ij} ist also ein Ausdruck für das Ergebnis eines bestimmten Anpassungsverhaltens, z. B. eines privaten Haushalts bei der Veränderung der Ausgaben für Dienstleistungen. Wie der Parameter xy müßte y_{ij} im Rahmen einer (multiplen) Regressions- und Korrelationsanalyse bestimmt werden, in die die in der Determinantenanalyse aufgezeigten Faktoren als Variable einzugehen hätten.

Ein Wert der [Y]-Matrix Y_{ij} wird dann wieder zur (exogenen) Veränderung für die Ausgabenmatrix $[Z_{ij}]$ eines anderen Wirtschaftssubjektes. In der nächsten „Runde" gilt also analog:

$Z_{mn} = yz \cdot Y_{ij}$ (Umstellung und Kompensation)

$Z_{ij} = z_{ij} \cdot Z_{mn}$ (Anpassung).

Je nach Fragestellung kann der Multiplikatorprozeß durch eine Kombination dieser Elemente beschrieben werden. Als Beispiel sollen zwei „Runden" eines Multiplikatorprozesses dargestellt werden, der z. B. nach einer Stillegung innerhalb der betroffenen Stadt abläuft. Folgende Ausgabenmatrizen (AM) werden dazu benötigt[247]:

[P] = AM des Problembetriebes
[G] = AM des Gemeindehaushalts
[N] = AM eines neuen (erweiterten) Betriebes

[H] = AM der privaten Haushalte
[L] = AM der Folgeleistungsbetriebe, also „Lieferanten" des Problembetriebes, neuen Betriebes, Gemeindehaushalts und der privaten Haushalte.

Ein „Mindestprogramm" für diese Ausgabenmatrizen zeigt die folgende Aufstellung. Die hier benötigten Felder sind markiert worden. Es sei nochmals betont, daß es sich dabei immer um Ausgaben*veränderungen* handelt, z. B. innerhalb eines Jahres.

Die Ausgaben- und Beschäftigtenmatrizen des Modellansatzes

	1	2	3	4
I. Private Unternehmen	Stadt	Umland	Rest der Welt	Insgesamt
a) *Ausgabenmatrix*				
1. Lfd. Vorleistungen von der Industrie				
2. Investitionsgüter				
3. Bauleistungen				
4. Verkehrs-, Handels- u. Dienstleistungen				
5. Vorleistungen insges. (1. – 4.)	(5,1)			
6. Gemeindesteuern (Gew.-St.)	(6,1)			
7. Löhne u. Gehälter	(7,1)			(7,4)
8. Gewinne				
9. Einkommen insges. (7. – 8.)				
10. Sonstige Ausgaben				
11. Gesamtausgaben				(11,4)
b) *Beschäftigtenmatrix*				
1. Angestellte				
2. Arbeiter				
3. Beschäftigte insges. (1. – 2.)				
II. Ausgabenmatrix der privaten Haushalte				
1. Wohnungsnutzung				
2. Verbrauchsgüter				
3. Gebrauchsgüter				
4. Dienstleistungen				
5. Konsumausgaben (1. – 4.)	(5,1)			
6. Sparen				
7. Gesamteinnahmen				(7,4)
III. Ausgabenmatrix des Gemeindehaushalts				
1. Sachausgaben (sächl. Ausgaben)				
2. Bauausgaben				
3. Ausgaben an priv. Unternehmen (1.–2.)	(3,1)			
4. Personalkosten (pers. Ausgaben)				
5. Vermögensänderung				
6. Gesamteinnahmen				(6,4)

Vorgegeben seien ein Rückgang der Exportnachfrage des Problembetriebes um E_r und eine Zunahme der Exporte bei einem neuen Betrieb um E_z. Der Problembetrieb muß sich langfristig anpassen. Die einzelnen Ausgabenpositionen verändern sich gemäß:

(1) $\quad P_{ij} = p_{ij} \cdot E_r.$

Der Parameter p_{ij} ist ein Ausdruck für die langfristige Ausgabenelastizität der einzelnen Ausgabenarten. Bei Totalstillegung entspricht die [P]-Matrix dagegen der ursprünglichen Ausgabenstruktur, da ein „Totalverlust" vorliegt. Diesen Umsatzverlusten stehen Umsatzzuwächse beim neuen Betrieb gegenüber. Es gilt analog:

(2) $\quad N_{ij} = n_{ij} \cdot E_z.$

Von diesen Veränderungen im Grundleistungssektor werden Gemeindehaushalt, private Haushalte und private Unternehmungen betroffen. Die Veränderung des Steueraufkommens ergibt sich aus dem Rückgang beim Problembetrieb und dem Zuwachs beim neuen Betrieb:

(3) $\quad G_{6,4} = pg \cdot P_{6,1} + ng \cdot N_{6,1}.$

Der Parameter pg bezieht sich vor allem auf mögliche Kompensationen durch den Finanzausgleich, der Wert von ng dürfte i. d. R. bei 1 liegen, falls die Steuereinnahmen nicht zu einer Reduktion der Finanzzuweisungen führen. Für die privaten Haushalte ergeben sich analog folgende Veränderungen der Bruttoeinkommen:

(4) $\quad H_{7,4} = ph \cdot P_{7,1} + nh \cdot N_{7,1}.$

Die Gruppe der privaten Haushalte wäre noch weiter zu disaggregieren nach vorzeitig Pensionierten, Umschülern, Arbeitslosen und Personen, die wegziehen, sowie evtl. nach Berufsgruppen (Arbeiter, Angestellte). In die Koeffizienten ph und nh gehen die Untersützungen im Rahmen der sozialen Sicherung ein. Das Anpassungsverhalten des Gemeindehaushalts kommt in

(5) $\quad G_{ij} = g_{ij} \cdot G_{6,4}$

zum Ausdruck. Politische Zielsetzungen und die Schuldenpolitik bestimmen den Parameter g_{ij}. Für die privaten Haushalte gilt beim Anpassungsproblem analog:

(6) $\quad H_{ij} = h_{ij} \cdot H_{7,4}.$

Für den Wert von h_{ij} sind die marginale Sparneigung, die Einkommenselastizitäten der Konsumgüter sowie deren Kauforte bestimmend. Die Folgeleistungsbetriebe können Umsatzänderungen erfahren durch den Problembetrieb, den neuen Betrieb, den Gemeindehaushalt und die privaten Haushalte. Es gilt:

(7) $\quad L_{11,4} = pl \cdot P_{5,1} + nl \cdot N_{5,1} + gl \cdot G_{3,1} + hl \cdot H_{5,1}.$

Die Koeffizienten pl, nl, gl und hl werden durch die Fähigkeit des Folgeleistungssektors zur Neuorientierung bestimmt. Die „Lieferanten" wären noch weiter zu differenzieren nach Industriebetrieben als Anbieter von laufenden Vorleistungen und Investitionsgütern, dem Baugewerbe sowie nach Verkehrs-, Dienstleistungs- und Handelsbetrieben. Das Anpassungsverhalten der „Lieferanten" wird durch:

(8) $\quad L_{ij} = l_{ij} \cdot L_{11,4}$

ausgedrückt. Damit sind alle möglichen Verflechtungen aufgedeckt. Der Einfachheit halber wurde nicht weiter disaggregiert; es sind aber in einem konkreten Fall immer bestimmte Gruppen von Problembetrieben, neuen Betrieben, Haushalten und Lieferanten zu unterscheiden. Die Gleichungen (1) – (8) gehen nur von den gewogenen Durchschnittswerten der Ausgabenveränderungen einzelner Gruppen aus.

Bisher wurden nur die Zahlungsströme betrachtet; eine Veränderung der Beschäftigten läuft damit parallel, weil jeder Ausgabenmatrix eines Betriebes eine Beschäftigtenmatrix zugeordnet ist. Folgende Matrizen werden jetzt noch benötigt:

[PB] = Beschäftigtenmatrix des Problembetriebes
[NB] = Beschäftigtenmatrix des neuen Betriebes.

Für das Umstellungsproblem der privaten Haushalte ist dann noch die

[M] = Mobilitätsmatrix der privaten Haushalte
[E] = Einkommensmatrix der privaten Haushalte

von Bedeutung. (Siehe Tabelle auf Seite 90)

Die Mobilitätsmatrix gibt Auskunft über die regionale und sektorale Mobilität, d. h. über den Verbleib der Beschäftigten nach der Entlassung und die Wanderungen. Dabei können nicht nur die Fortzüge, sondern auch die Zuzüge erfaßt werden, z. B. im Feld 9,4. Die Einkommensmatrix enthält jeweils die Veränderung der verfügbaren persönlichen Einkommen in einer Region, die nicht immer identisch mit den Einkommensveränderungen der betroffenen Personengruppen sind, da Wanderungsbewegungen Verschiebungen zur Folge haben können. Die Veränderungen des Einkommens einer bestimmten Gruppe (z. B. Arbeiter, die umschulen und den alten Wohnsitz behalten, Feld 2,2) für die jeweilige Region werden mit Y_{ij} (regionsspezifischer Einkommensverlust) bezeichnet. Er stimmt nur in der Gesamtspalte d) mit den gruppenspezifischen Einkommensverlusten überein.

Ausgehend von den Bruttopersonalkosten der Betriebe ergeben sich folgende Veränderungen der Beschäftigten:

(9) $\quad PB_{ij} = [pb] \cdot P_{7,4} \quad$ und

(10) $\quad NB_{ij} = [nb] \cdot N_{7,4}.$

Die Größen [pb] und [nb] sind nicht mehr einzelne Koeffizienten, sondern Koeffizientenmatrizen, die die Veränderungen der Beschäftigten nach Berufsgruppen und Wohnsitz bestimmen[248]. Die Gesamtsumme aller Beschäftigten, die im Zuge des Strukturwandels Arbeitsplatz und/oder Wohnsitz wechseln, ist $M_{12,16}$. Das Ergebnis der Mobilitätsbemühungen schlägt sich in der Mobilitätsmatrix nieder. Für ein bestimmtes Feld (z. B. Arbeiter, die umschulen und den Wohnort nicht wechseln) gilt:

Die Mobilitäts- und Einkommensmatrizen des Modellansatzes

Neuer Wohnsitz	a) Stadt				b) Umland				c) Rest der Welt				d) Insgesamt			
	1	2	3	4	5	6	7	8	9	10	11	12	13	14	15	16
Alter Wohnsitz	P	U	A	I	P	U	A	I	P	U	A	I	P	U	A	I
I. Mobilitätsmatrix																
a) Stadt																
1. Angestellte																
2. Arbeiter		(2,2)														
3. Insges. (1. – 2.)																
b) Umland																
4. Angestellte																
5. Arbeiter																
6. Insges. (4. – 5.)																
c) Rest der Welt																
7. Angestellte																
8. Arbeiter																
9. Insges. (7. – 8.)				(9,4)												
d) Insgesamt																
10. Arbeiter																
11. Angestellte																
12. Insges. (10. – 11.)												(12,16)				
II. Einkommensmatrix																
1. Arbeiter																
2. Angestellte																
3. Insgesamt				(3,4)												

Es bedeuten: P = vorzeitig Pensionierte; U = Umschüler/Branchenwechsler; A = Arbeitslose; I = Ingesamt.

(11) $M_{ij} = m_{ij} \cdot M_{12,16}$,

wobei m_{ij} als Ausdruck für das Ergebnis aller Mobilitätsdeterminanten steht. Multipliziert man die Besetzung der einzelnen Felder mit den regionsspezifischen Einkommensveränderungen Y_{ij}, so erhält man mit

(12) $E_{ij} = M_{ij} \cdot Y_{ij}$

die Werte der Einkommensmatrix. Das Feld $E_{3,1}$ gibt z. B. die gesamten Einkommensveränderungen in der betroffenen Stadt an, die auf die Haushalte zukommen; es gilt also:

(13) $E_{3,1} = H_{7,4}$.

Die Gleichungen (9) — (13) gehören gedanklich zur Beziehung (4), wo die Verbindung zwischen Beschäftigten- und Einkommensveränderung global hergestellt wurde. Wegen der besonderen Bedeutung ist es jedoch von Vorteil, wenn diese Zusammenhänge differenzierter dargestellt werden. Die Beschäftigtenveränderungen der Lieferanten werden schließlich durch Gleichung

(14) $LB_{ij} = [lb] \cdot L_{7,4}$

erfaßt und lassen sich ebenfalls durch ein Gleichungssystem analog dem von Gleichung (9) — (13) differenzieren. Damit sind zwei „Runden" des Multiplikatorprozesses für die betroffene Stadt erfaßt. Die folgenden lassen sich in gleicher Weise darstellen, jedoch ergeben sich hier keine neuen Aspekte (nur die Nomenklatur würde noch umfangreicher).

Die *Gesamtwirkungen* des Beschäftigtenrückgangs auf die Zielindikatoren lassen sich jetzt leicht aus dem System ermitteln. Es wird dabei auf die Nomenklatur der ersten „Runde" Bezug genommen, die entsprechenden Parameter der folgenden werden mit einem ′ (2. „Runde") bzw. ″ (3. und nachfolgende „Runden") gekennzeichnet. Es sei nochmals darauf hingewiesen, daß es sich hierbei immer um absolute Veränderungen, z. B. pro Jahr, handelt.[249]

(1) *Beschäftigte*

a) Arbeitslose: $A = M_{12,3} + M'_{12,3} + M''_{12,3}$, wobei $M_{12,3}$ die Beschäftigtenveränderung im Basissektor angibt;

b) Abwanderung: $W = M_{3,8} + M_{3,12} + M'_{3,8} + M'_{3,12} + M''_{3,8} + M''_{3,12}$;

(2) *Einkommen*

a) verdiente Einkommen: $Y_v = P_{7,1} + N_{7,1} + L_{7,1} + L'_{7,1}$;

b) verfügbare persönliche Einkommen: $Y_p = E_{3,1} + E'_{3,1} + E''_{3,1}$;

(3) *Gemeindefinanzen*

a) Steuereinnahmen: $S = P_{6,1} + N_{6,1} + L_{6,1} + L'_{6,1}$;

b) Gesamteinnahmen: $G = G_{7,4} + G'_{7,4} + G''_{7,4}$.

Ähnlich ließe sich aus den Matrizen auch die Veränderung der Zwischennachfrage ermitteln. Die bisherigen Operationen bezogen sich nur auf die Entwicklung in der betroffenen Stadt selbst, ein analoges System ließe sich auch für das Umland und damit für das gesamte Problemgebiet aufstellen, jedoch enthielte es methodisch nichts Neues.

Soweit der Ansatz bisher dargestellt worden ist, enthält er nur Identitätsgleichungen und inhaltsleere Hypothesen. Dieses „formale Gerippe" ist aber notwendig, damit der nächste Schritt in möglichst effizienter und übersichtlicher Weise erfolgen kann, nämlich das Skelett mit Leben zu füllen. Es ist als Nächstes also zu prüfen, welche Informationen für die empirische Auffüllung des Ansatzes notwendig sind und wie er praktisch gehandhabt werden kann, um ein (konkretes) Explikationsmodell zu erhalten.

3.4.2 Einführung in die Probleme der Informationsbeschaffung und praktischen Handhabung des Ansatzes

Der vorgestellte Ansatz ermöglicht nicht nur eine Prognose der Multiplikatorwirkungen, sondern gibt auch wichtige Hinweise auf eine gezielte und rationale Informationsbeschaffung. Ausgehend von dem Schema auf Seite 54 oder von den Gleichungen (1) − (13) muß zunächst versucht werden, über die Ausgangsgrößen und die dort relevanten Beziehungen (des Problembetriebes) Unterlagen (i. d. R. auf dem Wege der Befragung) zu erhalten. Hier wird es sich schon häufig zeigen, daß nicht alle Verbindungen, die das allgemeine System enthält, auch empirisch relevant werden. So kann z. B. der Anteil der lfd. Vorleistungen und Investitionsausgaben, der aus der Problemregion bezogen wird, unbedeutend sein oder sich nur auf eine Branche (z. B. Baugewerbe) erstrecken. Für Bergbaugemeinden wurden z. B. bis 1969 alle durch Zechenstillegungen unmittelbar bedingten Steuerausfälle zu 100 % ersetzt, so daß dann die Verbindung Problembetrieb → Gemeindehaushalt ausgeklammert werden kann[250]. Das gleiche gilt, wenn die Gemeinde bereits Finanzzuweisungen aufgrund der Sockelgarantie erhielt und die Gesamteinnahmen deshalb nicht weiter absinken können. Erst bei den Punkten, an denen sich merkliche Veränderungen abzeichnen, braucht die Informationssuche weiter anzusetzen.

Da wahrscheinlich nicht alle Größen und Parameter des Systems originär bestimmt werden können, gibt der Ansatz außerdem Hinweise darauf, wo man evtl. mit Bundes- oder Landesdurchschnitten oder Erfahrungswerten und Faustregeln arbeiten kann. Dies ist dort möglich, wo sich nur unwesentliche Veränderungen ergeben, besonders in einem späteren Stadium der Analyse, z. B. in der 3. „Runde", wo Fehlerquellen von ± 50 % das Gesamtergebnis nur noch unwesentlich beeinflussen können[251], weil dann die absolute Höhe der Veränderungen klein geworden ist. Die Qualität der Informationen braucht also nicht in allen Bereichen gleich gut zu sein, sondern kann nach ihrem Einfluß auf den maximal möglichen Fehler bei den Gesamtwirkungen abgestuft werden.

Für diesen Prozeß der *sukzessiven und differenzierenden Informationsgewinnung* ist es aber notwendig, daß vor originären Erhebungen eine „erste Grobpeilung" durchgeführt wird, um eine vage Vorstellung von der möglichen Größenordnung der zu erwartenden Veränderung zu erhalten. Hierzu stehen für einen großen Teil der Problembereiche ausreichende Ergebnisse in bereits durchgeführten Untersuchungen oder aus der amtlichen Statistik[252] zur Verfügung, die vorläufige Angaben durchaus zulassen.

Als Beispiel[253] sei eine Baumwollspinnerei von rd. 800 Beschäftigten angeführt, deren Umsatz um ca. 10 % oder DM 3.000.000,– pro Jahr auf Dauer zurückgeht (z. B. durch Verlust eines wichtigen Auslandsmarktes). Es sei bekannt, daß als Lieferant in der Region nur eine Maschinenbaufirma in Frage kommt. Über die Intensität der Verflechtungen lägen (vorerst) keine Informationen vor. Etwaige Steuerrückgänge schlügen sich im Gemeindeetat voll in Einnahmenrückgängen nieder, und man sähe sich dann u. U. gezwungen, den Straßenbau zu drosseln. Als typische Zweige des örtlichen Handels- und Dienstleistungssektors könnten kleinere Betriebe mit Bekleidung/Textilien, Hausrat und Wohnbedarf sowie die Friseure angesehen werden. Für diese fünf Branchen ergeben sich aus der Kostenstrukturstatistik folgende Angaben:

Tabelle 11: *Die Inputstruktur ausgewählter Branchen in der BRD 1961/62*[254]

Branche	Betriebe mit ... bis ... Beschäftigten	Umsatz pro Jahr u. Beschäftigten in Tsd. DM	Ausgabenarten in v. H. der Gesamtproduktion bzw. -leistung				
			lfd. Vorleistungen	Personalkosten	indirekte Steuern	Sonstige Kosten	Abschreibungen und Gewinne
Baumwollspinnerei	280–2780	35,9	57,1	20,3	4,5	4,2	13,9
Maschinenbau	80– 200	24,6	37,7	34,2	4,4	9,7	14,0
Straßenbau	20– 200	25,7	35,8	37,0	5,6	14,2	7,4
Waren versch. Art, Schwerpunkt Textilien und Hausrat	2– 5	43,2	74,8	4,3	4,6	3,3	13,0
Damen und Herrenfriseur	1– 4	7,4	29,2	16,1	1,2	19,6	33,9

Diese Angaben lassen sich durch die Veröffentlichungen der lfd. Industrieberichterstattung (z. T. auch regional) noch differenzieren, jedoch genügen sie für dieses Beispiel. Der Anteil der Investitionen in den Baumwollspinnereien von NRW am Umsatz betrug 1962 ca. 5,3 %[255]. Der Anteil der Gewerbesteuer am Gesamtumsatz oder Bruttoproduktionswert läßt sich nicht aus der amtlichen Statistik entnehmen, er beträgt aber ca. 1 % des Umsatzes, also ca. 25 % der indirekten Steuern insgesamt. Bei der „ersten Grobpeilung" für die 1. „Runde" könnte dann von folgenden (z. T. waghalsigen) Annahmen ausgegangen werden:

1. alle betroffenen Betriebe passen sich proportional an, d. h., es liegen linear-limitationale Produktionsfunktionen vor,

2. der Rückgang der Investitionsausgaben von rd. DM 150.000,— beim Problembetrieb trifft voll den heimischen Maschinenbau,
3. es stehen keine neuen Arbeitsplätze zur Verfügung,
4. etwa 60 % der Einkommensausfälle werden durch die Arbeitslosenunterstützung kompensiert, der Ausfall für die Entlassenen beträgt DM 600.000,— brutto bzw. DM 240.000,— netto pro Jahr,
5. die Gewerbesteuer macht 25 % der gesamten indirekten Steuern aus, also ca. DM 30.000,— pro Jahr,
6. die Ausgabenreduktion des Gemeindehaushalts und der privaten Haushalte treffen voll die Stadt selbst,
7. ca. 10 % der Konsumausgabenreduktionen betreffen Dienstleistungen.

Dann würde es zu folgenden Umsatz- und Beschäftigtenrückgängen kommen:

Branche	Umsatzverlust in Tsd. DM/Jahr	Entlassungen[256]
1. Baumwollspinnerei	3.000	80
2. Maschinenbau	150	6
3. Straßenbau	30	1
4. Handel	216	5
5. Dienstleistungen	24	3

Die sekundären Beschäftigtenwirkungen (15 Entlassungen) würden also nur ca. 19 % der primären (80) ausmachen. Ausgehend von dieser „Grobpeilung" kann die Informationssuche beginnen, deren Schwerpunkt natürlich bei der Baumwollspinnerei, sodann beim Maschinenbau und beim Handel liegen müßte.

Eine Befragung des Problembetriebes habe z. B. ergeben, daß der Umsatz zwar langfristig um DM 3 Mill. sinkt, jedoch die Investitionen nur um ca. DM 50.000,— pro Jahr reduziert werden sollen, um den überdurchschnittlichen Lohnanteil von jetzt noch ca. 30 % zu vermindern. Die Beschäftigten würden dagegen nur um ca. 60 Personen vermindert werden können. Von ihnen hätten schon 10 das 60. Lebensjahr vollendet, so daß sie das vorgezogene Altersruhegeld beantragen könnten. Ihr bisheriges Nettoeinkommen betrage im Durchschnitt DM 860,— pro Monat, die repräsentative Steuerklasse sei III,1. Aufgrund der Entlassungen würde zwar das Lohnsummensteueraufkommen geringfügig zurückgehen, die Gemeinde glaubt dies aber noch durch Kreditaufnahme ausgleichen zu können. Diese Informationen führen zu folgenden Revisionen:

1. Beschäftigtenrückgang bei der Baumwollspinnerei: 60 Personen, davon 10 vorzeitig Pensionierte,
2. Umsatzveränderungen im Maschinenbau: — DM 50.000,— pro Jahr.
3. Keine Veränderungen im Straßenbau.

Hier zeigt sich schon, daß der Multiplikator sich nur bei den Einkommenswirkungen fühlbar auswirken kann. Die nächste „Grobpeilung" muß also auf das Verbraucherverhalten der Haushalte abstellen, wenn neue Arbeitsplätze für die 50 Entlassenen noch nicht in Sicht sind. Ausgehend von den in Abschnitt 3.2.5 angestellten Überlegungen kann man annehmen, daß die vorzeitig Pensionierten sich langfristig, die übrigen sich dagegen kurzfristig anpassen werden. Der Einkommensverlust (netto) kann für beide Gruppen mit ca. 30 % angesetzt werden[257]. Aus den Ergebnissen der Einkommens- und Verbrauchsstichproben sind die Quoten der wichtigsten Ausgaben am Gesamtkonsum bekannt. Für die 10 *vorzeitig Pensionierten* ergäben sich danach folgende Veränderungen in DM pro Monat bei langfristiger Anpassung:[258]

	Bisheriges Niveau	Veränderung	Neues Niveau
Wohnungsnutzung	115	− 35	80
Verbrauchsgüter	380	− 110	270
Gebrauchsgüter	200	− 60	140
Dienstleistungen	75	− 25	50
Konsum	770	− 230	540
Sparen	90	− 30	60
Einkommen	860	− 260	600

Für die 50 (vorerst) *arbeitslosen Arbeitnehmer* müssen kurzfristige Einkommenselastizitäten angesetzt werden. Gemäß den Ausführungen auf S. 77 könnten die Veränderungen (ebenfalls in DM/Monat) wie folgt aussehen:

	Bisheriges Niveau	Veränderung	Neues Niveau	Abnahme in v. H.	Einkommenselastizität
Wohnungsnutzung	115	0	115	0 %	0
Verbrauchsgüter	380	− 40	340	− 10 %	0,33
Gebrauchsgüter	200	− 90	110	− 45 %	1,5
Dienstleistungen	75	− 50	25	− 67 %	2,2
Konsum	770	− 180	590	− 25 %	0,83
Sparen	90	− 80	10	− 89 %	3
Einkommen	860	− 260	600	− 30 %	.

Der Handel hätte demnach mit einem Umsatzausfall von ca. DM 98.400,–[259], der Dienstleistungssektor mit ca. DM 33.000,–[260] pro Jahr zu rechnen.

Dieser Ausfall würde bei proportionaler Anpassung zur Freisetzung von ca. 2 Arbeitern im Handel und 4 im Dienstleistungsbereich führen, wobei dies bei Klein- und Mittelbetrieben Maximalwerte sein dürften, weil vor allem Familienbetriebe sich hinsichtlich der Beschäftigten fast gar nicht anpassen können. Der Maschinenbau dagegen müßte ca. zwei Kräfte entlassen. Die Veränderung der Beschäftigten errechnet sich in diesem Stadium der Untersuchung wie folgt:

    Baumwollspinnerei: – 60
    Maschinenbau: – 2
    Straßenbau: ± 0
    Handel: – 2
    Dienstleistungen: – 4

Die ursprünglichen „Prognosewerte" werden also nicht nur in ihrer Höhe, sondern auch in ihrer Struktur modifiziert, jedoch die Größenordnung der sekundären Beschäftigtenwirkungen war in etwa richtig, nämlich 19 % im Vergleich zu 13 % nach Differenzierung der Analyse. Als nächste empirische Verfeinerung bietet sich eine Befragung der Haushalte an. Hierbei müßten vier Gruppen gebildet werden:

1. weiterhin Beschäftigte[261],
2. vorzeitig Pensionierte,
3. Umschüler/Branchenwechsler,
4. Arbeitslose.

Da ein Beschäftigtenrückgang nicht „über Nacht" erfolgt, sondern der Betrieb meist schon vorher zu Entlassungen kleineren Umfangs schreiten wird, müssen vor allem Gruppen, die schon heute in einer Situation stehen, die morgen für alle anderen Beschäftigten zutreffen kann, befragt werden. Durch Gruppenvergleiche und Querschnittsanalysen lassen sich dann die unterschiedlichen Verhaltensweisen und Reaktionen hinsichtlich Mobilität, Sparen und Konsum[262] feststellen. Der Einfluß wichtiger soziologischer Strukturmerkmale (Alter, Berufsausbildung, Familienstand und -größe etc.), die in der Determinantenanalyse immer wieder als wichtige Faktoren genannt wurden, kann dann mit Hilfe der Korrelations- und Regressionsanalyse quantifiziert werden. Je nach Bedeutung für das Gesamtergebnis und den verfügbaren Mitteln für die Informationssuche können dann die Koeffizienten und Parameter des Modellansatzes bestimmt und vor allem der Einfluß regionalpolitisch beeinflußbarer Determinanten untersucht werden. Auch hier kann man zunächst von Erfahrungswerten aus der Vergangenheit oder anderen Regionen ausgehen und dann testen, ob im untersuchten Fall sich wesentlich andere Ergebnisse zeigen. Als letzter Ausweg verbleibt dann immer noch die ungeprüfte Übernahme von Faustwerten oder die Formulierung von ad-hoc-Hypothesen.

Diese Ausführungen mögen zur groben Charakterisierung des rein technischen Vorgehens genügen. Die empirischen Erhebungen werden also nicht simultan, sondern sukzessiv durchgeführt, und zwar immer erst dann, wenn feststeht, daß ein Sektor der Region höchstwahrscheinlich mit einer wesentlicheren Veränderung rechnen muß. Die Materialbeschaffung braucht nicht unbedingt einen großen Umfang anzunehmen, jedoch ist ein zeitliches Hintereinander nur dann möglich, wenn das Problem frühzeitig erkannt worden ist, und für die Prognose noch genügend Zeit zur Verfügung steht. Müssen die Erhebungen aus Zeitmangel gleichzeitig durchgeführt werden, so kann als Orientierungshilfe nur die allererste Grobpeilung dienen. Dies führt zu einer Verteuerung und Verschlechterung der Prognoseergebnisse, weil wegen der Unsicherheit auch solche „Verbindungen" und ihre Wirkungen in die Analyse einbezogen werden müssen, die sich später als irrelevant herausstellen können. Mit dem gleichen Zeit- und Arbeitsaufwand lassen sich bessere Ergebnisse erzielen, wenn man die Erhebungen auf die Quantifizierung und Prüfung entscheidender Strukturzusammenhänge konzentrieren kann.

3.4.3 Die Bestimmung alternativer Entwicklungspfade

Die „großen Unbekannten" in dem System, wie es bisher dargestellt wurde, sind der „neue Betrieb" und die Möglichkeiten der Umsetzung freigesetzter Beschäftigter. Der evtl. Beschäftigtenzuwachs tritt meist nicht automatisch auf, sondern ist oft erst das Ergebnis mühsamer und langwieriger politischer Bemühungen. Hier kann der Ansatz dazu benutzt werden, um bestimmte *Alternativprojektionen* zu erstellen. Ähnlich wie bei der Simulationstechnik[263] wird geprüft, welche Ergebnisse sich unter alternativen Bedingungen einstellen könnten. Das „Mindestprogramm" bestände hier aus drei bzw. vier Projektionen, und zwar unter folgenden Voraussetzungen:

1. alle arbeitswilligen (nicht pensionsberechtigten), freigesetzten Arbeitnehmer bleiben (vorerst) arbeitslos;
2. alle arbeitswilligen Arbeitnehmer erhalten (evtl. nach Umschulung) neue Arbeitsplätze in der Problemregion, der neue (oder erweiterte) Betrieb bezieht:
   a) keinerlei Vorleistungen aus der Region,
   b) beträchtliche Vorleistungen aus der Region;
3. alle arbeitswilligen Arbeiter wandern ab.

Es handelt sich hier um eine komparativ-statische Analyse, in der Alternativprojektionen (1) die Ausgangslage, die Alternativprojektionen (2 a), (2 b) und (3) mögliche Endzustände darstellen, wobei (3) gleichbedeutend mit passiver Sanierung ist, also einer Entwicklung, die vermieden werden soll. Es ist jedoch wichtig zu wissen, was „schlimmstenfalls passieren kann", um den Möglichkeitenbereich voll auszuschöpfen. Graphisch läßt sich dieses Vorgehen, z. B. bei der Beschäftigtenentwicklung, wie in Abbildung 8 darstellen.

Im Falle der Abwanderung (3) schlagen nicht nur die Verminderungen der Vorleistungen und Steuerzahlungen „durch", sondern auch die Einkommensverluste treffen voll den Handels- und Dienstleistungssektor, und zwar nicht nur mit dem durch die Arbeitslosenunterstützung nicht kompensierten Betrag. Alternative (3) würde also einen „kumulativen Prozeß nach unten" darstellen, den sog. Borinage-Effekt. Können für die freigesetzten Arbeitskräfte neue Arbeitsplätze geschaffen werden, so werden die Einkommenswirkungen (bis auf diejenigen der vorzeitig Pensionierten) weitgehend neutralisiert. Der Anteil der Vorleistungen des neuen Betriebes, der aus der Region bezogen wird, entscheidet darüber, ob der Weg (2 a) oder (2 b) beschritten wird. Aber nicht nur das zusätzliche Arbeitsplatzangebot allein ist entscheidend. Auch von der Mobilitätsbereitschaft der freigesetzten Arbeitskräfte können Restriktionen ausgehen, da nicht alle Entlassenen vollkommen mobil sein werden. Eine Befragung des Arbeitsamtes Dortmund z. B. erbrachte u. a. die in Tabelle 12 gezeigten Ergebnisse.

Abb. 8: *Die möglichen Entwicklungspfade der Beschäftigtenentwicklung*

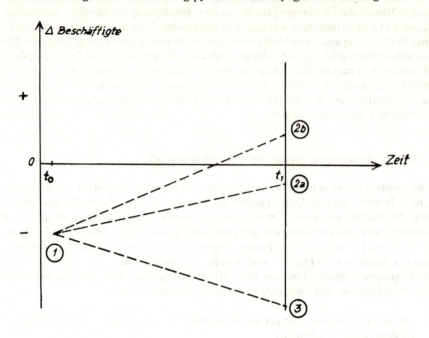

Tabelle 12: *Die Mobilitätsbereitschaft von deutschen Arbeitslosen bis zu 55 Jahren im Arbeitsamtsbezirk Dortmund im Sept. 1967 nach Berufsgruppen und Geschlecht*[264]

	Von den befragten ... erklärten sich als ...			
1. Männer	umschulungsbereit		umzugsbereit auch nach auswärts	
Berufsgruppe	ja	nein	ja	nein
Angestellte	40,3 %	52,6 %	40,7 %	33,2 %
Metallarbeiter	69,6 %	27,8 %	16,3 %	64,8 %
Elektriker	69,4 %	22,4 %	16,3 %	61,2 %
Verkehrsberufe	68,8 %	23,6 %	24,8 %	54,8 %
Bergleute	70,0 %	23,3 %	25,4 %	54,4 %
Bauarbeiter	47,2 %	47,9 %	16,2 %	63,3 %
Hilfsarbeiter	39,4 %	46,3 %	18,5 %	59,5 %
Übrige	47,1 %	35,7 %	28,6 %	47,1 %
Zusammen	52,9 %	38,0 %	23,5 %	54,4 %
2. Frauen				
(insgesamt)	32,9 %	51,4 %	4,0 %	86,8 %

Stehen solche oder ähnliche Informationen zur Verfügung, so lassen sich die Alternativprojektionen weiter konkretisieren. Im obigen Fall bei einer Zechenstillegung etwa dergestalt, daß nicht wesentlich mehr als ein Viertel der arbeitslosen Bergleute abwandern werden, daß aber auch nur knapp 3/4 von ihnen in anderen Branchen untergebracht werden können, weil ein Bergmann dort eine gleichwertige Beschäftigung ohne Umschulung kaum wird einnehmen können. Aufbauend auf die möglichen Entwicklungen der Beschäftigten ließen sich in analoger Weise die alternativen Entwicklungspfade der Zielindikatoren Einkommen und Gemeindesteuern bestimmen. Hierbei ist sogar ein gewisses Wachstum möglich, wenn z. B. durch die positiven Multiplikatorwirkungen bisheriger Auspendler oder weiblicher Arbeitskraftreserven am Orte eine Beschäftigung finden. Die obere Grenze der Entwicklung wird also i. d. R. durch die Arbeitskraftreserven, evtl. noch durch das Angebot an Gewerbeflächen bestimmt.

Als letztes kann in einer *Sensitivitätsanalyse* geprüft werden, wie sich das Gesamtergebnis verändert, wenn bestimmte Parameter des Systems modifiziert werden. Dies kann einmal im Rahmen der vier Alternativprojektionen geschehen. Zu fragen wäre etwa, wie sich die Beschäftigten, das Einkommen oder die Steuern entwickeln würden, wenn:

1. die Lieferanten des Problembetriebes ihren Umsatzausfall zu 50 % durch Lieferungen an neue Abnehmer vermindern könnten,
2. die Finanzzuweisungen um einen Betrag von 100.000,– DM aufgestockt würden,
3. das Arbeitslosengeld um 10 % erhöht würde,
4. der Handel die Abflußquote der Konsumausgaben durch verstärkte Werbung, Sonderangebote etc. um 40 % vermindern könnte,
5. durch psychologische Maßnahmen (moral suasion) die Haushalte zu einer Einschränkung ihrer Ersparnisse, nicht aber der Konsumausgaben, um 30 % angeregt würden.

Aber auch die Bedingungen der Alternativprojektionen selbst können variiert werden. So ließen sich z. B. die Auswirkungen

1. einer Verminderung der Abwanderung um 1.000 Personen,
2. einer Erhöhung des Vorleistungsanteils des neuen Betriebes aus der Region von 0 auf 30 %,
3. einer Erhöhung der Zahl der neuen Arbeitsplätze von 100 auf 200 bestimmen.

Auf diese Weise kommt man zu einer Rangfolge der sog. *strategischen Variablen*, also derjenigen Koeffizienten und Parameter, die Höhe und Struktur des Multiplikatorprozesses entscheidend mitbestimmen und damit die Hauptansatzpunkte regionalpolitischer Einflußnahme darstellen.

3.4.4 Kritik

Sicherlich ist mit diesem Ansatz nicht der „Stein der Weisen" gefunden worden. Jede Verminderung des Informationsaufwandes und Vergröberung bzw. Vereinfachung von Hypothesen muß mit ungenauen Ergebnissen erkauft werden. Deshalb liegen die Nachteile dieses Ansatzes offen auf der Hand. Er

- prognostiziert nur die Multiplikatorwirkungen des Beschäftigtenrückgangs isoliert von der Gesamtentwicklung, die nicht explizit berücksichtigt wird. So können die negativen Multiplikatoreffekte durchaus von stark expandierenden anderen Branchen kompensiert werden, so daß sich z. B. nur ein geringeres Wachstum oder eine Stagnation der Beschäftigten als Gesamtergebnis herausstellt. Erst wenn dies nicht der Fall ist und damit die Bedingungen für ein industrielles Problemgebiet gegeben sind, ist der Ansatz überhaupt sinnvoll.
- liefert nur grobe Ergebnisse, da mathematisch exakt durchführbare Rechenoperationen durch Schätzwerte und Zuschläge ergänzt und abgerundet werden. Weder die letzte Stelle hinter noch vor dem Komma haben hier einen besonderen Aussagewert.
- enthebt den Analytiker nicht der Notwendigkeit, eigene empirische Erhebungen durchzuführen. Die Ergebnisse der amtlichen Statistik können nur erste und vorläufige Orientierungshilfen geben. Wegen des oft nur möglichen geringen Umfangs von eigenen Erhebungen lassen sich wahrscheinlich auch nicht alle Hypothesen quantifizieren, vor allem dann, wenn die Anwendung der Korrelations- und Regressionsanalyse problematisch wird. Dies ist etwa dann der Fall, wenn eine Untergruppe (z. B. Arbeitslose, gegliedert nach Alter oder Schulausbildung) weniger als 30 Personen enthält, weil zum Zeitpunkt der Erhebung, die vor der Massenentlassung liegen sollte, die Zahl der Arbeitslosen insgesamt noch nicht groß genug ist.
- läßt sich sinnvoll nur bei relativ kleinen und monostrukturierten Regionen verwenden. Werden Zahl und Intensität der intraregionalen Verflechtungen zu groß, so geht der Ansatz in ein Input-Output-System über, das wegen seiner Geschlossenheit dann vorzuziehen wäre.

Ein bestimmtes Modell zur Lösung von Prognoseproblemen ist jedoch nicht „allgemein" besser oder schlechter als ein anderes; es ist nur im Hinblick auf eine bestimmte zu lösende Fragestellung geeigneter oder nicht. Handelt es sich um die Prognose der Multiplikatorwirkungen eines Beschäftigtenrückgangs in einem monoindustriellen Problemgebiet, so hat der vorgestellte Ansatz jedoch Vorteile im Vergleich zu Faustregeln oder den Techniken der Input-Output-Analyse. Er

- ist reinen Faustregeln und Erfahrungswerten überlegen, da er ökonomische Abhängigkeiten und Interdependenzen explizit berücksichtigt.
- erfordert zwar Sondererhebungen, aber nicht in dem Umfang, wie sie zur Erstellung einer Input-Output-Tabelle notwendig wären. Sie sind auch für kleine (und damit oft „arme") Gebietskörperschaften praktisch durchführbar, zumal sie an andere Erhebungen „angehängt" werden können, z. B. an die alle zwei Jahre durchgeführten Erhebungen des Gewerbeaufsichtsamtes über die Beschäftigtenlage in den Gewerbebetrieben oder an Wohnungszählungen bei den privaten Haushalten. Der empirische Aufwand verringert sich noch, wenn die notwendigen Parameter frühzeitig und damit gezielter ermittelt werden können.
- vermeidet durch die Möglichkeit der Verwendung verschiedenster Hypothesen den z. T. mechanistischen Charakter der Input-Output-Analyse. Dabei soll allerdings nicht verkannt werden, daß die Quantifizierung aller Hypothesen oft unmöglich ist, und deshalb z. B. die „Proportionalitätshypothese" oft als einziger Approximationsversuch verbleibt.
- erlaubt durch das „Baukastensystem" eine große Anpassungsfähigkeit an alle Problemstellungen und regionalen Besonderheiten, ohne daß die Prognosetechnik dadurch zu kompliziert oder unübersichtlich würde.

- ermöglicht je nach Fragestellung eine Schwerpunktbildung bei einzelnen Teilproblemen, ohne daß diese Intensivierung auf alle anderen (z. T. unwesentlichen) Bereiche ausgedehnt werden muß, da eine Homogenität des empirischen Ausgangsmaterials nicht für alle Bereiche notwendig ist.
- versetzt den Analytiker in die Lage, die Auswirkungen verschiedenster Maßnahmen abzuschätzen (auch solche der Kompensation und Anpassungsmanipulation), und nicht nur derjenigen, die eine Veränderung der Endnachfrage bewirken.
- täuscht dem regionalpolitischen Entscheidungsträger keine falsche Sicherheit vor; schon das System von vier Alternativprojektionen bewahrt ihn vor einem „Zahlenfetischismus".
- ist mathematisch relativ einfach zu handhaben und auch noch „per Handbetrieb" zu lösen. Die relevanten Problemkreise können dem Entscheidungsträger in Verbindung mit graphischen Darstellungen transparenter gemacht werden, so daß ihm klarer wird, worüber er überhaupt entscheiden soll.

Abschließend läßt sich somit feststellen, daß der vorgestellte Ansatz einen Mittelweg zwischen den zwar empirisch leicht anwendbaren, aber wissenschaftlich unbefriedigenden Faustregeln und der theoretischen „Ideallösung", aber praktisch nur schwer erstellbaren regionalen Input-Output-Analyse darstellt. Ein bestimmter Informationsaufwand wird gezielter auf die spezielle Fragestellung eingesetzt und führt so zu „richtig ungenauen" Ergebnissen, d. h. gezielteren Aussagen mit (allerdings) größerem Fehlerbereich. In dem auf Seite 84 erwähnten Vergleich würde der Ansatz also versuchen, mit den relativ sauberen Ecken des Spültuches nur einige Teller, nicht aber das ganze Geschirr zu reinigen. Diese wenigen Teller (die evtl. zu einem bescheidenen Mahl ausreichen) sind dann allerdings sauberer als im anderen Falle.

4. Kapitel:
Ansatzpunkte und Erfolgsaussichten regionalpolitischer Maßnahmen

Führen eine oder mehrere Alternativprojektionen bei der Ermittlung der Gesamtwirkungen des Beschäftigtenrückgangs zu Ergebnissen, die von den Zielvorstellungen des regionalpolitischen Entscheidungsträgers erheblich abweichen und kommt diesen Entwicklungspfaden eine hohe Wahrscheinlichkeit zu, so stellt sich die Aufgabe, diese Differenzen zu verhindern, zu beseitigen oder zumindest zu verkleinern. In der Abweichung der tatsächlichen bzw. zukünftigen Lage von der Ziel- bzw. Programmsituation liegt das Aufgabenfeld der Regionalpolitik. Bei der nun folgenden Erörterung der Ansatzpunkte und Effizienz regionalpolitischer Maßnahmen können wie bei der Zielbestimmung, Deskription, Diagnose und Prognose ebenfalls nur die grundsätzlichen Fragen diskutiert und bereits entwickelte oder neue Lösungswege aufgezeigt werden. Dazu wird zunächst eine der Problemstellung adäquate Systematisierung der vorhandenen regionalpolitischen Instrumente vorgenommen. Nach Festlegung der Effizienzkriterien, die aus den Zielen abzuleiten sind, können dann die einzelnen Maßnahmen auf ihre Effektivität hin überprüft werden.

4.1 Die problemadäquate Einordnung des regionalpolitischen Instrumentariums

Die Diskussion der Maßnahmen geht von den im vorigen Kapitel erarbeiteten Ergebnissen aus, wo der Multiplikatorprozeß als eine Abfolge (inter)dependenter Entscheidungen dargestellt und analysiert wurde[265]. Die Instrumente der Regionalpolitik können dementsprechend in Kategorien eingeteilt werden, die sich aus der Entscheidungsstruktur der von den Multiplikatorwirkungen betroffenen Wirtschaftssubjekte ableiten lassen[266], denen dann jeweils ein bestimmtes Entscheidungselement als Wirkungsfeld zugeordnet werden kann.

4.1.1 Instrumentkategorien zur Beeinflussung der Entscheidungselemente

Wie bereits bei der Behandlung des Prognoseproblems im 3. Kapitel ausgeführt, kann zwischen drei konstitutiven Elementen einer jeden Entscheidung unterschieden werden, nämlich dem Wertsystem (Zielvorstellungen), den Umweltbedingungen (Datenkranz, Handlungsalternativen, Ergebnissituationen) und der Entscheidungsmaxime. Nach *H. Giersch*[267] kann die Wirtschaftspolitik (nicht nur die Regionalpolitik) die Entscheidungen der Privaten durch Aufklärung über die aktuelle und zukünftige Lage, Beeinflussung der Zielvorstellungen und Veränderung der Umweltbedingungen manipulieren und so die Wirtschaftsentwicklung in die von ihr gewünschten Bahnen lenken. Bei der Veränderung der Umweltbedingungen hat *K. Töpfer*[268] in seinem „regionalpolitischen Instrumentenschrank" außerdem noch differenziert nach Instrumenten zur Veränderung des Datenkranzes und der Ergebnissituationen.

Darauf aufbauend kann eine (relativ grobe) Systematisierung der regionalpolitischen Instrumente gewählt werden, die zwischen Informationsverbesserung, Zielbeeinflussung, Infrastrukturinvestitionen und Subventionen unterscheidet[269]. Schwerpunktmäßig (nicht ausschließlich) zielen diese vier Instrumentenkategorien auf die Verbesserung der Grundlagen der privaten (und staatlichen) Entscheidungen (Informationsverbesserung) sowie auf eine Veränderung des Wertsystems (Zielbeeinflussung), Datenkranzes (Infrastrukturinvestitionen) und der Ergebnissituationen (Subventionen) ab. Wie bei jeder Systematisierung ist die Trennschärfe des hier verwandten Kriteriums nicht groß genug, als daß es nicht bestimmte Mischformen gäbe.

4.1.1.1 Informationsverbesserung

Das Instrument der Informationsverbesserung stellt nicht auf ein bestimmtes Element der Entscheidung ab, sondern schafft erst die Grundlagen für private und staatliche Entscheidungen. Ohne jegliche Informationen herrscht vollkommene Ungewißheit, ein Zustand, in dem sich i. d. R. nicht einmal Glücksspieler befinden. Das Bedürfnis nach möglichst vollkommener Information stößt aber auf Schranken, die durch institutionelle Gegebenheiten (statistische Geheimhaltungsvorschriften), Kostengründe und den Stand des vorhandenen Wissens (über ökonomische Strukturzusammenhänge) gesetzt werden. Die Informationspolitik umfaßt folgende Bereiche:

1. Aufklärung über die regionalpolitischen Ziele,
2. Deskription und Analyse der gegenwärtigen Lage,
3. Prognose der Entwicklung bei konstantem (status-quo-Prognose) und verändertem Mitteleinsatz (Wirkungsprognose),
4. Bekanntgabe der zukünftigen regionalpolitischen Maßnahmen, vor allem auf dem Gebiete der Infrastruktur und im Bereich der Subventionen, und evtl. noch eine
5. Beratung privater Wirtschaftssubjekte.

Der Begriff „Informationsverbesserung" wird hier also relativ weit interpretiert und enthält alle Problembereiche, mit denen sich diese Untersuchung befaßt. Der Informationsfluß ist dabei wechselseitig. Erst wenn die Regionalpolitik selbst über alle Punkte (bis auf 4. und 5.) informiert ist, kann sie „optimale" Entscheidungen über ihren zukünftigen Mitteleinsatz treffen. Da den einzelnen privaten Wirtschaftssubjekten i. d. R. die Mittel fehlen werden, das staatliche Informationsniveau zu realisieren, liegt es nahe, daß die öffentliche Hand die Privaten an ihren Informationen partizipieren läßt, damit auch letztere „bessere" Entscheidungen treffen können. Die „externen Vorteile" der Informationsverbesserung in Form von größerer Kompatibilität zwischen regionalpolitischen Zielen und den Ergebnissen der privaten Entscheidungen sind von nicht zu unterschätzender Bedeutung. Außerdem vergrößert sich dadurch die Transparenz der öffentlichen Politik, in der „Herrschaftswissen", „geheime Dossiers" und „Schubladenpläne" nur die Ausnahme darstellen sollten[270].

4.1.1.2 Zielbeeinflussung

Unter dem Instrument „Zielbeeinflussung" wird hier die Einflußnahme auf die Entscheidungselemente Wertsystem und Handlungsmaxime verstanden, letztere kann als Ziel „Verbesserte Rationalität bei der Entscheidungsfindung" interpretiert werden und wirft prinzipiell keine neuen Probleme auf. Die Zielbeeinflussung stellt ein regionalpolitisches Instrument der „psychologischen Kriegsführung" dar, das noch relativ wenig genutzt wird, während es die „geheimen Verführer" in der privatwirtschaftlichen Werbung bereits zu einem hohen Ansehen gebracht haben. Nur die Konjunkturpolitik hat sich dieses Instrumentes bereits öfter bedient. Obwohl dieser „moral suasion" oder „Seelenmassage" in der Erhard-Ära nicht allzu viel Erfolg beschieden war, darf es nicht a priori als unbrauchbar ausgeklammert werden.

Dabei kommt in einer freiheitlichen Gesellschaftsordnung vor allem der Aufklärung und Werbung mit Hilfe der Massenmedien die wichtigste Rolle zu. Die Zielbeeinflussung braucht sich dabei nicht auf den privaten Sektor zu beschränken, sondern kann sich auch auf über-, unter- oder gleichgeordnete Träger der Regionalpolitik und auf andere Bereiche der allgemeinen Wirtschafts- und Gesellschaftspolitik beziehen, wenn Maßnahmen wünschenswert sind, die nicht in die Zuständigkeit des jeweiligen regionalpolitischen Entscheidungsträgers der Problemregion fallen. Die Einflußnahme ist hier wiederum wechselseitiger Natur, weil auf diese Zielbildung und -koordination im öffentlichen Bereich private Interessenvertreter (Gewerkschaften, Industrieverbände) einwirken können.

4.1.1.3 Infrastrukturinvestitionen

Durch diese regionalpolitischen Aktivitäten sollen Betriebe und private Haushalte mit den Grundeinrichtungen der öffentlichen Daseinsvorsorge ausgestattet werden. Sie bilden den wichtigsten Teil des „Datenkranzes" in den privaten Entscheidungen. Der Begriff der Infrastruktur ist in der Literatur noch nicht einheitlich definiert[271]. Am geeignetsten erscheint (immer noch) eine kasuistische Aufzählung der einzelnen Infrastruktureinrichtungen, die hier folgende Bereiche umfassen soll[272]:

1. Industriegelände und evtl. -gebäude,
2. den Verkehrssektor,
3. den Bildungssektor,
4. die Ver- und Entsorgungssysteme,
5. die Nachrichtenübermittlung und Kommunikationssysteme,
6. das Erholungswesen,
7. das Gesundheitswesen und den
8. Wohnungsbau.

Sie brauchen hier im einzelnen nicht mehr näher charakterisiert zu werden. Der Staat schafft durch sie zum einen die Grundlagen der privaten Produktion und hofft auf komplementäre Investitionen im privaten Bereich, damit die geschaffenen Kapazitäten auch optimal ausgelastet werden; zum anderen dienst die Infrastruktur auch ganz (Parkanlagen) oder teilweise (Straßen) dem privaten Konsum. In einigen Fällen werden Infrastruktureinrichtungen jedoch nicht kostenlos, sondern **gegen Gebühren oder Bei-**

träge zur Verfügung gestellt. Dieser Aspekt, soweit er zu regionalpolitischen Zwecken eingesetzt werden soll, fällt in den Bereich der Subventionen.

4.1.1.4 Subventionen

Hierunter werden alle Maßnahmen erfaßt, die eine Leistung der öffentlichen Hand ohne entsprechende Gegenleistung darstellen. Sie verändern die Ergebnissituationen der privaten Entscheidungen, indem z. B. eine Investition in der Region A nicht eine Rendite von 5 %, sondern aufgrund einer Zinssubvention eine Verzinsung von 8 % erbringt, während sich für die gleiche Investition in Region B eine konstante Rentabilität von 7 % ergibt.

Um den z. T. üblichen Beigeschmack des Wortes „Subvention" zu vermeiden, wird stattdessen von Anpassungs- und Umstellungshilfen, Beihilfen, Krediterleichterungen, Starthilfen, Stillegungs- und Investitionsprämien, Ausgleichszahlungen, Steuererleichterungen u. ä. gesprochen, die jedoch den Subventionscharakter nicht verändern[273]. Je nach Art und Situation des Subventionierten handelt es sich um:

1. verbilligte (d. h. unter Markt- oder Kostenpreis gewährte) Sachleistungen (Grundstücke, Strom, Wasser, Gas, Wohnungen), also sog. Objektsubventionen,
2. teilweise oder vollständige Übernahme bestimmter Kostenarten (Verlagerungs-, Umschulungs-, Umzugskosten, Lohnbeihilfen, Übernahme von Tod- und Erblasten, „Bergmannsprämie" etc.),
3. Kreditfazilitäten (Zinssubventionen, Kreditbürgschaften),
4. Steuererleichterungen (Verzicht auf Grunderwerbsteuer, Möglichkeiten schnellerer Abschreibung, „Berlinpräferenzen"); unterschiedliche Hebesätze bei der Gewerbesteuer in verschiedenen Regionen sind dagegen nicht als Subventionen anzusehen,
5. Prämien und verlorene Zuschüsse (Investitionsprämien, Abfindungsgelder).

Subventionsähnlichen Charakter haben schließlich noch Maßnahmen der Absatzsicherung (Abnahmegarantien, prohibitive Zollpolitik) und die bevorzugte Vergabe von öffentlichen Aufträgen in bestimmte Regionen, obwohl der Weg von der Allgemeinheit zum Unterstützten hierbei nicht direkt über die Steuerkasse geht. Eine Sonderstellung nehmen die versicherungsrechtlichen Regelungen (z. B. die des Arbeitslosengeldes) ein, da auf sie ein Rechtsanspruch besteht. Da sie nicht ad-hoc oder mit einem Ermessensspielraum, sondern „automatisch" gewährt werden, sind sie bereits im Prognoseteil behandelt worden.

Subventionen sind in einem marktwirtschaftlichen System immer problematisch, da sie meist eine nicht auf Leistung beruhende Bevorzugung weniger und Diskriminierung vieler anderer Wirtschaftssubjekte darstellen. Sie sind u. a. aus sozialpolitischen Gründen oder Zielsetzungen der regionalen Stabilität aber nicht „systemfremd", wenn sie dazu beitragen, soziale Härten oder unerwünschte Tatbestände zu vermeiden bzw. die Umstellung und Anpassung an veränderte Situationen voranzutreiben bzw. zu erleichtern. Entscheidend ist also die Unterscheidung nach dem *Zweck* der Subventionen, nämlich in *Umstellungs-* bzw. *Anpassungssubventionen* und *Erhaltungssubventionen*, da in einer freien Marktwirtschaft Subventionen nur Hilfe zur Selbsthilfe sein sollen, die sich später selbst überflüssig machen, nicht aber die Eigeninitiative dämmen und lähmen dürfen[274]. Die Unterscheidung von zeitlich begrenzten und Dauersubventionen trifft nicht immer diesen Sachverhalt, da sich einmalige Zahlungen in lfd. Renten umwandeln und Dauerleistungen kapitalisieren lassen, so daß es sich dabei aus der Sicht der öffentlichen Hand eher um eine Frage der Liquidität handelt[275].

4.1.1.5 Mischformen

Wie bereits angedeutet, lassen sich bei dieser problemorientierten Systematisierung des regionalpolitischen Instrumentariums Überschneidungen nicht vermeiden. Diese fließenden Übergänge zeigen sich vor allem zwischen Informationsverbesserung und Zielbeeinflussung einerseits sowie Infrastrukturinvestitionen und Subventionen andererseits. In beiden Fällen rührt die „Verwandtschaft" daher, daß es sich einmal um mehr qualitative zum anderen um mehr quantitative Instrumente handelt. Das Problem der ersten Mischform ist ähnlich gelagert wie das der privatwirtschaftlichen Werbung. Wer über neue oder bessere Produkte informieren will, schafft gewollt oder ungewollt gleichzeitig Präferenzen für ein bestimmtes Fabrikat. Aus dem gleichen Grunde sind auch in der Regionalpolitik „neutrale" Informationen und eine Zielbeeinflussung, die nicht gleichzeitig informieren würde, unrealistische Extremfälle.

Bei den Infrastrukturinvestitionen und Subventionen liegen die Überschneidungen zunächst darin begründet, daß es bisher noch nicht gelungen ist, eine notwendige Mindestausstattung oder gar ein Optimum an Infrastruktur für eine bestimmte Region operational zu bestimmen. Deshalb kann ein Hallenbad oder ein Autobahnanschluß durchaus eine Subvention für die Regionsbewohner darstellen, wenn ihre Infrastrukturausstattung dadurch besser als ein irgendwie bestimmter Durchschnitts- oder Sollwert wird. Außerdem sind die Übergänge fließend, weil ein Teil der Infrastruktur nicht unentgeltlich zur Verfügung gestellt wird. Marktpreise existieren aber günstigstenfalls auf dem Grundstücks- oder Wohnungsmarkt. Orientieren sich Preise, Gebühren und Beiträge aber an den jeweiligen Kosten, so ist die Kostenermittlung immer problematisch, wenn man z. B. nur an die Umlegung der nicht direkt zurechenbaren Gemeinkosten denkt. Grundstücks- und Strompreise, Erschließungsbeiträge, Hafengebühren u. ä. können folglich immer durch Subventionen der öffentlichen Hand auf ein fast beliebig niedriges Niveau gebracht werden. Deshalb muß im folgenden immer bedacht werden, daß die Bezeichnung der vier Instrumentkategorien stets nur den *Schwerpunkt*, nicht aber den gesamten Bereich der vier regionalpolitischen Instrumentkategorien zu charakterisieren versucht.

4.1.2 Die Handlungsalternativen der privaten Wirtschaftssubjekte als Wirkungsfeld der Instrumentkategorien

Die Ausführungen im 3. Kap. haben gezeigt, daß von den einzelnen Entscheidungselementen der privaten Wirtschaftssubjekte den von ihnen bevorzugten Handlungsalternativen entscheidende Bedeutung zukommt. Das Ergebnis des Multiplikatorprozesses hängt z. B. wesentlich davon ab, ob die freigesetzten Arbeitskräfte sich an die Einkommensverluste durch entsprechende Reduktionen ihrer Ausgaben anpassen und damit einen kumulativen Prozeß der Kontraktion auslösen, oder ob sie sich um neue Arbeitsplätze bemühen und damit evtl. sogar eine Steigerung des regionalen Sozialprodukts herbeiführen. Die drei Komplexe von Handlungsalternativen (Umstellung, Kompensation, Anpassung) waren zwar für alle drei Gruppen (Unternehmer, private Haushalte,

Gemeindehaushalt) auf allen drei Stufen des Multiplikatorprozesses (Primär-, Sekundär-, Tertiärwirkungen) relevant, jedoch im unterschiedlichen Ausmaß. Deshalb war schon für die Determinantenanalyse eine Auswahl getroffen worden, in der dann nur noch diejenigen Bereiche näher untersucht wurden, deren Beeinflussung aus ordnungspolitischen Gründen nicht problematisch war, die sich einer regionalpolitischen Einflußnahme nicht entzogen und/oder aufgrund ihrer quantitativen Bedeutung nicht vernachlässigt werden konnten. Es waren dies:[276]

1. die Vermeidung, Verminderung oder Verzögerung des Beschäftigtenrückgangs (VV),
2. die Steigerung des regionalen Arbeitsplatzangebots (RA),
3. die Steigerung der sektoralen Arbeitsmobilität (SA),
4. die Neuorientierung des Folgeleistungssektors (NF),
5. das System der sozialen Sicherung (SS),
6. der Finanzausgleich (FA),
7. die Manipulation des Verbraucherverhaltens (MV).

Die vier Instrumentkategorien (Informationsverbesserung, Zielbeeinflussung, Infrastrukturinvestitionen, Subventionen) erhalten damit alternative Wirkungsfelder bzw. Bezugspunkte, die durch ihre beabsichtigte Zielrichtung hinsichtlich der Handlungsalternativen der privaten Wirtschaftssubjekte festgelegt werden. Damit lassen sich alle Ausführungen über entscheidungstheoretische und verflechtungsanalytische Zusammenhänge, die im 3. Kap. aufgedeckt wurden, für die Diskussion der zu ergreifenden Maßnahmen voll ausnutzen. Für die Regionalpolitik ergeben sich dann insgesamt 28 Kombinationen von Instrumentkategorien und Wirkungsfeldern, die wie folgt gekennzeichnet sind:

Instrumentkategorie \ Wirkungsfeld	VV	RA	SA	NF	SS	FA	MV
Informationsverbesserung							
Zielbeeinflussung							
Infrastrukturinvestitionen							
Subventionen							

Aufbauend auf den Diagnose- und Prognoseteil wird also versucht, den Einfluß der einzelnen regionalpolitischen Instrumentengruppen auf die Entscheidungen der Wirtschaftssubjekte, vor allem auf den bei der vorliegenden Problemstellung besonders wichtigen Bereich der Entscheidungselemente, die Handlungsalternativen, zu analysieren. Hier liegt also der theoretische Angelpunkt beim Übergang von der status-quo- zur Wirkungsprognose.

Stehen der Regionalpolitik zur Durchführung ihrer Maßnahmen aber nur beschränkte Mittel zur Verfügung, so können von den wünschenswerten Maßnahmen nur diejenigen realisiert werden, die die günstigste Erfolgs-Kosten-Relation aufweisen, da mit den vorhandenen Mitteln ja der größtmögliche Erfolg erzielt werden soll. Die Behandlung der regionalpolitischen Ziele im 1. Kap. muß dazu noch um Effizienzkriterien erweitert werden, bevor eine Effizienzanalyse der einzelnen regionalpolitischen Instrumente möglich ist.

4.2 Effizienzkriterien der Maßnahmen

Anknüpfend an die Überlegungen im 1. Kap. sind jetzt für die Zielindikatoren Beschäftigte, Einkommen und Gemeindesteuern[277] Effizienzkriterien zu bilden, um die Effektivität alternativer Maßnahmen(bündel) beurteilen zu können. Dabei müssen analog dem Vorgehen in der Nutzen-Kosten-Analyse den Erträgen einer Maßnahme die Kosten gegenübergestellt werden, so daß ein Kriterium der Art Erträge/Kosten oder Erträge/Kosten entsteht. Dabei werden nur die kurzfristigen, ökonomischen Zielsetzungen der Problemregion berücksichtigt. Die Besser- oder Mindererfüllung anderer Ziele (anderer Regionen oder der Gesamtwirtschaft) gehen als „Nebenwirkungen" in den Kalkül ein. Sie sind deshalb aber keineswegs Aspekte „unter ferner liefen", sondern können die Gesamtbeurteilung einer Maßnahme ganz entscheidend verändern.

4.2.1 *Die Erträge der Maßnahmen*

Liegt ein „treffsicheres" Explikationsmodell zur Prognose der Gesamtwirkungen des Beschäftigtenrückgangs vor, ist der Einfluß einer bestimmten Maßnahme auf eine Determinante und außerdem die Bedeutung dieser Determinante für das Gesamtergebnis quantifizierbar, so ließe sich der Erfolg einer Maßnahme leicht bestimmen. Für die hier zu behandelnden Probleme stellen sichere Prognosen aber eine Illusion dar. Das Phänomen der Unsicherheit ist deshalb ein Grundtatbestand bei allen Überlegungen zur Effektivität einzelner Maßnahmen.

4.2.1.1 Das mögliche Maximum

Ohne Berücksichtigung des Risikos kann zunächst ein Ertragsmaximum bestimmt werden, das bei voller Ausschöpfung aller Produktivkräfte der Region erreichbar wäre. Restriktionen ergeben sich für dieses Maximum nur aus dem vorhandenen Arbeitskräfteangebot, dem Bodenreservoir und der Infrastruktur, bei letzterer vor allem in Hinblick auf die Ver- und Entsorgungssysteme und im Wohnungsbau (maximaler Wanderungsgewinn). Von der Höhe des Mitteleinsatzes ist dieses mögliche Maximum relativ unabhängig, da es ja theoretisch denkbar ist, daß dieser Erfolg sich von selbst einstellt, also quasi „vom Himmel" fällt.

4.2.1.2 Das sichere Minimum

Wunder sind aber auch in der Regionalpolitik selten. Deshalb muß umgekehrt auch gefragt werden, welchen Erfolg eine Maßnahme mit Sicherheit oder mit an Sicherheit grenzender Wahrscheinlichkeit mindestens erbringen wird. Dieser andere Extremwert wird in der Mehrzahl der Fälle bei Null liegen, weil aus ungenügender Kenntnis der Lage sowie der Entwicklung und Wirkung der Instrumente jede Maßnahme „fehlschlagen" kann. Je nach Stand des Wissens ergeben sich hier also Differenzierungen in der Höhe des sicheren Erfolges, der im Idealfall sogar mit dem möglichen Maximum zusammenfallen kann. Im Modellansatz zur Prognose der Multiplikatorwirkungen wurde dieser Umstand dadurch berücksichtigt, daß durch Einsetzen entsprechender Bedingungen die günstigste und ungünstigste Entwicklung von Beschäftigten, Einkommen und Gemeindesteuern in Form von Alternativprojektionen bestimmt werden konnte.

4.2.1.3 Erfolgseintritt und -dauer

Das Zeitmoment bei den Ertragskriterien hat zwei Aspekte. Zunächst sind die Zeitspannen zwischen Planung, Beginn der Durchführung, Abschluß der Durchführung, Beginn des Erfolgseintritts und dem Eintritt des Gesamterfolges bei den einzelnen Instrumenten sehr verschieden. Man denke etwa nur an die langen Anlaufzeiten von Infrastrukturinvestitionen und die relativ schnell auszahlbaren Subventionen. Oft kann sogar der Erfolgseintritt Jahrzehnte auf sich warten lassen, wenn sich z. B. kein Betrieb für ein von der Gemeinde angekauftes und angebotenes Grundstück interessiert. Maßnahmen mit langen Anlaufzeiten und evtl. noch längerem Zeitbedarf bis zum endgültigen Erfolgseintritt bedingen einen Zeitverlust und damit u. U. eine Nichtwahrnehmung von anderen Chancen (für die dann die Mittel fehlen), die sich bei schneller wirkenden Maßnahmen geboten hätten.

Der Zeitaspekt wird außerdem von Bedeutung für die Differenzierung nach der Dauer des Erfolges in kurz-, mittel- und langfristigen Erträgen. Straßenbauprogramme vermindern z. B. für zwei bis drei Jahre die Arbeitslosigkeit und hohe Subventionen können das Ausscheiden eines nicht konkurrenzfähigen Betriebes aus dem Markt für fünf oder sechs Jahre verhindern. Mittelfristig wird das potentielle Arbeitsmarktungleichgewicht in beiden Fällen aber nicht beseitigt, langfristig evtl. sogar noch vergrößert.

4.2.2 Die Kosten der Maßnahmen

4.2.2.1 Direkte Aufwendungen

Unter den direkten Aufwendungen bzw. Kosten werden alle mittelbaren und unmittelbaren Faktorbeanspruchungen erfaßt, die im Zusammenhang mit der Planung und Durchführung, aber auch zu einem späteren Zeitpunkt für die Unterhaltung und als „Folgelasten" der einzelnen Maßnahmen von der öffentlichen Hand zu tragen sind. Mit dem theoretisch exakteren Konzept der Opportunitätskosten wird die Praxis in den wenigsten Fällen arbeiten können. Als Ersatz müssen deshalb die notwendigen Geldbeträge herangezogen werden, die für Personal-, Sach- oder direkte Geldleistungen verausgabt werden. Evtl. Geldrückflüsse können sofort davon abgezogen werden.

Negative externe Effekte werden wie die positiven externen Ersparnisse hier unter den „Nebenwirkungen" erfaßt.

4.2.2.2 Indirekte Einsparungen

Aufgrund des Erfolges einer Maßnahme können sich die direkten Aufwendungen dadurch erheblich vermindern, daß die positiven Multiplikatorwirkungen anderenfalls notwendige öffentliche Ausgaben reduzieren[278]. Ein Beispiel mag dies erläutern. Ist ein Betrieb bereit, 500 arbeitslose Arbeiter auf Dauer zu beschäftigen unter der Bedingung, daß der Verkaufspreis eines Grundstücks um 6 Mill. DM unter dem Kostenpreis (für die Gemeinde) liegt, und ist für mindestens zwei Jahre keine andere Beschäftigungsmöglichkeit für die Arbeiter in Aussicht, so daß ihnen pro Kopf z. B. 500,- DM/Monat an Arbeitslosengeld gezahlt werden müßte, dann kommen auch bei Ablehnung des Angebots 6 Mill. DM an Ausgaben auf die öffentliche Hand zu, wenn auch auf verschiedene Institutionen. Denkt man aber an die positiven Multiplikatorwirkungen bei evtl. Lieferverflechtung mit anderen Betrieben, die Steuern, die der Betrieb wieder einbringt und die positiven Einkommenswirkungen bei Wiederbeschäftigung der Arbeiter, so kann das Angebot des Betriebes für die Gemeinde durchaus reizvoll sein. Selbstverständlich kann dieser rein fiskalische Aspekt nicht als einziger Beurteilungsmaßstab dienen, jedoch liefert er wichtige Entscheidungshilfen, wenn aus angeblicher Finanznot Maßnahmen zur Förderung der Umstellung zu unterbleiben drohen, ohne dabei zu bedenken, daß die Belastung der öfftl. Hand sonst noch größer ist.[279]

4.2.2.3 Flexibilität der Mittelbindung

Die Bevorzugung flexibler Instrumente, also Maßnahmen, die schnell und leicht an eine veränderte Situation (oder an einen verbesserten Informationsstand!) angepaßt werden können, ist einmal eine Folge der Unsicherheit über die Höhe und den zeitlichen Eintritt des Erfolges einzelner Maßnahmen. Im Gegensatz zur Konjunkturpolitik kommt der Flexibilität in der Regionalpolitik stärkere Bedeutung für die Kostenseite zu, obwohl es sich dabei nur um zwei Seiten derselben Medaille handelt. Infrastrukturinvestitionen z. B. binden die Mittel oft für ein ganzes Jahrhundert; erst mindestens 50 Jahre nach Fertigstellung ist z. B. der Abriß und Neubau einer Schule notwendig, die dann an einer anderen Stelle ihren Standort erhalten könnte, weil sich z. B. die innerstädtische Bevölkerungsverteilung geändert hat.

Hat man aber einmal 10 Mill. DM für den Schulneubau verausgabt, so sind die Mittel dem weiteren Zugriff entzogen[280]. Selbst wenn sich schon nach Fertigstellung des Rohbaus zeigen sollte, daß es sich um eine Fehlinvestition handelt, müssen nolens volens die restlichen 5 Mill. DM auch noch ausgegeben werden. Die gleiche Summe etwa für lfd. Strompreissubventionierungen angesetzt, ließe sich wesentlich flexibler handhaben, da diese Subventionen (natürlich bei heftigem Widerstand) variiert oder abgeschafft und anderen Verwendungen zugeführt werden könnten. Vor allem bei dem chronischen Geldmangel der Gemeinden ist diese Flexibilität in der zeitlichen Mittelbindung von großer Bedeutung.

4.2.3 Die Nebenwirkungen der Maßnahmen

Bei den abschließend zu untersuchenden Nebenwirkungen handelt es sich einmal um die Besser- bzw. Schlechtererfüllung von Zielen, die nicht unmittelbar von den kurzfristigen Aspekten der hier als relevant angesehenen vier Zielindikatoren erfaßt werden, zum anderen um Kosten, die nicht in Geld meßbar sind. Zunächst werden also die quantifizierbaren Erträge bei den kurzfristigen, ökonomischen Zielen der Problemregion den in Geldeinheiten meßbaren Kosten gegenübergestellt. In einem zweiten Schritt müssen dann alle nicht (oder nur schwer) zu quantifizierenden Auswirkungen der Maßnahmen, besonders die Implikationen für die Ziele anderer Regionen, der Gesamtwirtschaft und für die langfristigen Entwicklungsziele des Problemgebietes, berücksichtigt werden. Vor allem bei den externen Effekten kann das „Exerzitium in Algebra"[281] aber häufig nur durch verbale Ausführungen ergänzt werden. Auf diese Zielkonflikte ist im 1. Kap. bereits eingegangen worden[282]. Nur dem Zeitmoment sind hier noch einige Gedanken zu widmen.

Bei allen Überlegungen zur Stärkung der Wirtschaftskraft der Problemregion darf die *Kurzfristigkeit* nicht zur *Kurzsichtigkeit* führen. Falls der Beschäftigtenrückgang und seine Folgen frühzeitig erkannt worden sind, lassen sich die kurzfristig in die Wege zu leitenden Maßnahmen wesentlich leichter in eine langfristige Entwicklungspolitik einordnen als bei einer „Politik der Feuerwehr". Außerdem bietet sich bei der hier untersuchten Problemsituation die (oft einmalige) Chance der Umorientierung, weil plötzlich sonst relativ starre Strukturen in Bewegung geraten sind. Diese Möglichkeit bietet sich einmal bei der Neuordnung des innerstädtischen Gefüges. Alte Industrieflächen und Wohngebiete verlieren an Bedeutung, neue Betriebe und Wohnsiedlungen können an günstigeren Stellen (z. B. an der Peripherie oder im Stadtkern nach dessen Sanierung) erbaut werden. Zusammen mit einer entsprechenden Verkehrs- und Grünflächenplanung bietet sich hier die Gelegenheit, die innerstädtischen Funktionen neu zu überdenken und zu ordnen. Ähnliches gilt für das Verhältnis von Stadt zu Umland. Je nach Bedarf kann hier eine Entlastung der Stadt von der Industrie oder eine Konzentration des Gewerbes in der Stadt erreicht werden. Schließlich ist noch zu prüfen, ob die Funktion und Stellung der Problemregion aus überregionaler Sicht, z. B. vom Standpunkt der Landesplanung aus, neu definiert werden muß oder ob die Möglichkeit besteht, sie jetzt besser in die bestehenden Planungen einzufügen.

Leider gehen diese langfristigen Aspekte, so wichtig sie auch sein mögen, meist im Trubel der Tagespolitik unter[283]. Die Einordnung kurzfristig notwendig werdender Maßnahmen in ein langfristiges Konzept stellt ein Problem dar, das nicht durch reines Improvisieren und ausschließliche ad-hoc-Maßnahmen bewältigt werden kann. Zumindest muß analog zur Negativplanung versucht werden, daß die unter dem Zwang der Umstände ergriffenen Maßnahmen langfristigen Plänen (soweit sie überhaupt existieren!) nicht zuwiderlaufen.

4.3 Ansätze zur Effizienzanalyse der Maßnahmen

In diesem Abschnitt soll nicht der Versuch unternommen werden, die insgesamt 28 Maßnahmenkombinationen[284] unter den 9 Effizienzkriterien systematisch durchzuprüfen, weil ein solches Vorgehen erst in einem konkreten Fall notwendig und sinnvoll wäre. Nur die wichtigsten Aspekte können hier wieder kurz behandelt werden, wobei das Schwergewicht bei der Aufdeckung von systematischen Unterschieden zwischen den einzelnen Alternativen liegen soll.

4.3.1 Die Vermeidung, Verminderung oder Verzögerung des Beschäftigtenrückgangs

Dieser Maßnahmenkomplex setzt an frühstmöglicher Stelle des Multiplikatorprozesses an und verspricht deshalb prima facie den größten Erfolg. Wie sich aber schnell zeigen wird, darf diese Strategie nicht sofort als „das" Allheilmittel angesehen werden, da sie mit z. T. erheblichen negativen Nebenwirkungen behaftet ist. Die Vermeidung oder Verringerung des Beschäftigtenrückgangs stellt dabei einen quantitativen, die Verzögerung einen zeitlichen Aspekt dar, die jeweils getrennt behandelt werden müssen.

4.3.1.1 Die quantitative Reduktion des Beschäftigtenrückgangs

Um das Ausmaß der Entlassungen vermindern zu können, muß bei deren Ursachen angesetzt werden. Sind die Hauptgründe bei den *branchenspezifischen Faktoren* zu suchen, droht also ein allgemeiner Kapazitätsschnitt in der Branche, so ist die Regionalpolitik für die dann in Frage kommenden Maßnahmen weitgehend nicht zuständig. Strukturelle Verschiebungen innerhalb der Konsumnachfrage aufgrund unterschiedlicher Einkommenselastizitäten und Substitutionsprozesse infolge technischen Fortschritts in der privaten Produktion und das damit verbundene Ausscheiden von Betrieben aus dem Markt lassen sich nur durch eine diskriminierende Steuerpolitik oder durch Erhaltungssubventionen manipulieren. Eine protektionistische Außenhandelspolitik kann außerdem komparative Nachteile der heimischen Industrie auf internationalen Märkten ausgleichen. Als einziges Instrument der Regionalpolitik käme hier eine Zielbeeinflussung in Betracht, die bei der allgemeinen Wirtschaftspolitik die o. g. Maßnahmen durchzusetzen versucht. In der Praxis werden hier zwar auch die Träger der Regionalpolitik tätig, wichtiger sind jedoch die Aktivitäten der betroffenen Interessengruppen wie Industrieverbände, Gewerkschaften, Industrie- und Handelskammern und Innungen, die sich dann (ausnahmsweise) in voller Übereinstimmung für den Schutz der heimischen bzw. lokalen Wirtschaft einsetzen. Gibt die Wirtschaftspolitik des Zentralstaates diesen Pressionen nach, so begibt sie sich entweder der Wohlstandsvorteile durch den internationalen Handel oder läuft Gefahr, durch Konservierung veralteter Strukturen das gesamtwirtschaftliche Wachstum zu vermindern.

Günstiger zu beurteilen sind Maßnahmen, die bei Dominanz der *standortspezifischen Faktoren* zur Diskussion stehen. Hier muß das Schwergewicht auf einer Verbesserung der Infrastruktur liegen. Haben die ansässigen Betriebe absolute oder relative Nachteile im Vergleich zu Betrieben der gleichen Branche in anderen Regionen, so liegt hier eine gute Möglichkeit, die Ursachen des Beschäftigtenrückgangs zu beseitigen; Subventionen würden nur am Symptom herumkurieren. Wegen der langen Anlaufzeiten von Infrastrukturinvestitionen muß die Gefahr des Beschäftigtenrückgangs aber sehr früh erkannt werden; bei einer „Politik der Feuerwehr" kommen diese Maßnahmen wahrscheinlich zu spät zur Wirkung.

Liegt der Engpaßfaktor bei der Qualität der Unternehmerleistung, sind die Hauptursachen also *betriebsspezifischer Natur*, so verbleibt der Regionalpolitik nur das Instrument der Information und Beratung bei Klein- und Mittelbetrieben, evtl. sind noch Kredithilfen zur Erleichterung der Umstellung diskutabel, wenn es sich um finanzielle Durststrecken, nicht aber um Engpässe in der Fähigkeit zur Realisierung der optimalen Faktorkombination handelt. Ansonsten liegen hier keine erfolgversprechenden Ansatzpunkte, weil schlechte Unternehmerleistungen jeden Erfolg ausschließen.

Abschließend kann somit festgestellt werden, daß bei dem Versuch, das Ausmaß des Beschäftigtenrückgangs zu vermindern, eine Einflußnahme auf branchenspezifische Ursachen seitens der Regionalpolitik unmittelbar gar nicht möglich ist, wobei dann außerdem noch unsicher ist, ob einem bestimmten Betrieb geholfen werden kann. Unter ordnungs- und wachstumspolitischen Aspekten ist dieses Vorgehen oft sehr problematisch, es sei denn, wichtige Gründe, wie z. B. die Sicherheit der Energieversorgung o. ä., ließen ein solches Vorgehen ratsam erscheinen. Eine Beeinflussung betriebsspezifischer Faktoren ist nur in seltenen Fällen möglich. Als Hauptansatzpunkt verbleibt eine Verbesserung der Standortqualitäten der Problemregion durch verstärkte Infrastrukturinvestitionen, die relativ gut hinsichtlich Art, Quantität und Qualität auf die speziellen Anforderungen abgestimmt werden können, weil sich die Bedürfnisse der heimischen Betriebe vergleichsweise einfach und schnell feststellen lassen. Der Erfolg ist hierbei aber nur gesichert, wenn das Problem frühzeitig erkannt worden ist. Sonst handelt es sich bei dieser Möglichkeit nur um eine verpaßte Gelegenheit.

4.3.1.2 Die zeitliche Verschiebung der Entlassungen

Bei einer Verzögerung des Beschäftigtenrückgangs wird nicht versucht, den drohenden Kapazitätsschnitt (womöglich um jeden Preis) zu verhindern oder auf ein Minimum zu reduzieren; es wird lediglich ein „geordneter Rückzug" angestrebt. Die rechtzeitige Ankündigung über Art und Ausmaß der Entlassungen und, falls dies nicht geschehen ist, die Verschiebung des Entlassungstermins hat einige nicht zu unterschätzende Vorteile:

1. Die Unsicherheit und Unruhe der Arbeiter bei plötzlichen Entlassungen kann vermieden werden, da alle genügend Zeit haben, sich „seelisch" auf die neue Situation einzustellen.
2. Die Regionalpolitik kann ihre Maßnahmen zur Förderung und Erleichterung der Umstellung intensiver planen und damit gezielter einsetzen; vor allem Maßnahmen mit längeren Anlaufzeiten können stärker als im anderen Falle ergriffen werden.
3. Hohe Ausgaben für sozialpolitische Hilfsprogramme und die bei Einkommensverlusten zu erwartenden Friktionen im Folgeleistungssektor können vermieden werden, wenn die freigesetzten Arbeitskräfte reibungslos in neue Beschäftigungen umgesetzt werden können.

Die hier in Frage kommenden Maßnahmen liegen aber ebenfalls nicht im Zuständigkeitsbereich der Regionalpolitik. Der § 8 AFG bestimmt jedoch, daß Massenentlassungen (über 50 Personen) der Arbeitsverwaltung 12 Monate vorher anzuzeigen sind. Anderenfalls können die Betriebe mit den dann entstehenden Kosten für die Umstellung der Arbeiter belastet werden. Die rigorose (und anfangs demonstrative) Anwendung des § 8 AFG böte somit eine exzellente Möglichkeit, die rechtzeitige Unterrichtung der betroffenen Arbeiter und damit auch der Regionalpolitik zu gewährleisten, ggf. auch ein Druckmittel zur Verschiebung des Entlassungstermins. Eine weitere Alternative, auf die Betriebsleitung in dieser Richtung Einfluß zu nehmen, ergibt sich bei der Vergabe von Stillegungsprämien. Auch sie könnten an die Bedingung geknüpft werden, daß eine rechtzeitige Ankündigung der Stillegung stattfindet. Der Erfolg dieser Instrumente besteht also „nur" in einem Zeitgewinn. Wie sich aber später zeigen wird, stellen sie eine ideale und oft sogar notwendige Ergänzung zu den Maßnahmen der Umstellung dar.

4.3.2 Die Steigerung des regionalen Arbeitsplatzangebotes

Falls der Beschäftigtenrückgang nicht zu vermeiden oder (vor allem aus gesamtwirtschaftlichen Zielsetzungen heraus) sogar wünschenswert ist, muß die Aufgabe darin bestehen, neue Arbeitsplätze und damit gleichzeitig eine neue Wirtschaftsstruktur in der Region zu schaffen. Eine moderne Strukturpolitik versucht also nicht bestimmte Arbeitsplätze, sondern nur die Arbeitseinkommen zu sichern[285]. Bei der hier unterstellten Strategie der aktiven Sanierung muß dazu das heimische Arbeitsplatzangebot gesteigert werden, während die Arbeitsplatznachfrage sich auf die ihr angebotenen Beschäftigungsmöglichkeiten umzustellen hat. Das Problem der regionalen Wirtschaftsförderung besteht aus drei Komplexen, der Frage nach der Konzentration der Förderung auf heimische und/oder auswärtige Betriebe, der Auswahl der zu fördernden Industriezweige und der Bestimmung der einzelnen Maßnahmen zur Wirtschaftsförderung[286]. Diese regionalen, sektoralen und instrumentalen Aspekte sollen jeweils getrennt behandelt werden.

4.3.2.1 Förderung ansässiger – Ansiedlung neuer Betriebe

Bei der regionalen Differenzierung der Zielgruppen von Maßnahmen zur Industrieförderung bieten sich zwei Alternativen an, die nicht immer streng voneinander zu trennen sind. Zunächst kann versucht werden, das Wachstum der bereits ansässigen Betriebe zu forcieren, zum anderen können Unternehmen außerhalb der Problemregion zur Verlagerung oder Neugründung von Betrieben oder Betriebsteilen bewogen werden. Da spektakuläre Neuansiedlungen kapitalkräftiger Großbetriebe des „Regionalpolitikers liebstes Kind" sind, wird darüber die andere Alternative oft vernachlässigt, obwohl sich bei näherer Betrachtung für beide Formen spezifische Vor- und Nachteile herauskristallisieren.

Der maximal mögliche Erfolg wird bei Konzentration der Bemühungen auf heimische Unternehmen wahrscheinlich vergleichsweise geringer sein. Vor allem in monoindustriellen Gebieten werden oft überhaupt keine oder nur ungenügend qualifizierte Betriebe vorhanden sein. Sind aber nur z. B. 40 – 60 % der Industriebeschäftigten in einer Branche tätig, so können sich doch schon genügend Ansatzpunkte ergeben. Die erste Gruppe, auf die dann das Augenmerk zu richten wäre, enthält Betriebe, die durch restriktive Praktiken des „Lokalmatadors" (vor allem auf dem Arbeits- und Grundstücksmarkt) in ihrer Expansion bisher behindert wurden und die jetzt „freie Fahrt" erhalten könnten. Bei der anderen handelt es sich um Zweigwerke oder Filialen von Großbetrieben und überregionalen Konzernen, die ständig Betriebserweiterungen vornehmen, ohne daß die Abschreibungsgegenwerte jeweils am Orte ihrer Entstehung reinvestiert würden. Auch für sie ergäben sich bei der gegebenen Arbeitsmarktlage interessante Perspektiven.

Sicherlich sind der Expansion in beiden Fällen relativ enge Grenzen gesetzt. Es dürfen jedoch zwei Vorteile nicht übersehen werden. Das Informationsproblem ist wesentlich einfacher zu lösen, weil der Kreis der in Frage kommenden Betriebe bekannt ist und somit die „Empfänger" der Informationsströme feststehen. Zum anderen lassen sich vor allem Infrastrukturinvestitionen leichter auf die Bedürfnisse dieser Betriebe abstimmen, weil sie ihre Wünsche äußern und spezifizieren können. Wenn man dann z. B. einen Gleisanschluß legt, so weiß man, für wen und wozu man es tut. Muß der entsprechende Unternehmer erst noch gefunden werden, so ist es entweder ein „Schuß ins Blaue", oder die Maßnahme kann erst später ergriffen werden. Falls die Erweiterung eines bereits bestehenden Betriebes ins Auge gefaßt wird, dürfte die absolute Höhe des Erfolges bezüglich Einkommen oder Beschäftigung wahrscheinlich nicht überwältigend groß, dafür aber relativ sicher sein und schneller eintreten.

Bei der Ansiedlung neuer Betriebe ist der maximal mögliche Erfolg dagegen theoretisch nur durch das Arbeitskräftereservoir, das Grundstücksangebot und evtl. noch durch die Maximalkapazitäten der Infrastruktur beschränkt. Trotzdem dürfen hier andere Restriktionen nicht übersehen werden. Die wenigen Angaben, die über verlagerte und neu errichtete Betriebe in der BRD vorliegen, lassen nur vorsichtige Tendenzaussagen zu. Die folgenden Angaben beziehen sich auf die Zahl der verlagerten und neu errichteten Betriebe und ihre Anfangsbeschäftigung, über ihre Persistenz oder ihr weiteres Wachstum hinsichtlich Beschäftigten, Umsatz oder gar Wertschöpfung ist nichts bekannt[287].

In der Zeit von 1961 bis 1966 betrug der Anteil der Beschäftigten in verlagerten oder neu errichteten Betrieben in der BRD an den Industriebeschäftigten insgesamt knapp 0,5 %. Im Durchschnitt der Jahre 1961/66 kam in der BRD auf einen Kreis 1 Betrieb mit durchschnittlich 70 Beschäftigten. Etwas besser schnitt NRW ab, wo pro Kreis ca. 1,5 Betriebe mit 120 Beschäftigten pro Betrieb angesiedelt wurden. Diese Durchschnittswerte besagen aber nur wenig, weil sich die Zuwächse auf wenige Kreise konzentrieren könnten. Deshalb wurde ein Maximum ermittelt, welches bestimmte Kreise bisher erreichen konnten. In NRW brachten es die ersten 10 Kreise (knapp 10 % der Kreise insgesamt) auf ca. 5 Betriebe pro Jahr, also ein „Übersoll" von ca. 233 %. Aber auch dieser Wert kann noch durch unterschiedliche Beschäftigtenzahlen verzerrt sein. Auf Kreisebene liegen leider nur Angaben über die Beschäftigtengrößenklassen vor. Geht man von den Großbetrieben mit über 100 Beschäftigten aus, so zeigt sich, daß in NRW von 1961 bis 1968 auf jeden Kreis im Durchschnitt 1,5 Großbetriebe entfielen. Die „besten" 10 Kreise (zu denen nur drei auch zur ersten Spitzengruppe gehören) siedelten jeweils 5 Großbetriebe, also wiederum ca. 233 % mehr als der Durchschnitt an. In beiden Fällen kommt man bei einem Zeitraum von drei Jahren auf einen Beschäftigtenzuwachs in der Größenordnung von 1.500 bis 2.000 Beschäftigten, der die Mehrzahl der in Frage kommenden fundamentalen regionalen Arbeitsmarktungleichgewichte beseitigen könnte.

Diese „Grobpeilung" hat selbstverständlich zahlreiche problematische Aspekte. Es sollte auch nur gezeigt werden, daß ein Erfolg in der häufig gewünschten Größenordnung zwar noch im Bereich des Realistischen liegt, aber nur von echten „Spitzenreitern" erreicht werden kann, die nicht nur über große Standortvorteile, sondern auch über ein gutes Management und entsprechende finanzielle Mittel verfügen. Deshalb dürfte es einem Newcomer schwerfallen, sich hier durchzusetzen, da die „Konkurrenz" sicherlich nicht tatenlos zusehen wird. Die Ansiedlung von neuen Betrieben mit insgesamt 1.500 und mehr Beschäftigten ist also, soweit sich Erfahrungen der Vergangenheit auf die Zukunft übertragen lassen, nicht unmöglich, aber sehr unwahrscheinlich. Dies muß bedacht werden, wenn alle Bemühungen nur auf die Ansiedlung neuer Unternehmen konzentriert werden sollen.

4.3.2.2 Die Auswahl der zu fördernden Industriezweige

Das Problem der Selektion von „optimalen" Industrien oder Betrieben wird zwar auch bei der Förderung heimischer Unternehmen, stärker jedoch bei der Ansiedlung neuer Betriebe relevant. Da letztere oft nur durch Mittel der Werbung ansprechbar sind, muß der Informationsstrom möglichst gebündelt auf eine kleinere Zielgruppe angesetzt werden, um das ineffiziente „Gießkannenprinzip" zu vermeiden. Insgesamt sechs Methoden zur Auswahl geeigneter Industriezweige für eine Problemregion sind bisher entwickelt worden[288]:

1. die Angebots-Nachfrage-Konzeption,
2. Aussagen von Experten, die den Standort begutachtet haben,
3. die Ansiedlung von Industrien, die am Standort bereits florieren,
4. die komparative Kostenanalyse,
5. die sog. „Perloff-Access"-Methode,
6. die Auswahl aufgrund von branchenspezifischen Attraktivitätsindizes.

Auf die Methoden im einzelnen soll hier nicht näher eingegangen werden. Sie gehen entweder von den Standortanforderungen der einzelnen Industriezweige aus und prüfen, für welche von ihnen die Region schon relativ günstige Voraussetzungen besitzt bzw. welche noch relativ schnell geschaffen werden können (1. – 3.). Der andere Weg geht von einem Input-Output-System aus und ermittelt diejenigen Industrien, die zu den bereits vorhandenen am besten „passen" würden (5. – 6.), oder es wird eine Kombination beider Ansätze verwandt (4.). Da in den wenigsten Fällen eine interregionale Input-Output-Tabelle vorliegen wird, empfiehlt sich die Angebots-Nachfrage-Konzeption, für deren praktische Anwendung bereits grundlegende empirische Arbeiten durchgeführt worden sind[289]. Anschließend können evtl. vorhandene Informationen über interindustrielle Verflechtungen noch zu Ergänzungen verwandt werden, um auch die sog. Agglomerations- und Fühlungsvorteile ausschöpfen zu können. Dieses Vorgehen mündet in der Bestimmung von Industrien, die

— das vorhandene Arbeitskräftepotential ausschöpfen und damit das Ungleichgewicht auf dem Arbeitsmarkt verringern,
— die vorhandene Infrastruktur nutzen, ohne daß allzu kostspielige Erweiterungen notwendig würden,
— durch möglichst starke foreward- und backward-linkages die Entwicklung anderer Industrien in der Problemregion fördern.

Liegen diese Voraussetzungen vor, so ist sichergestellt, daß die Betriebe keine standortspezifischen Nachteile hinnehmen müssen und evtl. von Vorteilen profitieren können. Wie aber bereits bei der Determinantenanalyse von Beschäftigungsschwankungen in Industriebetrieben ausgeführt, müssen auch die branchen- und betriebsspezifischen Faktoren berücksichtigt werden. Die Betriebe müßten also außerdem:

— zu einer „Wachstumsindustrie" gehören, und zwar bezüglich ihrer Wertschöpfung, nicht unbedingt auch hinsichtlich der Beschäftigten,
— „gesund" sein, d. h., es muß eine befriedigende Unternehmerqualität sowie eine solide Kapitalbasis vorliegen.

Sind diese Anforderungen erfüllt, so wird das regionale Wachstumspotential voll ausgenutzt und ein optimaler Industriekomplex aufgebaut. Die theoretischen Maximalforderungen werden aber für die Praxis kaum relevant, weil sie nur selten die „Qual der Wahl" hat. Sie wird nicht zu einem bestimmten Zeitpunkt zwischen mehreren Alternativen wählen können, sondern wird im Zeitablauf jeweils entscheiden müssen, ob ein einzelner ansiedlungs- bzw. erweiterungswilliger Betrieb gefördert werden soll oder nicht. In einer solchen Situation ist ein *Negativkatalog* wesentlich praktikabler, der nur bestimmt, wann eine Gemeinde „der Versuchung widerstehen sollte". Solche Mindestanforderungen könnten sein:

1. Das Ungleichgewicht auf dem Arbeitsmarkt darf nicht vergrößert werden, indem ausschließlich jüngere und/oder qualifizierte Kräfte „abgesahnt" werden oder andere Betriebe in ihrer Entwicklung behindert werden (Beschäftigtenziel)[290].
2. Das Lohnniveau darf nicht wesentlich unter dem der alten Industrie liegen (Einkommensziel).
3. Der Betrieb darf die Finanzlage nicht durch Forderungen nach ausschließlich für ihn bestimmte Infrastruktur und andere Hilfen stärker belasten als er sie langfristig entlastet (Steuerziel).
4. Die Ansiedlung darf nicht zu einer neuen „Kopflastigkeit" oder neuen Monostruktur der Region führen (Wirtschaftsstrukturziel).
5. Die Gesamtbeurteilung der branchen-, standort- und betriebsspezifischen Faktoren muß zu einem positiven Ergebnis führen. Die Zugehörigkeit des Betriebes zu einer „Wachstumsindustrie" oder einem Großkonzern ist weder eine notwendige noch hinreichende Bedingung für seine Förderungswürdigkeit.
6. Schließlich können noch Restriktionen aufgrund anderer Zielsetzungen eingeführt werden, die z. B. die Luftverschmutzung oder Lärmbelästigung betreffen.

Bei diesem Vorgehen wird also versucht, eine Verschlechterung der gegenwärtigen Lage zu vermeiden, die Chancen für eine Verbesserung aber wahrzunehmen.

4.3.2.3 Die Attraktivitätssteigerung als Hauptinstrument regionaler Wirtschaftsförderung

Unter Attraktivität ist die Anziehungskraft zu verstehen, die eine Region aufgrund ihrer Standortvorteile auf Unternehmen ausübt. Es handelt sich dabei um einen sehr heterogenen Komplex quantifizierbarer und (noch) nicht quantifizierbarer Faktoren, der mindestens acht Untergruppen enthält („natürliche" Standortfaktoren, Arbeitskräftereservoir, Grundstücke und Gebäude, Ver- und Entsorgungseinrichtungen, Kontakte zu Abnehmern, Lieferanten und zentralörtlichen Einrichtungen, „psychische" Faktoren, finanzielle Vergünstigungen[291]. Die Quantifizierung dieser Standortqualitäten stellt ein schwieriges Problem dar, dessen Lösung erst in den Anfängen steckt, weil die Bedeutung der einzelnen Faktoren und ihre evtl. Substitutionsmöglichkeiten für die einzelnen Industriezweige empirisch noch nicht genügend erforscht sind. Die bisherigen Ergebnisse lassen zwar eine Auswahl geeigneter Industrien im Rahmen der Angebots-Nachfrage-Konzeption zu, sie geben aber noch keine Antwort auf die Frage, ob und in welchem Maße sich die Attraktivität einer Region für einen bestimmten Industriezweig oder gar Betrieb erhöht, wenn Maßnahme A oder B ergriffen wird.

Während diesbezügliche Untersuchungen in den USA und in Großbritannien bereits auf breiter Basis durchgeführt worden sind, liegen für die BRD nur erste Hinweise vor, und zwar über die Hauptgründe bei der Standortwahl von verlagerten und neuerrichteten Betrieben, die zu einer bestimmten Standortentscheidung führten.

Tabelle 13: *Die Motive der Standortwahl verlagerter und neuerrichteter Betriebe in der BRD 1964/65, 1955/65 und 1966/67*

Hauptgrund	Nennungen in v. H. für den Zeitraum		
	1964/65[292]	1955/65[293]	1966/67[294]
Arbeitsmarktsituation	43,1	43,4	31,6
Raum und Gelände	38,1	28,6	46,9
Absatz und Transport	10,3	6,1	12,3
Öffentliche Förderung	3,8	4,3	5,1
Rohstoffe, Versorgung	1,4	3,8	1,8
Sonstige Gründe	3,3	13,8	2,3
Insgesamt	100,0	100,0	100,0

So unterschiedlich die Ergebnisse im einzelnen auch sein mögen, es kristallisiert sich doch eine Rangfolge der Hauptfaktoren heraus, die nicht identisch mit derjenigen bei den „klassischen" Bestimmungsfaktoren der Standortwahl sind; Arbeitskräfte- und Bodenangebot dominieren eindeutig, während die übrigen Gründe nur ca. 20 – 30 % der Nennungen ausmachen[295]. Die Untersuchungen der Prognos AG lassen außerdem zumindest die Tendenzaussage zu, daß einmal infolge der Zunahme der "footloose industries" die „machbaren" die „natürlichen" Standortfaktoren an Gewicht übertreffen und daß Faktoren, die den Wohn- und Freizeitwert einer Region ausmachen, in Zukunft immer stärker an Bedeutung gewinnen werden[296]. Der Faktor „Industrieklima" tritt außerdem in der neueren Diskussion immer stärker hervor. Gemeint ist damit die allgemeine Aufgeschlossenheit aller Bevölkerungsteile gegenüber Neuerungen und eine flexible Einstellung vor allem der Kommunalverwaltungen[297], die sich weniger als reine Verwaltung denn als Management verstehen und den Betrieben den „Papierkrieg" abnehmen müssen, anstatt sie damit „anzugreifen".

Die Bedeutung der finanziellen Vergünstigungen dürfte dagegen in allen empirischen Untersuchungen, die auf Unternehmerbefragungen basieren, systematisch unterschätzt werden, weil kaum ein Unternehmer offen zugeben wird, daß es nicht „reale" Gründe, sondern die finanziellen Vorteile waren, die bei seiner Standortentscheidung den Ausschlag gaben[298]. Solange die Gewichte der einzelnen Standortfaktoren sektoral und regional in der BRD nicht hinreichend differenziert worden sind, ist die „empirische Flanke" dieses Problemkreises noch offen.

Für die hier interessierenden industriellen Problemgebiete lassen sich dennoch einige typische Vor- und Nachteile festlegen[299]. Eindeutige Vorteile stellen die freigesetzten Arbeitskräfte dar, deren Qualifikation sich durch Weiterbildung oder Umschulung noch verbessern ließe. Die Ausstattung mit sozio-kultureller Infrastruktur dürfte in aller Regel mittleren, die mit technischer Infrastruktur (vor allem auf dem Verkehrssektor) auch höheren Ansprüchen genügen. Im argen liegt es (vor allem in den „alten Industriegebieten") dagegen mit dem Wohn- und Freizeitwert (Gemengelage von Arbeitsstätten und Wohnungen, zu wenig Grünflächen), dem Industrieklima (konservative Grundeinstellung der Bevölkerung, die noch zuviel von „vergangenen Zeiten" träumt) und mit einem ausreichenden Angebot an Industriegrundstücken (Monopol der Hauptindustrie). Aber auch hier lassen sich nur schwer Verallgemeinerungen treffen, weil besonders nach der Ruhrkrise selbst bei dem letzten der drei Punkte vieles in Bewegung geraten ist.

Die Instrumentengruppen im einzelnen

Aus der Determinantenanalyse der Kapitalmobilität[300] ging hervor, daß von den Hauptfaktoren (Erträge, Kosten, Information, individuelle Faktoren) nur eine Verringerung oder Übernahme der Kosten wenig Aussicht auf Erfolg hat, weil Realverlagerungen ökonomisch nur selten sinnvoll sind. Der Zielbeeinflussung wird wahrscheinlich wenig Bedeutung zukommen. Zwar könnte versucht werden, das Wertsystem der Unternehmen dergestalt zu beeinflussen, daß z. B. die gebotenen Standortvorteile höher und evtl. vorhandene Nachteile niedriger bewertet werden. Unterstellt man den Betrieben aber ein gewisses Maß an ökonomischer Rationalität, so dürfte eine Veränderung der Standortpräferenzen erst dann eintreten, wenn es sich auch „auszahlt". Die Instrumente Informationsverbesserung und Infrastrukturinvestitionen endlich stellen keine echten Alternativen dar, weil ohne Infrastruktur oder Information eine private Produktion bzw. deren räumliche Lenkung überhaupt nicht möglich ist. Bei diesen Instrumenten geht es also nicht um ein „entweder-oder", sondern stets um ein „mehr-oder-weniger". Ähnliches gilt für einen Teilbereich der Subventionen, und zwar dann, wenn bestimmte Vergünstigungen, z. B. verbilligte Grundstücke, in allen Regionen einer Volkswirtschaft angeboten werden, so daß die Problemregion hier „nachziehen" muß, um überhaupt „konkurrenzfähig" zu bleiben.

Eine *Verbesserung der Information* ist relativ billig, schnell durchzusetzen und in seiner Anwendung und Mittelbindung sehr flexibel. Die bisher größten Erfolge auf diesem Gebiet haben die „full-service-Gesellschaften" aufzuweisen, die außerhalb der Kommunalverwaltung stehen und die „artverwandten" Mittel der *Zielbeeinflussung* (durch Werbung und Beratung) organisatorisch integriert haben[301]. Sie können leichter und schneller operieren als ein Amt für Wirtschaftsförderung, das sich mit dem Presseamt der Kommune verbinden müßte, um Gleichwertiges leisten zu können. Diese Konzentration der Zuständigkeiten in einer Hand erleichtert zwar erheblich die Kontaktanbahnung und die späteren Verhandlungen mit Betrieben, sie ist jedoch nur eine notwendige, nicht aber auch hinreichende Bedingung für eine erfolgreiche Industrieansiedlungspolitik, wie oben bereits ausgeführt wurde. Die hierfür gemachten Aufwendungen können deshalb nicht unmittelbar mit den erzielten Erfolgen in Beziehung gesetzt werden, da eine Effizienz numerisch nicht bestimmbar ist. Wenn die Empfänger der verbesserten Information nicht limitiert werden, können auch nur positive Nebenwirkungen anfallen, weil keine anderen oder langfristigen Ziele der Problemregion bzw. anderer Regionen direkt berührt werden. Positive Nebenwirkungen sind dagegen vor allem bei kleinen und mittleren Betrieben zu erwarten, die aus eigener Kraft nicht ein derartiges Informationsniveau realisieren könnten und jetzt in die Lage versetzt werden, ,,bessere" Entscheidungen zu fällen.[302]

Infrastrukturinvestitionen stellen auf kurze Sicht das teuerste Instrument der Regionalpolitik zur Industrieansiedlung dar, weil sie überwiegend mit hohen Anfangsausgaben verbunden sind. Außerdem sind lange Anlaufzeiten für Planung, Geländebeschaffung und Durchführung in Kauf zu nehmen; aufgrund der langen Lebensdauer sind die verausgabten Mittel langfristig gebunden. Im Vergleich zu den Subventionen haben sie jedoch zwei spezifische Vorteile. Sie induzieren nicht nur komplementäre private Investitionen, sondern schaffen auch vorübergehende Beschäftigungseffekte und damit evtl. indirekte Einsparungen, wenn z. B. Arbeitslose zum Bau von Straßen, Schulen etc. herangezogen werden. Die Verausgabung der hierbei geschaffenen Einkommen kann über die Multiplikatorwirkungen Beschäftigung und Einkommen in der Region weiter erhöhen. Zum anderen profitieren bis auf Teilbereiche wie Versorgungsanlagen, Grundstücke und Gebäude alle Unternehmen und z. T. auch private Haushalte von einer verbesserten Infrastruktur; es sind also zahlreiche positive externe Effekte auf den Produktions- und Konsumbereich zu erwarten[303].

Es handelt sich dabei um ein echtes Mittel der Ursachentherapie, weil die Attraktivität und das Entwicklungspotential der Region steigt, wenn man auch (noch) nicht angeben kann, um wieviel. Falls die Investitionen mit den benachbarten Regionen und den Planungen der Gesamtwirtschaft, wenn auch nicht ,,optimal", so doch hinreichend abgestimmt werden, ergeben sich nur dann Konflikte mit den Zielen anderer Regionen, wenn diesen dadurch Mittel für eigene Infrastrukturinvestitionen entzogen werden. Die Präferenz für eine aktive Sanierung bedingt hier aber eine Rangordnung der Prioritäten zugunsten der Problemregion.

Eine Zuordnung bestimmter Infrastrukturausgaben zu später erzielten Erfolgen ist jedoch ebenfalls problematisch, da ein regionales Wirtschaftswachstum ohne eine Mindestausstattung an Infrastruktur gar nicht möglich ist. Es handelt sich außerdem oft um Investitionen, bei denen noch nicht feststeht, ob sie überhaupt und in welchem Maße sie später einmal ausgelastet werden. Dies gilt besonders für Industriegrundstücke und Gebäude, die zudem den Nachteil besitzen, daß sie nicht auch von anderen Betrieben mitbenutzt werden können, wie es z. B. bei Straßen der Fall ist. Diese typischen Eigenschaften lassen daher Infrastrukturinvestitionen für eine Politik wenig geeignet erscheinen, die auch kurzfristig Erfolge erzielen will, um die Abwanderung zu verhindern. Es ist deshalb zu prüfen, ob es zu diesen Maßnahmen der Ursachentherapie noch echte Alternativen gibt.

Subventionen scheinen in diesem Zusammenhang zunächst wesentlich besser abzuschneiden, weil sie nur dann vergeben werden, wenn sich ein Betrieb tatsächlich ansiedelt oder seine Produktion erweitert. Der finanzielle Aufwand zu Beginn vermindert sich außerdem um Rückflüsse, z. B. bei der Verpachtung von Gebäuden und der Gewährung von Krediten. Subventionen können bei allen Kostenarten eines Betriebes ansetzen, sei es bei den Finanzierungskosten (Zinssubventionen), Anlageinvestitionen (verbilligte Grundstücke und Gebäude) oder bei den Arbeitskosten (Lohnbeihilfen). Der Vorteil der großen Anpassungsfähigkeit an die speziellen Bedürfnisse eines Betriebes und die gleichzeitige Erfolgsbezogenheit und -sicherheit sind nicht zu verkennen und zu unterschätzen.

Dabei darf jedoch nicht in den Fehler verfallen werden, bei einer Effizienzanalyse nur die direkten finanziellen Zuwendungen in Verbindung z. B. mit dem Beschäftigtenzuwachs zu bringen, was auf den ersten Blick zu spektakulären Ergebnissen führt, vor allem dann, wenn auch die indirekten Einsparungen noch berücksichtigt werden[304]. Ohne ausreichende bzw. verstärkte Informationen und Infrastrukturinvestitionen ist eine Wirtschaftsförderung überhaupt nicht bzw. nur in einem vorgegebenen Rahmen möglich. Auf kurze Sicht ist eine Subventionspolitik deshalb billiger als eine verstärkte Infrastrukturpolitik, sie wird aber langfristig zu einer teuren Alternative, wenn es nicht gelingt, komparative Nachteile bei den anderen Standortfaktoren (soweit diese überhaupt gegeneinander substituierbar sind) abzubauen und dort evtl. Vorteile zu schaffen.

Richtig konzipiert haben bei kurzfristiger Betrachtung Subventionen zwar vor allem auf der Kostenseite erhebliche Vorteile aufzuweisen. Hinsichtlich der Nebenwirkungen sind die Folgen jedoch oft mehr als bedenklich. Selbst bei einem Kumulationsverbot, das in jedem Falle gelten müßte, droht die Gefahr, daß zusätzliche Subventionen, die Anreize zur Ansiedlung in bestimmten Regionen bringen sollen, bereits im Planungsstadium zu breit gestreut werden, oder daß die übrigen Regionen versuchen, ebenfalls in den Genuß der Vergünstigungen zu gelangen, so daß das höhere Subventionsniveau schnell als „normal" angesehen wird. Die Konkurrenz zwischen den Gemeinden droht außerdem dafür zu sorgen, daß dies auch bei solchen Hilfen der Fall ist, die nicht vom Land oder Bund gewährt werden. Selbst wenn dieses bekannte „Gießkannenprinzip" vermieden werden kann, ist der Subventionsabbau nur schwer durchzusetzen, da z. B. nach drei Jahren „die Lage noch nie so ernst wie jetzt" sein wird und eine „einmalige" Verlängerung schnell in eine Dauerregelung übergeht. Hier liegen vor allem unter langfristigen (ökonomischen) Gesichtspunkten die schwerwiegendsten Nebenwirkungen von Subventionen, weil nicht durch eine Vergrößerung des regionalen Entwicklungspotentials die Voraussetzungen für ein sich selbst tragendes Wachstum geschaffen werden, sondern die Problemregionen als ständige Kostgänger der Steuerkasse nur am Symptom herumkurieren.

Unter rein wachstumspolitischen Aspekten ist eine Subventionierung deshalb nur sinnvoll, wenn sie zeitlich begrenzt ist, Agglomerations- oder Fühlungsvorteile, die neue Betriebe nachfolgenden schaffen, vergütet, für die Anlaufphase der geplanten Infrastrukturinvestitionen Mängel in der Grundausstattung kompensiert oder aber Betrieben, die zwar ein gutes Management, jedoch eine schwache Kapitaldecke besitzen, die Anlaufschwierigkeiten erleichtert[305]. Aus anderen politischen Erwägungen heraus sind aber auch Entscheidungen rational, die zu hohen Dauersubventionen führen, wenn man z. B. unter allen Umständen eine Radikalisierung im Ruhrgebiet verhindern oder die Entwicklung der Zonenrandgebiete oder von Berlin nicht unter ein bestimmtes Niveau absinken lassen will.

Insgesamt gesehen wären deshalb Informationsverbesserung und Infrastrukturinvestitionen die „idealen" Instrumente zur regionalen Wirtschaftsförderung, vor allem auf lange Sicht, Subventionen dagegen nur für einen kurzen (Übergangs)Zeitraum und in begrenzter Höhe sinnvoll. Die spezielle Problemstellung, nämlich die Verhinderung einer passiven Sanierung, verlangt aber auch nach Maßnahmen, die schon kurzfristig Erfolg bringen können, das Budget nicht überstrapazieren und stark erfolgsbezogen sind. Hier haben Subventionen nicht zu verkennende komparative Vorteile. Dominieren außerökonomische Zielsetzungen, so können Subventionen sogar das einzige Mittel darstellen, unerwünschte Entwicklungen zu verhindern. Die Gefahr einer „Krisen-Subventions-Spirale" darf dabei jedoch nicht übersehen werden. Die einzelne Problemlösung mag vielleicht relativ billig sein, die übrigen in der Gesamtwirtschaft werden dagegen um so teurer. Subventionen stellen somit nur kurzfristig eine echte Alternative zu Informationsverbesserung und Infrastrukturinvestitionen dar, langfristig dagegen nicht.

4.3.3 Die Erhöhung der sektoralen Arbeitsmobilität

Bei einer Strategie der aktiven Sanierung fällt dem Produktionsfaktor Arbeit die Aufgabe zu, sich auf die Anforderungen der neu geschaffenen Arbeitsplätze umzustellen. Ein räumliches Moment kommt erst dann zur Geltung, wenn die Standorte der neuen Arbeitsplätze innerhalb der betroffenen Stadt oder der Problemregion nicht identisch mit den bisherigen sind. Dann werden zusätzlich noch die Probleme des innerstädtischen und Nahverkehrs relevant. Aus der Determinantenanalyse der Arbeitsmobilität ging hervor, daß neben Informationsverbesserung und Zielbeeinflussung — im Gegensatz zur Kapitalmobilität — die Mobilitätskosten Hauptansatzpunkt regionalpolitischer Maßnahmen sein müssen, weil die sektoralen Opportunitätsdifferenzen weitgehend Aktionsparameter der Betriebe sind[306].

Um wenigstens eine grobe Vorstellung von der Richtung der Umstellungs- und Umschulungsbemühungen zu erhalten, ist an die Überlegungen zur Auswahl förderungswürdiger Industriezweige anzuknüpfen[307]. Auch aus den arbeitsmarktpolitischen Gesichtspunkten heraus, die bei der Ansiedlung entscheidenden Einfluß haben können, ist es nicht sinnvoll, alle nur denkbaren Industrien zu fördern, sondern nur solche, deren Arbeitskraftnachfrage hinsichtlich Alters-, Geschlechts- und Berufsstruktur dem vorhandenen Angebot möglichst nahe kommt. Mit der Festlegung der zukünftigen Industriestruktur sind dann die „Weichen" für die Maßnahmen zur Steigerung der sektoralen Arbeitsmobilität gestellt.

Die *Information* ist hier wiederum eine notwendige Bedingung für die Lösung des Umstellungsproblems. Von den wichtigsten „Kanälen": Arbeitsamt, Presse, Freunde und Verwandte, Werber einzelner Betriebe und dem „Klinkenputzen" des Betroffenen selbst ist in der BRD die Arbeitsverwaltung für breite Schichten der Arbeiter immer noch der wichtigste, vor allem dann, wenn vorübergehend eine Arbeitslosigkeit eintritt[308]. Es geht deshalb weniger um eine Vermehrung als um eine Intensivierung der Informationen, insbesondere bei den „non-wage-informations". Damit verbunden werden muß eine Aufklärung des Arbeitssuchenden über seine bereits vorhandenen und evtl. noch verdeckten Fähigkeiten, also eine Beratungstätigkeit. Die modernen Testverfahren bieten genügende Sicherheit dafür, daß nicht Klischee- oder Wunschvorstellungen bei der Berufswahl allein den Ausschlag geben. Um diese Aufgaben erfüllen zu können, müßte die Arbeitsverwaltung aber personell elastischer gestaltet werden. „Arbeitslose Arbeitsämter" in prosperierenden Regionen und lange Warteschlangen in Problemregionen, wie sie eine Planstellenfestlegung zur Folge hat, die sich an Erfahrungswerten der Vergangenheit orientiert, schaffen denkbar ungünstige Ausgangsbedingungen.

Der *Zielbeeinflussung* kommt hier größeres Gewicht zu als bei der Steigerung der Kapitalmobilität. Es handelt sich dabei um eine Art soziale Indoktrination, die eine dynamischere Erwerbsgesinnung der Arbeiter zum Ziel hat, an der es vor allem in „alten Industriegebieten" häufig noch mangelt. Die Bemühungen des Staates zur Erleichterung der Umstellung können nur dann ihren vollen Erfolg haben, wenn die Arbeiter nicht nur die (für den einzelnen oft bittere) Notwendigkeit der Umstellung einsehen, sondern sie auch aktiv unterstützen. Das Streben nach einem modernen Ausbildungs- und Leistungsniveau sowie das Gefühl, nicht zum „alten Eisen" zu gehören, vermindert nicht nur persönliche Unzufriedenheit und die augenblicklichen Spannungen, sondern erleichtert auch zukünftige Anpassungsprozesse. Diese Möglichkeiten zur Veränderung starrer Verhaltensmuster und überkommener Berufsvorstellungen können sicherlich nur langfristig und (durch die Massenmedien) überregional betrieben werden. Daß sie enorme Erfolge erzielen können, wenn auch andere (finanzielle) Hindernisse abgebaut werden, zeigt die sog. Bildungswerbung, die ein Umdenken in der Ausbildungsplanung der Schulkinder erreichte. Ähnliche Bemühungen könnten auch bei den „älteren Semestern" Erfolg haben[309].

Den *Infrastrukturinvestitionen* kommt in diesem Zusammenhang nicht die zentrale Bedeutung zu wie bei den Instrumenten zur Steigerung der Kapitalmobilität. Notwendig sind hier Fortbildungseinrichtungen und Umschulungszentren, die weniger bauliche als personelle Schwierigkeiten bereiten. Soweit sie nicht in das örtliche Berufsschulsystem zu integrieren sind, müssen sie überregional betrieben werden, weil die Einrichtungen sonst langfristig nicht voll ausgelastet sind. Falls Umschichtungen in der Arbeitsstätten- und Wohnortstruktur erfolgen, sind außerdem noch Probleme im Straßenbau und auf dem Verkehrssektor lösen.

Die *Subventionen* haben im Rahmen der Arbeitsmarktpolitik nicht so zahlreiche problematische Aspekte, wie es bei der Steigerung des regionalen Arbeitsplatzangebots der Fall ist, weil es hier um die im Grundgesetz verankerte Chancengleichheit aller Bürger geht. Sind die Kosten für einen Mobilitätsakt für den Betroffenen unerschwinglich, so muß er unterbleiben, da er kaum auf privatwirtschaftlicher Basis durch Kredite finanziert werden kann. Das neue AFG bestimmt deshalb, daß alle anfallenden Kosten der Weiterbildung, Umschulung, Vorstellung etc. von der Arbeitsverwaltung übernommen werden, und zwar auch dann, wenn der Betroffene noch einer Beschäftigung nachgeht. Diesen Investitionen in geistiges Kapital stehen weder ökonomische Bedenken noch rechtliche Schwierigkeiten entgegen, und sie können auch nicht zum Streitobjekt zwischen den Kommunen werden. Zu prüfen wäre lediglich, ob nicht auch der 3. Bildungsweg über Fernlehrgänge in Zukunft als förderungswürdig anerkannt werden sollte.

Das Schwergewicht des Instrumentariums zur Steigerung der sektoralen Arbeitsmobilität liegt somit bei der Informationsverbesserung und den Subventionen, langfristig ist auch eine Politik der Zielbeeinflussung erfolgversprechend. Infrastrukturinvestitionen können nur selten Anreize zur Umstellung geben. Da es keine echten Alternativen außer der von Arbeitslosigkeit und Abwanderung gibt, die aber unerwünscht sind, haben Kostengesichtspunkte hier zweitrangige Bedeutung, entscheidend ist die Bereitschaft des einzelnen zur Mobilität. Ein weiterer Vorteil ist noch darin zu sehen, daß die Informationskosten und Subventionen nicht vom Bund und/oder Land und/oder den Gemeinden zu tragen sind, sondern von der Bundesanstalt für Arbeit über die Beiträge der Arbeitnehmer selbst aufgebracht werden. Weder bei den Aufgaben noch bei deren Finanzierung, sondern allein bei den Betroffenen selbst können deshalb unüberwindbare Schwierigkeiten auftreten.

4.3.4 Die Neuorientierung des Folgeleistungssektors

Da eine empirisch exakte Trennung zwischen Grund- und Folgeleistungssektor nur sehr schwer möglich ist[310], läßt sich auch der Umstellungsprozeß im Basisbereich von der Neuorientierung des Folgeleistungssektors nicht streng unterscheiden. Bei der hier gewählten Abgrenzung der Grundleistungsbetriebe (überwiegend exportorientiert) bestehen insgesamt drei Alternativen der Neuorientierung[311]:

1. Steigerung der Lieferungen ins Regionsausland, also quasi eine „Umfunktionierung" des Folgeleistungssektors,
2. Verminderung der Importe aus dem Regionsausland,
3. Ersatz verlorener heimischer Abnehmer durch neue Betriebe oder solche, die ihre Produktion ausgeweitet haben.

Vor allem im ersten Fall ist der Übergang zur Umstellung im Grundleistungsbereich fließend. Bei allen drei Alternativen ist der Ansatzpunkt der regionalpolitischen Einflußnahme jedoch entweder die Umstellung der Produktion bzw. des Angebots oder eine regionale Lenkung der Nachfrage.

Die Umstrukturierung des in der Region produzierten Güterangebots ist in der Marktwirtschaft eine spezifische Aufgabe des Unternehmers, bei der die Regionalpolitik höchstens beratend tätig werden kann. Ist aber mit der Veränderung der Outputstruktur auch eine Veränderung der Inputstruktur verbunden, so stellen sich hier die gleichen Aufgaben wie bei der Förderung heimischer Grundleistungsbetriebe, die vor allem auf dem Gebiete der Information, Infrastruktur und evtl. Subventionen liegen[312].

Andererseits kann aber auch versucht werden, auf die Nachfrage nach den in dem Problemgebiet angebotenen Gütern Einfluß zu nehmen. Hier böten sich zunächst eine Informationspolitik und Werbung in den Massenmedien oder auf Messen und Ausstellungen an, wie sie z. B. bei der Propagierung von Waren aus Berlin betrieben wird. Relativ sicherer ist jedoch eine Verminderung von Nachfrage- bzw. Kaufkraftabflüssen aus der Region. Dies kann einmal direkt über die Vergabe öffentlicher Aufträge seitens der Gemeinde geschehen, indirekt aber auch im Konsumbereich, indem z. B. die Einkaufsmöglichkeiten in der Stadt durch Innenstadtverschönerung, Anlage von Fußgängerstraßen und Schaffung eines größeren Parkplatzangebots in der City verbessert werden. Diese Aktivitäten müssen durch absatzpolitische Maßnahmen der Betriebe (gemeinsame Werbefeldzüge, Sonderangebote etc.) ergänzt werden.

Unterschiede in der Effizienz der einzelnen Maßnahmen liegen schwerpunktmäßig auf der Erfolgsseite begründet. Im Gegensatz zu den Maßnahmen bei der Förderung des Grundleistungssektors ist der maximal zu erzielende Erfolg nicht nur durch die vorhandenen Kapazitäten und das Arbeitskräftereservoir limitiert. Im Folgeleistungsbereich sind zunächst viele Güter faktisch oder aufgrund hoher Transportkosten regional immobil, scheiden also aus der Diskussion aus[313]. Erfolgt keine echte Ausweitung der Kapazitäten, so werden nur innerhalb der Region abgesetzte Güter gegeneinander substituiert. Deshalb konzentriert sich das Problem der Neuorientierung des Folgeleistungssektors einmal auf die sicherlich notwendige, regionalpolitisch aber nicht so interessante Umstrukturierung im heimischen Güterangebot und auf eine Vergrößerung des Folgeleistungssektors zu Lasten des Basissektors.

Die zweite Alternative bietet interessante Perspektiven, da durch eine Intensivierung der intraregionalen Verflechtungen ein bestimmtes Beschäftigten-, Einkommens- und Steuerniveau bei einem kleineren Basissektor realisiert werden kann. Eine solche Strategie hat neben den bereits aufgezeigten Vorteilen bei einer Förderung heimischer Betriebe noch den Vorzug, daß die zusätzliche Nachfrage nicht erst induziert werden muß, sondern in der Region bereits vorhanden ist und „nur" noch einer regionalen Lenkung bedarf. Gleichzeitig wird das Umsetzungsproblem der im Basissektor freigesetzten Arbeitskräfte leichter lösbar, weil die Berufspalette größer wird und vor allem Frauen und ältere Arbeiter im Handels- und Dienstleistungssektor leichter eine Arbeit finden können als in der Industrie, wozu evtl. langwierige Umschulungen notwendig sind. Aufgrund der o. g. Restriktionen ist der maximal mögliche Erfolg dieses Vorgehens zwar geringer, jedoch erscheint er einfacher und schneller realisierbar zu sein[314].

4.3.5 Die Ausweitung der sozialen Sicherung

Von den zahlreichen Möglichkeiten, nicht vermeidbare Einkommensverluste zu kompensieren, hatte sich das System der sozialen Sicherung als einziger Ansatzpunkt herauskristallisiert, der nicht nur Einzelpersonen, sondern allen Bewohnern der Problemregion Vorteile bringt[315]. Da auf den überwiegenden Teil dieser Unterstützungen ein Rechtsanspruch besteht, sind sie bereits im Prognoseteil behandelt worden[316]. Bei den zusätzlichen Maßnahmen dominieren klar die Subventionen bzw. Transferzahlungen, evtl. ist noch eine Information über die vorhandenen Hilfsprogramme notwendig, besonders in Hinblick auf Leistungen, die vorher vielleicht nicht beantragt werden konnten, wie z. B. das Wohngeld. Bei Maßnahmen zur Ausweitung der sozialen Sicherung sollten drei Forderungen erfüllt sein:

1. Der Anreiz zur Umstellung darf durch zu hohe Unterstützungen im Falle von Arbeitslosigkeit nicht beeinträchtigt werden.
2. Vorzeitige Pensionszahlungen dürfen nicht die Höhe „normaler" Altersruhegelder erreichen, weil sonst die übrigen Rentenbezieher diskriminiert würden.
3. Gesetzlich verankerte Zusatzhilfen dürfen nicht mit dem Gleichheitsgrundsatz des Grundgesetzes in Konflikt geraten, d. h., sie dürfen bestimmte Branchen oder Regionen nicht global begünstigen und andere in einer gleichen oder ähnlichen Lage benachteiligen.

Deshalb ist z. B. eine allgemeine Erhöhung des Arbeitslosengeldes für die Arbeitslosen der Problemregion ökonomisch und rechtlich sehr problematisch und würde zudem einen Präzedenzfall schaffen, der das Handeln der Regionalpolitik in der Zukunft evtl. schon weitgehend festlegt. Die Höhe des durchschnittlichen Arbeitslosengeldes von ca. 70 – 75 % und die des Unterhaltsgeldes im Umschulungsfall von ca. 85 – 90 % des bisherigen Einkommens dürften der ersten Forderung in etwa genügen. Während diese Hilfen aber den Beschäftigten aller Branchen gewährt werden, besteht z. Z. nur für Bergleute die Möglichkeit, bereits mit 55 Jahren aus dem Berufsleben auszuscheiden. Im Falle anderer Branchenkrisen (nicht bei Dominanz standort- oder betriebsspezifischer Faktoren) ist deshalb zu überlegen, ob analoge Regelungen nicht auch auf andere Industriezweige ausgedehnt werden können und aus Gerechtigkeitserwägungen heraus sogar gewährt werden müssen. Erst dann wäre auch die dritte Forderung erfüllt. Innerhalb dieses gesteckten Rahmens ergeben sich für die Regionalpolitik trotzdem noch zwei andere Möglichkeiten, die soziale Sicherung auszuweiten, und zwar durch

- Gewährung der „normalen" Unterstützung auch dann, wenn bestimmte Voraussetzungen, die vom Gesetz verlangt werden, in Einzelfällen nicht erfüllt sein sollten;
- Limitierung des maximal möglichen Einkommensverlustes nicht nur in Hinblick auf das lfd. Einkommen der Vorperiode, sondern auch bezüglich weiterer Vergünstigungen, wie z. B. zusätzlicher Renten, Werkswohnungen, Deputate etc.

Für das erste Problem ließe sich eine Lösung finden, wie sie schon in NRW im Ruhrplan festgelegt worden ist. Das Land erklärte sich bereit, subsidiär gleichwertige Hilfen zu leisten, falls kein Anspruch auf Hilfen der Montanunion oder der Bundesanstalt für Arbeit geltend gemacht werden konnte[317]. Diese zusätzlichen Ausgaben, die wahrscheinlich gering sein werden, haben eine enorme Bedeutung hinsichtlich der Sicherheit, die sie den Entlassenen bieten, weil dann jedem Gerede von einer „sozialen Verelendung" der Boden entzogen ist. Die Vermeidung von Unsicherheit ist außerdem von großer Bedeutung für das Konsumverhalten bei Einkommensverlusten, ein Fragenkreis, der im übernächsten Abschnitt noch behandelt wird.

Auch für das zweite Problem ist bereits ein Weg aufgezeigt worden, und zwar den über einen betrieblichen Sozialplan. Er kann z. B. vorsehen, daß bestimmte Vergünstigungen nicht verfallen (z. B. Renten) bzw. weitergewährt werden (verbilligte Werkswohnung, Deputate), oder daß deren Wegfall durch eine entsprechende Abfindung abgegolten wird. Hier ist eine maximale Flexibilität und Anpassungsfähigkeit für den Einzelfall gewährt, der selbst die detailliertesten Bestimmungen auf Bundesebene nicht gleichkommen könnten. Man vermeidet überhöhte Einkommensverluste im Vergleich zu gleichgestellten Gruppen, die an Stelle dieser Vergünstigungen einen höheren Lohn erhielten und die den Ausfall deshalb durch das Arbeitslosengeld automatisch ersetzt bekommen. Gleichzeitig werden noch Mobilitätshemmnisse abgebaut. Die Gewährung von Stillegungsprämien müßte an die Aufstellung solcher Sozialpläne gebunden werden, oder sie könnten in Rationalisierungsschutzabkommen tarifvertraglich geregelt werden. Dieses Vorgehen vermeidet die „Gießkanne" einer allgemeinen Erhöhung der Unterstützungen, bringt das gewünschte Maß an Sicherheit für alle und läßt sich den Besonderheiten jeder speziellen Lage leicht anpassen.

Ein schwerwiegendes Problem tritt dann auf, wenn das Lohnniveau bei den neuen Arbeitsplätzen unter dem bisher üblichen liegt. Ist dies nicht nur für eine Übergangszeit, sondern selbst bei voller Ausschöpfung aller Ressourcen auf Dauer der Fall, so rächt sich hier wahrscheinlich eine Dauersubventionierung in der Vergangenheit, weil die Betriebe sonst diese Löhne nicht hätten zahlen können[318]. Aus ordnungspolitischen Gründen verbietet sich eine erneute Dauersubventionierung, z. B. der Lohnkosten. Deshalb ist die Forderung nach etwa gleicher Lohnhöhe auch bereits bei der Auswahl der zu fördernden Industriezweige eingeführt worden. Erweist sich diese Bedingung als nicht erfüllbar, so muß ein langfristiger Einkommensverlust hingenommen werden, der sonst nur die vorzeitig Pensionierten treffen würde.

4.3.6 Die Stärkung der Gemeindefinanzen

Das System und die Technik des kommunalen Finanzausgleichs sind bereits dargestellt worden. Die Kompensation von Steuerausfällen selbst stellt keine echte Alternative bei den Maßnahmen zur Steuerung des regionalen Strukturwandlungsprozesses dar, obwohl hier ausnahmsweise unmittelbar auf Art und Intensität der intra- und interregionalen Verflechtungsbeziehungen Einfluß genommen werden kann. Über Effizienz oder Ineffizienz entscheidet der Zweck der Mittel, ob sie also für den Konsum oder für Investitionen verausgabt und damit Beschäftigung und Einkommen der Problemregion unmittelbar erhöhen, oder für Subventionen und Transfers verwendet werden, deren Effekt erst noch von ihrer Wiederverausgabung abhängig ist. Falls die kommunale Selbstverwaltung und Initiative aber erhalten bleiben sollen, müssen den Gemeinden zur Erfüllung ihrer Aufgaben jedoch auch entsprechende Mittel zur Verfügung stehen.

Deshalb verlagert sich das Problem stärker auf die Form der Kompensation. Eine Erhöhung der Schlüsselmasse des Landes beim allgemeinen Finanzausgleich ist wenig sinnvoll, weil sie die relative Position der Problemregion nicht verbessert. Ist die Erfüllung der „normalen" kommunalen Aufgaben gefährdet, so müßte die Sockelgarantie angehoben werden. Eine automatische, vollständige Kompensation der Steuerausfälle verschaffte den Kommunen zwar ein Maximum an Freiheit, es würden aber Präzedenzfälle geschaffen, die das zukünftige Handeln der Regionalpolitik einengen könnten. Außerdem wäre nicht sichergestellt, daß die Mittel auch effizient eingesetzt werden. Das andere Extrem stellen verstärkte unmittelbare Ausgaben des Bundes oder Landes in der Region dar; hierbei drohen die Kommunen aber zu nur unbeteiligten Zuschauern zu werden.

Der goldene Mittelweg dürfte deshalb bei den zweckgebundenen Zuweisungen und Zuschüssen des Landes liegen. Hier haben die Gemeinden die Möglichkeit, aus besserer Kenntnis der Sachlage Initiativen und Vorschläge zu entwickeln. Eine übergeordnete Instanz kann aber für eine Abstimmung und Koordination der Einzelmaßnahmen (auch zwischen den einzelnen Regionen) sorgen, vor allem könnte sie einer übersteigerten Konkurrenz der Gemeinden um neue Betriebe entgegenwirken und selbst Prioritäten setzen.

Diese Lenkung der Entwicklung aus überregionaler Sicht durch eine „Koordination über den Geldbeutel" erhält den Gemeinden zunächst ein Minimum an Autonomie, das sich aber in dem Maße erhöht, wie ihre vorgeschlagenen Maßnahmen zum Erfolg führen, vermeidet aber gleichzeitig die Gefahr des Neben-, Gegen- und Durcheinanders von Einzelmaßnahmen. Auf das „wieviel" an Kompensation könnte den Kommunen deshalb unbesehen ein Rechtsanspruch gewährt werden, damit sie nicht nur kleinere ad-hoc-Programme realisieren, sondern auch längerfristig planen können[319]. Das „wofür" bedarf aber bei der heutigen Mentalität der Stadtväter wahrscheinlich noch einer überlokalen Lenkung.

4.3.7 Die Manipulation des Verbraucherverhaltens

Sind die Möglichkeiten der Vermeidung, Verminderung oder Kompensation der Einkommensverluste ausgeschöpft und lassen sich dennoch bei einigen Gruppen der Entlassenen Einkommensreduktionen in bestimmter Höhe nicht vermeiden, so ist abschließend zu prüfen, wie die dann notwendig werdende Anpassung der Einnahmen an die Ausgaben so beeinflußt werden kann, daß sie möglichst geringe negative Multiplikatoreffekte zur Folge hat. Aus der Determinantenanalyse ging hervor, daß die Verminderung der lfd. Ersparnisse, die Vermögensauflösung und Kreditaufnahme bei Arbeitern (heute noch) nur in engen Grenzen möglich ist[320]. Trotzdem tritt der Problemkreis Sparen-Konsum nicht vollständig in den Hintergrund. Er kann dann relevant werden, wenn die freigesetzten Arbeiter aus pessimistischen Erwartungen heraus ihre Konsumausgaben stärker reduzieren, als es aufgrund ihrer Einkommensverluste notwendig wäre. Deshalb besteht die Manipulation des Verbraucherverhaltens aus zwei Komplexen:

1. Verhinderung einer vergleichsweise zu hohen Reduktion der Konsumnachfrage,
2. Veränderung der regionalen Struktur der Konsumausgaben(verminderungen).

Die Analyse des Verbraucherverhaltens zeigte, daß von den drei großen Determinanten des Konsums (Bedürfnisse, Kauffähigkeiten, Erwartungen) nur die Erwartungen, evtl. noch die Bedürfnisse, also die subjektiven Präferenzstrukturen und die Möglichkeiten der Bedürfnisbefriedigung, beeinflußt werden können[321]. Als Instrumente kommen dazu nur die Informationsverbesserung und die Zielbeeinflussung in Frage, wenn man auf dirigistische Maßnahmen verzichtet, um die Freiheit der Konsumwahl nicht einzuengen.

Die Informationspolitik kann vor allem bei den Erwartungen über die zukünftige Entwicklung der verfügbaren Einkommen, des Konsumgüterangebots, der Preise sowie der allgemeinen politischen und wirtschaftlichen Entwicklung ansetzen. Die Voraussetzung für einen Erfolg bilden allerdings die bereits dargestellten Maßnahmen zur Erhöhung der sozialen Sicherheit, vor allem die Limitierung des maximalen (relativen) Einkommensverlustes für alle Betroffenen, weil erst dann eine mittelfristige Planung der Konsumausgaben möglich ist, und zwar auch beim aperiodischen und Ersatzbedarf, der bei unsicherer Einkommensentwicklung zugunsten des periodischen Bedarfs sonst zu stark gekürzt würde. Darauf aufbauend kann die Regionalpolitik die Betroffenen über die gegenwärtige Lage und die Zukunftsaussichten sine ira et studio informieren, d. h., sie darf weder die Lage „gesundbeten" noch in Krisenhysterie verfallen, um nicht unberechtigte Hoffnungen oder Befürchtungen aufkommen zu lassen bzw. zu verstärken.

Der Erfolg eines solchen „Krisenmanagements", durch das die Regionalpolitik die psychologischen Reaktionen und die „Stimmung" in den Griff bekommen kann, ist von nicht zu unterschätzender Bedeutung[322]. Ähnlich wie in der Konjunkturpolitik lassen sich nicht alle Schwankungen der Wirtschaftsaktivität und des Konsumverhaltens nur auf reale oder monetäre Bestimmungsgründe zurückführen, weil Faktoren, die mit konjunkturellem Klima, optimistischen bzw. pessimistischen Zukunftsaussichten u. ä. umschrieben werden, in einem „sozialpsychologischem Kernprozeß" die Entwicklung ganz entscheidend verstärken oder abschwächen können[323]. Diese Erkenntnisse müßten auch für die regionale Strukturpolitik nutzbar gemacht werden. Spektakuläre Demonstrationen bei Stillegungen seitens der Gewerkschaften und Erklärungen der lokalen Führung, daß man von „Düsseldorf, Bonn und Brüssel" im Stich gelassen würde, sind dagegen nur geeignet, die Situation zu verschärfen. Eine Versachlichung der Diskussion, auch in der Lokalpresse z. B., ist unbedingt notwendig, um auch ein günstiges Klima für die Maßnahmen zur Umstrukturierung und Anpassung zu schaffen.

Vor allem in relativ kleinen Regionen kann den Einkommenswirkungen des Beschäftigtenrückgangs größeres Gewicht zukommen als den direkten Nachfragewirkungen aufgrund der Lieferverflechtungen innerhalb des gewerblichen Sektors. Deshalb ist der Erfolg bei einer Stabilisierung der Konsumnachfrage häufig auch hinsichtlich der absoluten Höhe nicht unbedeutend. Er ist zwar bei Verhinderung überhöhter Ersparnisse und bei regionaler Umlenkung der Kaufkraftströme für die Problemregion selbst gleich hoch, nicht aber auch für die Gesamtwirtschaft. Im ersten Fall tritt eine absolute Erhöhung der Nachfrage ein, im zweiten erfolgt nur eine regionale Umverteilung. Die zweite Alternative hat deshalb negative Nebenwirkungen auf andere Regionen. Auch instrumental gesehen hat die Stabilisierung der gesamten Konsumausgaben relative Vorteile, da sie sich ausschließlich durch die Verbesserung der Erwartungen beeinflussen läßt. Bei der Umlenkung müßten den Konsumenten dagegen Vorteile in Aussicht gestellt werden; denn reine Aufrufe wie die "Buy-British"-Appelle der englischen Konjunkturpolitik werden hier wie dort wenig Erfolg haben. Deshalb besteht hier eine enge Verbindung mit den Problemen bei der Neuorientierung des Folgeleistungssektors, wenn Kaufkraftabflüsse verhindert werden sollen. Gelingt es nicht, die Attraktivität des heimischen Angebots zu erhöhen, so sind alle Hinweise auf die Folgen dieser Abflüsse und evtl. Bemühungen, Einsparungen bei den Gütern zu vermeiden, die üblicherweise am Ort gekauft werden, oder Kaufkraft aus dem Regionsausland abzuziehen, wahrscheinlich ohne oder nur von geringem Erfolg.

Obwohl die geschilderten Maßnahmen von den in Geld gemessenen direkten Aufwendungen her gesehen „billig" sind, da sie keine Infrastrukturinvestitionen erfordern und trotzdem einen gewissen Erfolg versprechen, weil sie die Nachfrage nach in der Problemregion angebotenen Gütern stabilisieren, stehen sie hinsichtlich ihrer Effizienz den Maßnahmen zur Förderung des Grundleistungssektors selbstverständlich nach. Sie greifen erst relativ spät in den Multiplikatorprozeß ein und können daher nicht so hohe indirekte Einsparungen aufgrund ihrer Multiplikatorwirkungen erzielen. Außerdem sind die langfristigen Nebenwirkungen nicht zu unterschätzen. Vor allem aus wachstumspolitischen Aspekten heraus sind stetige und hohe private Ersparnisse erwünscht, und Maßnahmen zur Umlenkung regionaler Kaufkraftströme können durch den „Export" der Nachfrageausfälle mit dem System der zentralen Orte in der Landesplanung kollidieren. Die langfristigen Nebenwirkungen sind deshalb meist negativ zu beurteilen. Trotz dieser Bedenken dürfte sich eine Manipulation der Kaufkraftströme zugunsten der Problemregion als schnell durchführbare ad-hoc-Maßnahme für eine Übergangszeit eignen. Wenn die „großen Schritte" nicht oder noch nicht möglich sind, so muß zumindest eine Politik der „kleinen Schritte" eingeleitet werden, wenn man der Bevölkerung glaubhaft darlegen will, daß nicht nur geredet und geplant, sondern auch gehandelt wird.

5. Kapitel:
Die Konsequenzen für ein regionalpolitisches Aktionsprogramm

In diesem Kapitel müßten abschließend Methoden und Kriterien aufgezeigt werden, die es erlaubten, den optimalen regionalpolitischen Instrumenteinsatz hinsichtlich Art, Dosierung und zeitlicher Abfolge der Maßnahmen zu bestimmen. Dieses Vorhaben muß aber scheitern, weil:

1. es keine konkreten und operational formulierten Ziele gibt,
2. eine hinreichend genaue Diagnose der Lage und Prognose der zukünftigen Entwicklung wegen mangelnder Kenntnis der ökonomischen Zusammenhänge und unvollkommener Informationen über deren quantitative Struktur nicht möglich sind,
3. die Haupt- und Nebenwirkungen alternativer Maßnahmen(kombinationen) nur unzulänglich bestimmt werden können und vor allem der Einfluß von Unterschieden in der mengenmäßigen und zeitlichen Dosierung der Instrumente auf die einzelnen Ziele bzw. Zielindikatoren (noch) nicht genügend quantifizierbar ist.

Es bedarf hier keiner nochmaligen Begründung für dieses Dilemma; erste Lösungsansätze und grobe quantitative Vorstellungen sind zwar für alle Problembereiche vorhanden, sie reichen aber nicht für eine Ideallösung aus. Beim gegenwärtigen Stand des Wissens muß deshalb (wiederum) von einer weniger anspruchsvollen Konzeption ausgegangen werden.

Da hier kein konkreter Fall zu diskutieren ist, müssen sich die folgenden Ausführungen wiederum auf die grundsätzlichen Fragen beschränken. Zunächst ist zu prüfen, wie bei vagen Zielvorstellungen und großer Unsicherheit überhaupt rationale Entscheidungen über den Mitteleinsatz getroffen werden können. Wegen der dabei auftretenden Schwierigkeiten ist es anschließend nur möglich, die „Grobstruktur" eines regionalpolitischen Maßnahmenbündels in den Grundzügen darzustellen. Aufbauend auf den Ergebnissen des vorigen Abschnitts läßt sich jedoch eine Rangordnung der sieben Aufgaben- bzw. Wirkungsfelder hinsichtlich ihrer Zieleffizienz festlegen. Für den wichtigsten Teilbereich, die Schaffung neuer Arbeitsplätze, wird anschließend auf die „Feinstruktur" der dort möglichen Maßnahmen eingegangen, weil nur in diesem Teil des Aktionsprogramms echte Alternativen vorhanden sind.

Die insgesamt zu erwartenden Ergebnisse machen sich relativ bescheiden aus; ein Vergleich mit der heutigen regionalpolitischen Praxis zeigt aber, daß die wenigen Erkenntnisse, die von der Theorie entwickelt und auch empirisch genügend abgestützt sind, noch längst nicht im vollen Ausmaß genutzt werden. Deshalb erscheint es durchaus möglich, bei der hier untersuchten Problemsituation wenn auch nicht eine „optimale" so doch vielleicht eine bessere oder zumindest weniger schlechte Regionalpolitik zu betreiben.

5.1 Möglichkeiten regionalpolitischer Entscheidungsfindung [324]

Der "Engpaßfaktor" bei allen Überlegungen zu einem regionalpolitischen Aktionsprogramm wird immer der zur Verfügung stehende finanzielle und personelle Mittelaufwand sein. Tun könnte und möchte man vieles, das Geld reicht aber nur für wenige Vorhaben. Dies gilt für den Bund und die Länder, im besonderen Maße aber für Gemeinden, zumal wenn ihre Wirtschaftskraft schwach ist. Die Verhaltensmaxime dürfte deshalb darin bestehen, mit einem bestimmten Mittelaufwand einen größtmöglichen Erfolg zu erzielen, damit eine passive Sanierung des Problemgebietes verhindert wird. Je nach dem Grad der Operationalität der verfolgten Ziele und dem Stand der Information gibt es für diese Situation verschiedene Wege der Entscheidungsfindung.

5.1.1 Entscheidungen bei konkreten Zielen und Sicherheit

Sind die regionalpolitischen Ziele operational definiert und liegt ein treffsicheres Prognosemodell vor, so lassen sich im Rahmen einer *Nutzen-Kosten-Analyse*[325] unter den möglichen Maßnahmen diejenigen auswählen, deren Nutzen die Kosten am weitesten übersteigen. Die Entscheidung wäre also nur das bereits erwähnte „Exerzitium in Algebra"[326]. Dieses Vorgehen scheitert aber zunächst daran, daß es keine operational definierte Ziele in der Regionalpolitik gibt, sondern höchstens einige Zielindikatoren als Surrogat für das mit „Stärkung der regionalen Wirtschaftskraft" umschriebene allgemein anerkannte Oberziel. Kann man sich auf einen Indikator als Hauptzielkriterium einigen, z. B. auf die Beschäftigtenzahl oder das Einkommen, so wird die Entscheidung wesentlich erleichtert, weil dann die *„Cost-Effectiveness-Analyse"*[327] eingesetzt werden kann, bei der die verschiedenen Erträge nicht mehr quantifiziert zu werden brauchen und man das Hauptaugenmerk auf die Kostenkomponenten konzentrieren kann. Hierbei vermeidet man eine Vielzahl schwieriger und oft unlösbarer Bewertungs- und Quantifizierungsfragen, z. B. die, wie man die psychologischen Auswirkungen langer Arbeitslosigkeit, soziale Unruhe und evtl. steigende Kriminalität in Geldeinheiten bewerten will. Man arbeitet dann (überwiegend) nur noch mit Größen, die sich in Geldeinheiten messen lassen.

Trotzdem scheitern diese und ähnliche Bemühungen fast immer daran, daß die Auswirkungen alternativer Maßnahmen (und damit Aufwendungen) auf die Ziele (und damit Erträge) selbst bei einwertigen Zielfunktionen nicht bestimmt werden können, weil die vorhandenen Kenntnisse über die zugrunde liegenden ökonomischen Strukturzusammenhänge solche Aussagen nur mit einem mehr oder weniger großen Fehlerintervall, nicht aber mit Sicherheit oder an Sicherheit grenzender Wahrscheinlichkeit erlauben[328]. Das Phänomen der Unsicherheit muß deshalb explizit in den Prozeß der Entscheidungsfindung eingebaut werden.

5.1.2 Entscheidungen bei konkreten Zielen und Unsicherheit

Klammert man das Problem der Zielbestimmung zunächst aus oder benutzt das Konzept der „Cost-Effectiveness-Analyse", so erlauben die auf die Spieltheorie aufbauenden Methoden der modernen *Entscheidungstheorie*[329] eine optimale bzw. rationale

Entscheidung bei Unsicherheit. Das Vorgehen entspricht dem der privaten Wirtschaftssubjekte, die von den Folgen des Beschäftigtenrückgangs direkt oder indirekt betroffen werden[330]. Die Regionalpolitik „spielt" dabei gegen eine (ihr mehr oder weniger feindlich gesinnte) „Umwelt". Die Handlungsalternativen bestehen aus den einzelnen regionalpolitischen Maßnahmen(kombinationen), die Zustände der Umwelt aus den möglichen Aktionen der Privaten. Die Ergebnismatrix enthält dann alle nur denkbaren Situationen, die sich bei alternativen Instrumenteinsätzen und den daraufhin möglichen Reaktionen der Privaten ergeben könnten. Die „großen Unbekannten" in diesem System sind die Eintrittswahrscheinlichkeiten der privaten Aktionen, weil das Problem der Unsicherheit letzten Endes ein Informationsproblem bezüglich der Faktoren ist, die das Handeln der Privaten bestimmen. Bei unvollkommener Information können dann nur wenige Alternativen a priori als unwahrscheinlich ausgeklammert werden, so daß meist alle nur denkbaren Ergebnissituationen in den Kalkül einbezogen werden müssen.

Bei gegebenen Zielen hängt es dann von der Risikobereitschaft des regionalpolitischen Entscheidungsträgers ab, wie bzw. nach welcher Strategie er seine Maßnahmen auswählt. Sind objektive oder zumindest subjektive Wahrscheinlichkeitsverteilungen für die alternativen Umweltsituationen vorhanden, so wird ein Regionalpolitiker, der sich risikoneutral verhält, diejenigen Maßnahmen ergreifen, deren Erträge den höchsten (positiven) mathematischen Erwartungswert (möglicher Ertrag, ggf. vermindert um den möglichen Verlust, jeweils multipliziert mit ihrer Eintrittswahrscheinlichkeit) aufweisen. Die Determinantenanalyse hat aber gezeigt, daß für viele Problembereiche selbst subjektive Eintrittswahrscheinlichkeiten nicht angegeben werden können, weil der Erfolg bestimmter Maßnahmen vollkommen ungewiß ist, etwa bei der Frage, ob überhaupt und wann ein angekauftes und erschlossenes Industriegrundstück von welchem neuen Betrieb welcher Größenordnung genutzt wird. Das „Spiel" ist also häufig vollkommen offen.

Für diese Situation sind in der Literatur zahlreiche *Entscheidungsregeln bzw. -maximen bei unsicheren Erwartungen* entwickelt worden, von denen die sog. Maximin- und Maximax-Strategie die bekanntesten und extremen Möglichkeiten darstellen. Bei der ersten geht man „auf Nummer sicher" und wählt die Maßnahme, deren schlechtester Ausgang immer noch besser als die schlechtesten der anderen Maßnahmen ist; bei der zweiten setzt man „alles auf eine Karte" und ergreift diejenige Maßnahme, die den größten Erfolg verspricht, unabhängig von dem damit verbundenen (oft hohen) Risiko eines Fehlschlages[331]. Auf die zahlreichen anderen Vorschläge, wie z. B. das Arbeiten mit Sicherheitsäquivalenten, Optimismus-Pessimismus-Index u. ä. soll hier nicht mehr näher eingegangen werden.

Sie kranken ebenfalls alle daran, daß eine rationale Entscheidung nur dann möglich ist, wenn operationale Ziele vorliegen und der Regionalpolitiker sich auf eine bestimmte Entscheidungsregel festlegen läßt. Beides wird in der Realität nur selten anzutreffen sein. Will der Analytiker dem Politiker die Entscheidung aber nicht dadurch abnehmen, daß er ihm bestimmte Ziele und/oder Risikoeinstellungen vorgibt oder ihn nur vor die Alternative „ja oder nein" stellt, so ist zu prüfen, ob es nicht Ansätze gibt, die den regionalpolitischen Entscheidungsträger an dem Prozeß der Entscheidungsvorbereitung und -findung ständig aktiv beteiligen.

5.1.3 Entscheidungen bei vagen Zielvorstellungen und unsicheren Erwartungen

Für einen Teil der zu fällenden Entscheidungen kommt eine relativ einfache Methode in Frage, die häufig bei privatwirtschaftlichen Investitionsprojekten, die mit großer Unsicherheit behaftet sind, verwandt wird. Die sog. *Methode der kritischen Werte*[332] läßt sich anwenden, wenn einer Maßnahme(nkombination) und deren Kosten die Erfolge bzw. Erträge direkt zugeordnet werden können, die Effizienz der einzelnen Instrumente aber von der Erfolgswahrscheinlichkeit entscheidend mitbestimmt wird. Man geht von einer Maßnahme aus, deren Erfolg als sicher oder nahezu sicher anzusehen ist und überläßt dem Politiker die Entscheidung darüber, ob er ein bestimmtes Risiko einzugehen bereit ist, mit dem gleichwertige Maßnahmen anderer Art behaftet sind, die aber einen (wesentlich) größeren Erfolg erbringen könnten. Die Eintrittswahrscheinlichkeit wird bei diesem Vorgehen zum kritischen Wert. Er wird durch das Risiko bestimmt, bei dem die Alternativen mit größeren (möglichen) Erfolgen der gleiche mathematische Erwartungswert zukommt wie der sicheren Maßnahmen[333]. Dieses Verfahren kann dem Entscheidungsträger in vielen Fällen die Chancen und Risiken der einzelnen Alternativen klarer vor Augen stellen und ihm dadurch die Entscheidung erleichtern. Es drängen sich jedoch u. a. folgende Fragen auf:

1. Wie sollen Maßnahmen beurteilt werden, denen kein konkreter Erfolg zugeordnet werden kann, z. B. die der Informationsverbesserung?
2. Darf einer Maßnahme allein überhaupt ein bestimmter Erfolg kausal zugeordnet werden, weil z. B. ohne Information und Infrastruktur keine Industrieansiedlungspolitik möglich, die Instrumentsubstitution also beschränkt ist?
3. Führt die ausschließliche Verwendung dieser Methode nicht zu einer Verhinderung oder Verschleppung der Umstrukturierung, weil risikoscheue Politiker dann sozialpolitische Maßnahmen, deren Multiplikatoreffekte als sicher angesehen werden können, systematisch den mit Risiken verbundenen Maßnahmen zur Förderung der Umstellung vorziehen?
4. Soll bei der Ermittlung des kritischen Risikos für die unsichere Maßnahme deren maximal möglicher oder nur ein geringerer, z. B. halber, Erfolg eingesetzt werden?

Die Antworten auf diese Fragen lassen es geraten erscheinen, die Methode der kritischen Werte sehr vorsichtig und zurückhaltend zu beurteilen. Sie eignet sich nur für die Entscheidung von einigen Teilproblemen, bei denen ihre Voraussetzungen wenigstens annähernd erfüllt sind.

Ein neueres Verfahren zur Bewertung alternativer Investitionsprojekte bei verschiedenartigen Zielsetzungen stellt die *Nutzwertanalyse* dar[334]. In ihrer einfachsten Form geht sie von folgenden Größen aus:

A_j = Investitionsalternative, $j = 1 \ldots m$,

K_i = Zielkriterium, $i = 1 \ldots n$,

g = relative Bedeutung eines Zielkriteriums (Kriteriengewicht),

w_{ij} = Zielertrag der Alternative j in Bezug auf das Zielkriterium i,

e_{ij} = Zielerfüllungsgrad der Alternative j in Bezug auf das Zielkriterium i,

T_{ij} = Teilnutzwert der Alternative j in Bezug auf das Zielkriterium i; es gilt:
$T_{ij} = e_{ij} \cdot g_i$,

N_j = Gesamtnutzwert der Alternative j in Bezug auf alle Zielkriterien i. (N_j ist ein dimensionsloser Ordnungsindex).

Die einzelnen Maßnahmen werden entsprechend ihrem Gesamtnutzwert N_j in eine Rangfolge gebracht, so daß eine Projektauswahl getroffen werden kann. Die Technik läßt sich mit dem folgenden Schema verdeutlichen:

Abb. 9: *Schema für eine Nutzwertanalyse*[335]

Kriterien	Alternativen	A_1				A_j				A_m		
	g_i	w_{i1}	e_{i1}	T_{i1}		w_{ij}	e_{ij}	T_{ij}		w_{im}	e_{im}	T_{im}
K_1	g_1	w_{11}	e_{11}	T_{11}		w_{1j}	e_{1j}	T_{1j}		w_{1m}	e_{1m}	T_{1m}
.	.	.	.	.		.	.	.		.	.	.
.	.	.	.	.		.	.	.		.	.	.
.	.	.	.	.		.	.	.		.	.	.
K_n	g_n	w_{n1}	e_{n1}	T_{n1}		w_{nj}	e_{nj}	T_{nj}		w_{nm}	e_{nm}	T_{nm}
				N_1				N_j				N_m

Abgesehen davon, daß es bisher noch nicht gelungen zu sein scheint, ein konkretes Problem mit Hilfe dieser Methode zu lösen – *G. Strassert* und *G. Turowski* geben nur ein hypothetisches Beispiel –, tauchen hier dieselben grundsätzlichen Schwierigkeiten wie bei den bisher behandelten Methoden auf. So verlangt die Nutzwertanalyse z. B. eine kardinale Messung der Teilnutzen, damit diese zu einem Gesamtnutzwert addiert werden können. Wie aber bereits mehrmals dargelegt wurde, ist die exakte Quantifizierbarkeit der Ziele und damit auch der Zielerfüllungsgrade bei der hier zu lösenden Problemstellung eine unrealistische Voraussetzung. Das methodische Vorgehen bietet aber insofern einen geeigneten Ansatzpunkt für weitere Überlegungen, weil hier explizit alternative Maßnahmen unter alternativen Zielkriterien in eine Rangfolge gebracht werden.

Als letzter Ausweg verbleiben jetzt nur noch Methoden, die auf eine kardinale Ordnung der Maßnahmen bzw. Zielerfüllungsgrade verzichten und sich mit einer ordinalen Rangskala begnügen, also nicht den Versuch unternehmen, etwas zu quantifizieren, was sich (noch) nicht quantifizieren läßt. Man kann z. B. so vorgehen, daß man die Zielindikatoren des 1. Kap. (differenziert nach den Effizienzkriterien des Abschnittes 4.2) als Beurteilungsmaßstäbe auswählt und dann jeweils prüft, welche Maßnahme unter dem jeweiligen Kriterium besser oder schlechter zu beurteilen ist als die anderen. Jeder möglichen Maßnahme kann auf diese Weise unter jedem Beurteilungsmaßstab ein bestimmter Rangplatz zugeordnet werden. Dadurch ist es zumindest oft möglich, vorab solche Maßnahmen aus dem näheren Betrachtungskreis auszuschalten, die fast durchweg „schlecht abschneiden".

Lassen sich die dann noch verbleibenden Maßnahmen mit den vorhandenen Mitteln nicht finanzieren — und das wird in aller Regel der Fall sein —, so besteht der zweite Schritt bei dieser Form der *Negativauswahl* darin, daß die objektiven und später subjektiven Sachurteile des Beraters durch politische Werturteile des Regionalpolitikers ergänzt werden, da er letztlich auch die Verantwortung dafür zu tragen hat, welche der möglichen Maßnahmen endlich auch ergriffen werden. Der Analytiker bereitet die Entscheidung also nur so weit vor, wie er aufgrund von Sachurteilen dazu in der Lage ist. Dieses Vorgehen stellt gleichzeitig sicher, daß der verantwortliche Politiker zwar an der Maßnahmenauswahl und Entscheidungsfindung aktiv beteiligt wird, trotzdem jedoch ein Höchstmaß an Rationalität erhalten bleibt.

Bei weiterer Differenzierung dieses Vorgehens gelangt man dabei zu der von *P. Velsinger*[336] entwickelten Methode der *doppelten Simulation*, einem Entscheidungsverfahren, bei dem alle nur denkbaren Ergebnisse von Maßnahmen(kombinationen) vom regionalpolitischen Entscheidungsträger in eine ordinale Rangordnung gebracht werden müssen. Der Politiker hat jeweils nur zu bestimmen, welches Ergebnis er welchem vorzieht. Dadurch wird eine konsistente und transitive Bewertung aller Ergebnissituationen erreicht, ohne daß der Politiker seine Ziele exakt zu artikulieren hätte. Das Verfahren stellt den Entscheidungsträger allerdings auf eine lange und harte Geduldsprobe und erfordert vor allem bei komplexen Problemen einen nicht unbeträchtlichen Zeitaufwand.

Um die Schwelle, von der an nur noch der Politiker selbst weiter entscheiden kann, möglichst hoch anzusetzen und um ihm dadurch seine Aufgabe zu erleichtern, sind alle Angaben darüber von größter Wichtigkeit, die aufgrund theoretischer Überlegungen oder praktischer Erfahrungen den Unsicherheitsbereich einschränken; denn gerade die Unsicherheit führt ja zu der Vielzahl der zu beurteilenden Ergebnissituationen. Einen wesentlichen Beitrag dazu kann ein System liefern, das nicht nur die Effizienz der vier Instrumentkategorien unter dem Aspekt eines der sieben Aufgabenfelder bestimmt, sondern auch eine Rangordnung der Aufgabenfelder selbst festlegt, so daß nur noch dann eine politische Entscheidung getroffen werden muß, wenn die wichtigsten und zentralen Fragen anstehen bzw. wenn echte Alternativen zur Auswahl stehen.

5.2 Die sachliche und zeitliche Ordnung der Aufgabenfelder

Aus der Analyse des regionalen Strukturwandlungsprozesses ergaben sich insgesamt sieben Aufgaben- bzw. Wirkungsfelder, auf denen die Regionalpolitik versuchen konnte, die Wirtschaftsentwicklung des Problemgebietes in die von ihr gewünschten Richtungen zu beeinflussen. Die Bedeutung eines Bereichs im Vergleich zu allen übrigen bedarf jetzt noch einer eingehenderen Betrachtung, weil niemals alle nur denkbaren Maßnahmen mit den vorhandenen Mitteln finanziert werden können und deshalb die Ausgaben gemäß dem Wirtschaftlichkeitsprinzip auf die erfolgversprechensten Alternativen konzentriert werden müssen.

5.2.1 Die Rangordnung der Aufgabenfelder nach ihrer Zieleffizienz

Die spezifischen Vor- und Nachteile bzw. Eigenheiten der einzelnen Maßnahmenkomplexe sind bereits in Abschnitt 4.3 aufgezeigt worden. Von diesen Überlegungen ausgehend läßt sich ein System aufstellen, das eine allgemeine Rangordnung und die Verwendungsmöglichkeiten der einzelnen Aufgabenfelder innerhalb eines regionalpolitischen Aktionsprogramms in etwa festlegt, ohne daß hierzu subjektive Werturteile notwendig wären.

Klammert man die aus gesamtwirtschaftlicher Sicht oft problematische Vermeidung des Beschäftigtenrückgangs aus, weil sie leicht zu einer Konservierung veralteter Strukturen führt (die Verminderung der Entlassungen unterscheidet sich davon nur in quantitativer Hinsicht) oder geht von einer vorgegebenen Zahl von Entlassungen aus, so muß zunächst versucht werden, genügend Zeit für die Konzipierung und Vorbereitung des Aktionsprogramms zu gewinnen. Die Deskription der Lage, Diagnose der bisherigen und Prognose der zukünftigen Entwicklung sowie die Planung und Durchführung der Maßnahmen erfordern alle einen bestimmten Mindestbedarf an Zeitaufwand. Die Effektivität des Aktionsprogramms ist auf jeden Fall gefährdet, wenn unüberlegt und überhastet vorgegangen werden muß.

Eine vorausschauende Regionalpolitik wird einmal dadurch ermöglicht, daß die anstehenden Entlassungen rechtzeitig bekannt gegeben bzw. von der Regionalpolitik frühzeitig erkannt werden, andernfalls müssen zunächst Maßnahmen ergriffen werden, die den Unternehmer dazu bewegen und evtl. sogar zwingen, den Entlassungstermin zu verschieben. Im Extrem- bzw. Idealfall führt dieses Vorgehen dazu, daß erst dann Entlassungen vorgenommen werden, wenn genügend neue Arbeitsplätze zur Verfügung stehen. Als Minimum dürfte jedoch ein knappes Jahr „Bedenkzeit" ausreichend und auch erreichbar sein.

Die zur Verfügung stehenden personellen und finanziellen Mittel sind dann auf zwei große Aufgabengruppen zu verteilen; man kann das Problem der Umstellung und Anpassung in Angriff nehmen und/oder private oder kommunale Einnahmenausfälle kompensieren. Die zweite Gruppe enthält also nur subsidiäre Maßnahmen. Je besser und je eher es gelingt, das Umstellungsproblem der Privaten zu lösen, um so weniger Mittel werden für die „flankierenden" Maßnahmen der Kompensation benötigt. Die Verausgabung der Mittel zur Einnahmenkompensation führt zu den einzig sicheren Erfolgen, weil angenommen werden kann, daß zusätzliche soziale Hilfen oder Finanzzuweisungen sich in verstärkter Konsumnachfrage bzw. erhöhten Kommunalausgaben niederschlagen werden. Die hierdurch ausgelösten Multiplikatoreffekte treten also in jedem Falle auf, ob die Maßnahmen, z. B. Infrastrukturinvestitionen, die von ihnen erhofften komplementären Aktivitäten der Privaten auslösen, ist dagegen ungewiß. Über die Erfolgswahrscheinlichkeiten der einzelnen Aufgabenfelder im Rahmen von Umstellungsmaßnahmen lassen sich keine generellen Aussagen treffen, wohl aber über ihre Erfolgswirksamkeit für den Fall, daß sie das ihnen gesteckte Ziel erreicht haben. (Siehe Abbildung 10)

Gelingt es, das *regionale Arbeitsplatzangebot* im gewünschten Ausmaß zu erhöhen, so ist die größte Gewähr dafür gegeben, daß sich die übrigen Probleme von selbst lösen und damit gar nicht erst in Angriff genommen werden müssen, weil vor allem die Kräfte des Marktes dann alle weiter notwendig werdenden Umstellungs- und Anpassungsvorgänge induzieren. Weitere Maßnahmen in den übrigen Bereichen haben dann nur noch das Ziel zu verfolgen, den bereits in Gang gesetzten regionalen Umstellungsprozeß zu erleichtern.

Die *Steigerung der sektoralen Arbeitsmobilität* kann einmal eine wichtige Voraussetzung dafür sein, daß sich neue Betriebe ansiedeln bzw. bereits vorhandene sich erweitern. Sie kann aber auch eine Folge des zusätzlichen Arbeitsplatzangebots sein, wenn hierbei neue Qualifikationen verlangt werden. Kann das Arbeitsplatzangebot (noch) nicht (im ausreichenden Maße) gesteigert werden, so muß die Zeit trotzdem dazu benutzt werden, sich auf diesen Fall bestmöglich vorzubereiten, indem man z.B. Umschulungsprogramme durchführt, selbst wenn noch unklar ist, welche Berufsgruppen von den Betrieben in Zukunft hauptsächlich nachgefragt werden[337]. Der Schwerpunkt der öfftl. Ausgaben würde dann also nicht bei der Zahlung von Arbeitslosengeldern, sondern von Unterhaltsgeldern für Umschulungs- und Fortbildungsmaßnahmen im Rahmen des AFG liegen.

Abb. 10: *Rangfolge und Zuordnung der regionalpolitischen Aufgabenfelder*

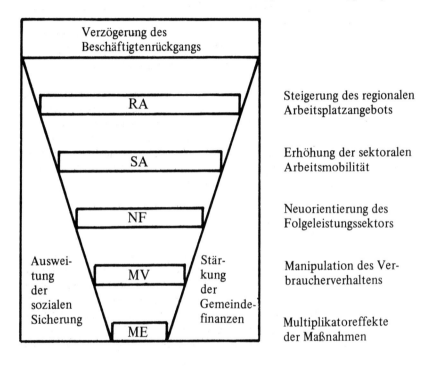

Die *Neuorientierung des Folgeleistungssektors* ist die drittbeste Alternative, wenn die Möglichkeiten bei den ersten beiden Aufgabengruppen bereits ausgeschöpft sind oder (teilweise) nicht ergriffen werden, weil sie zu wenig oder keinen Erfolg versprechen. Sind große Schritte noch nicht möglich, so ist vor dem Entschluß zum untätigen Abwarten mit der Folge passiver Sanierung[338] immer zu überlegen, welche kleinen Schritte evtl. noch getan werden können. Sie tragen zwar nicht zur Lösung des Umstellungsproblems bei, wohl aber vermindern sie einen Teil der unerwünschten Auswirkungen des regionalen Arbeitsmarktungleichgewichts. Sie greifen wesentlich später in den Multiplikatorprozeß ein, und ihre Zieleffizienz muß deshalb entsprechend geringer sein. Eine Stärkung des Folgeleistungssektors vermag aber zudem noch die Attraktivität der Problemregion zu steigern, da bei der Diskussion regionaler Entwicklungsmaßnahmen z. T. auch schon von einer „kommerziellen Infrastruktur"[339] gesprochen wird. Außerdem kann dadurch ein ökonomisch (auch gesamtwirtschaftlich) nicht sinnvoller Abbau und späterer Aufbau von Kapazitäten, vor allem im tertiären Sektor, vermieden werden. Schafft der Folgeleistungssektor diese Neuorientierung trotz entsprechender Maßnahmen nicht aus eigener Kraft, so kann schließlich noch durch eine *Manipulation des Verbraucherverhaltens* versucht werden, die privaten Haushalte dazu zu veranlassen, ihre Ersparnisse zugunsten des Konsums zu verringern oder die Kaufkraftabflüsse aus der Problemregion zu verkleinern.

Je geringer die „Globaleffizienz" der einzelnen Aufgabenbereiche wird, um so mehr Geld wird für Zwecke der sozialen Sicherung und für den Finanzausgleich benötigt. Gelingt die regionale Umstellung sofort, erübrigen sie sich, da das Einkommen der Privaten und die Steuereinnahmen der Gemeinde in etwa wieder das alte Niveau erreichen werden. Ist keine der ergriffenen Umstellungs- und Anpassungsmaßnahmen von Erfolg gekrönt oder werden sie aus Risikoscheu nicht ergriffen, so ist der ineffizienteste Zustand erreicht, weil als „Erfolg" (neben der sozialen Sicherung) nur noch die Multiplikatorwirkungen der Maßnahmen verbucht werden können.

Welchem Aufgabenbereich im Rahmen eines regionalpolitischen Aktionsprogramms der Vorzug gegeben wird und wo im einzelnen die Schwergewichte gelegt werden, hängt von den speziellen Gegebenheiten in der Problemregion, den vorhandenen Geldmitteln und der Risikobereitschaft des regionalpolitischen Entscheidungsträgers ab. Letztere ist wahrscheinlich um so geringer, je näher der nächste Wahltermin rückt. Dieser Zeitaspekt des Problems ist vielleicht für den Politiker, nicht aber für den Analytiker von entscheidender Bedeutung.

5.2.2 Die zeitliche Dosierung der Maßnahmen

Will man die Chance zur Schaffung einer neuen Wirtschaftsstruktur nutzen, so haben sich die zu ergreifenden Maßnahmen auf die Lösung der Umstellungsprobleme zu konzentrieren. Das damit verbundene Risiko muß wohl oder übel in Kauf genommen werden, weil sonst eine passive Sanierung des Problemgebietes gesamtwirtschaftlich sinnvoller wäre. Die Anlaufzeiten der Maßnahmen zur Induzierung, Förderung und Erleichterung der regionalen Umstellung haben aber unterschiedliche Ausmaße, so daß sich zumindest schwerpunktmäßig eine zeitliche Rangfolge der Maßnahmen festlegen läßt.

Abb. 11: *Die zeitliche Dosierung der Umstellungsmaßnahmen*

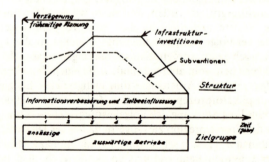

Wie bereits dargelegt, muß zunächst einmal genügend Zeit gewonnen werden, damit die Wirkungen der Maßnahmen schon möglichst vor oder auch kurz nach dem Termin der Massenentlassung eintreten. Dadurch wird zumindest eine Verminderung der (unproduktiven) sozialpolitischen Aufwendungen erreicht. Am schnellsten durchführbar und gleichzeitig auch am dringlichsten ist dann eine Politik der *Informationsverbesserung* und *Zielbeeinflussung*. Ist die öfftl. Verwaltung flexibel genug, so können diese Aktivitäten sofort entfaltet werden. Der notwendige Mittelaufwand ist dabei vergleichsweise gering und kann zu erheblichen Einsparungen bei anderen Maßnahmengruppen führen, weil zunächst dafür gesorgt wird, daß die bereits vorhandenen positiven Opportunitätsdifferenzen bzw. Standortvorteile genügend bekannt werden. Erst danach ist es überhaupt sinnvoll, weitere Maßnahmen zur Steigerung der Attraktivität zu ergreifen. Fehlt diese Informationspolitik im gesamten Zeitraum des regionalen Umstellungsprogramms, so läuft die Regionalpolitik Gefahr, daß weder die vorhandenen noch die neu geschaffenen Vorteile und Vergünstigungen von potentiellen Interessenten überhaupt wahrgenommen werden.

Relativ frühzeitig können auch viele Arten von *Subventionen* gewährt werden. Bis die dazu notwendigen Mittel bzw. Zusagen vorliegen, dürfte auch in einem parlamentarischen System nicht mehr als ein Jahr vergangen sein, so daß sie spätestens nach zwei Jahren ihr volles (geplantes) Niveau erreichen können. Da Subventionen aber nur Hilfe zur Selbsthilfe sein dürfen, muß nach spätestens weiteren zwei Jahren mit ihrem kontinuierlichen Abbau begonnen werden, weil dann die Effekte der Infrastrukturinvestitionen ihnen weitgehend die Berechtigung entziehen.

Infrastrukturinvestitionen haben überwiegend die längsten Anlaufzeiten im Vergleich zu den übrigen Maßnahmen. Die für die Steigerung des regionalen Arbeitsplatzangebotes wichtigsten von ihnen, die Bereitstellung und Erschließung von geeigneten Industriegrundstücken und ihre Anbindung an das überlokale Verkehrsnetz, könnte aber auch schon nach einem Jahr durchgeführt sein, so daß von diesem Zeitpunkt an der Aufbau privater Produktionskapazitäten möglich ist. Ihr volles (geplantes) Ausmaß im Bereich des Verkehrs-, Bildungs-, Gesundheitssektors etc. dürften sie allerdings erst nach drei Jahren erreicht haben. Da sie die öfftl. Haushalte sehr stark beanspruchen werden, ist eine Verteilung der Vorhaben auf mehrere Jahre unumgänglich. Nach ca. sieben Jahren müßten die Ausgaben für Infrastrukturinvestitionen jedoch wieder auf ihr altes Niveau bzw. ihren „normalen" Wachstumspfad absinken, wenn die Ausstattung vorher nicht allzu schlecht war. Wie aber bereits ausgeführt, geht es in industriellen Problemgebieten weniger um die Quantität, als um die Steigerung der Qualität der Infrastruktur, also um Verbesserung, Modernisierung und Umstellung auf die neuen Erfordernisse. Ist diese Aufgabe erfüllt, so würde ein Mehr in den Bereich der Subventionen fallen, weil dann höchstwahrscheinlich andere Teilräume benachteiligt würden.

Auch die *Zielgruppe* der Aktivitäten kann auf diesen zeitlichen Rhythmus abgestimmt werden. Zu Anfang empfiehlt es sich, die Bemühungen auf die bereits ansässigen Betriebe zu konzentrieren, also Betriebserweiterungen im Grundleistungssektor und Anpassungsprozesse im Folgeleistungssektor zu fördern und zu erleichtern, weil die Kontaktanbahnung und Feststellung der erforderlichen Maßnahmen wesentlich einfacher und schneller zu bewerkstelligen ist als bei (noch) unbekannten Unternehmen. Dieses heimische Potential wird aber bald ausgeschöpft sein, so daß sich allmählich das Schwergewicht der Aktivitäten auf auswärtige Betriebe verlagern muß. Bevor diese Bestrebungen, selbst wenn man sie schon im ersten Jahre begonnen hat, aber einen merklichen Erfolg zeitigen können, dürften mindestens drei Jahre vergangen sein. Die Erfolgschancen und Startbedingungen für diese Betriebe sind von da an aber auch am günstigsten, weil zu dieser Zeit alle Maßnahmen ihr maximales Ausmaß erreicht haben.

5.2.3 Die anzustrebende Einkommensentwicklung in der Problemregion

Das regionale Arbeitsmarktungleichgewicht schlägt sich in einer „Talsohle" der im privatwirtschaftlichen Produktionsprozeß verdienten Einkommen nieder. Nur bei unendlich hoher Anpassungsgeschwindigkeit der Produktionsfaktoren würden die privaten Aktivitäten sofort wieder auf das alte Niveau ansteigen. Da diese Voraussetzung in der Realität nicht erfüllt ist, müssen Transferzahlungen zunächst dafür sorgen, daß die verfügbaren persönlichen Einkommen der Haushalte nicht unter ein physisches bzw. kulturelles Existenzminimum absinken. Die Verausgabung dieser Unterstützungszahlungen führt zu Multiplikatoreffekten, die die private Produktion ein wenig anheben. Die Einkommensentwicklung in der Problemregion hat bei der bereits dargestellten instrumentalen und zeitlichen Konzeption dann einen typischen Verlauf.

Abb. 12: *Die Einkommensentwicklung in der Problemregion*

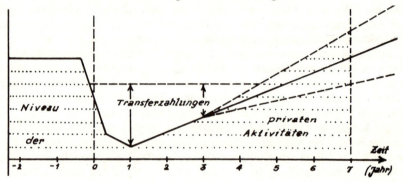

Da Maßnahmen zur Industrieansiedlung frühestens nach drei bis vier Jahren zu einem fühlbaren Anstieg der privaten Einkommen führen, kann das Ausmaß der (unproduktiven) Transferzahlungen dadurch vermindert werden, daß die Umstellungsmaßnahmen frühzeitig geplant oder daß Umschulungsprogramme durchgeführt werden. Ist beides nicht möglich oder notwendig, so eignen sich Infrastrukturinvestitionen vorzüglich dazu, unproduktive durch produktive Ausgaben zu ersetzen, weil sie vorübergehende Beschäftigungs- und Einkommenseffekte direkter und indirekter Art zur Folge haben, die die private Produktion anheben. Diese Effekte sind um so stärker, je arbeitsintensiver die Produktionsverfahren und je geringer die aus dem Regionsausland bezogenen Vorleistungen sind. Ist man tatsächlich von der Massenentlassung überrascht worden, so ist es in dieser Situation sinnvoller, die Gelder für den Straßen- oder Schulbau zu verwenden und damit gleichzeitig die Attraktivität der Problemregion zu erhöhen, anstatt ständig hohe Arbeitslosengelder zu zahlen. Diese aus den 30-er Jahren bekannten Arbeitsbeschaffungsprogramme dürften auch heute noch erfolgreich sein[340].

Während die Nebenwirkungen der soeben geschilderten Maßnahmen relativ sicher sind, ist es unsicher, ob sie auch ihren Hauptzweck erreichen, nämlich die Induzierung privater Aktivitäten; jedoch kann man zumindest gewiß sein, alles in den Kräften Stehende getan zu haben, um diesen Prozeß zu fördern, und alles unterlassen zu haben, was ihn erschweren könnte. Beim allmählichen Auslaufen der Infrastrukturprogramme ergibt sich dann je nach Erfolg der ergriffenen Maßnahmen ein niedrigeres, gleiches oder höheres Niveau der verdienten Einkommen. Diese Strategie läßt sich also dadurch charakterisieren, daß Transferzahlungen zur sozialen Sicherung durch Ausgaben für Umschulungsmaßnahmen oder Infrastrukturinvestitionen, diese wiederum durch eine steigende private Produktion substituiert werden, m. a. W., Transfereinkommen werden durch staatsausgabeninduzierte, diese dann durch im privaten Produktionsprozeß geschaffene Einkommen ersetzt. Maßnahmen der Informationsverbesserung und Zielbeeinflussung dagegen werden sich dagegen unmittelbar nur geringfügig auf die Einkommensentwicklung auswirken.

Selbstverständlich werden sich die einzelnen Phasen nicht so ideal ineinander einfügen, wie hier dargestellt worden ist. Nach fünf Jahren schlägt für die Regionalpolitik jedoch die „Stunde der Wahrheit", weil sich spätestens dann auch die (unsicheren) Erfolge bei den Maßnahmen zur regionalen Wirtschaftsförderung zeigen müssen.

5.3 Überlegungen zum Instrumenteinsatz innerhalb der einzelnen Aufgabenfelder

Ist die Entscheidung über die Verteilung der verfügbaren Mittel auf die sieben Wirkungsfelder der Regionalpolitik gefallen, so müssen als nächstes die Schwerpunkte beim Einsatz der vier Instrumentkategorien zur Lösung dieser Teilaufgaben im Rahmen des regionalpolitischen Aktionsprogramms festgelegt werden. Echte politische Entscheidungen brauchen dabei aber nur noch dann getroffen zu werden, wenn es echte Alternativen beim Instrumenteinsatz gibt.

5.3.1 Die Alternativen bei der Auswahl geeigneter Instrumentkategorien

Die Ausführungen im Abschnitt 4.3 über die Zieleffizienz der vier Instrumentkategorien im Rahmen der sieben Wirkungsfelder der Regionalpolitik lassen sich grob vereinfacht wie in dem auf Seite 142 gezeigten Schema zusammenfassen.

Die vorgenommene Bewertung entbehrt natürlich nicht einer gewissen Willkür, trotzdem lassen sich einige Schlußfolgerungen aus dieser Aufstellung ziehen. Bei den Feldern „Verzögerung des Beschäftigtenrückgangs" und „Manipulation des Verbraucherverhaltens" dominieren eindeutig die qualitativen Instrumentengruppen der Informationsverbesserung und Zielbeeinflussung, auf den Gebieten „Ausweitung der sozialen Sicherung" und „Stärkung der Gemeindefinanzen" dagegen die Subventionen und Transferzahlungen. Bei diesen vier Aufgabenfeldern ist die Entscheidung über den Instrumenteinsatz mit derjenigen über das Gewicht dieser Aufgabenfelder im gesamten Aktionsprogramm also weitgehend festgelegt. Sie brauchen deshalb nicht mehr weiter diskutiert zu werden, weil dies bereits im Abschnitt 4.3 geschehen ist.

Aufgabenfelder	Instrumentkategorien			
	Informationsverbesserung	Zielbeeinflussung	Infrastrukturinvestitionen	Subventionen
Verzögerung des Beschäftigtenrückgangs	+	++	–	–
Erhöhung des regionalen Arbeitsplatzangebots	++	=	++	+
Steigerung der sektoralen Arbeitsmobilität	++	+	=	++
Neuorientierung des Folgeleistungssektors	+	+	++	=
Ausweitung der sozialen Sicherung	=	–	–	++
Stärkung der Gemeindefinanzen	–	–	–	++
Manipulation des Verbraucherverhaltens	++	+	=	–

Es bedeuten: ++ sehr geeignet, + geeignet, = weniger geeignet, – ungeeignet.

Offen ist dagegen die Entscheidung über die Maßnahmen zur Förderung der Umstellung im Grund- und Folgeleistungssektor, weil dort jeweils drei Instrumentkategorien eine entsprechende Eignung aufweisen. Da es sich hierbei gleichzeitig auch um die wichtigsten Aufgabenfelder im Rahmen eines regionalen Aktionsprogramms handelt, soll darauf noch näher eingegangen werden.

5.3.2 Die begrenzte Substituierbarkeit der Instrumentkategorien zur Förderung der regionalen Umstellung

Das Fehlen einer in seiner Zieleffizienz dominanten Instrumentengruppe bei Maßnahmen zur regionalen Wirtschaftsförderung ist bereits an einigen Stellen angedeutet und begründet worden[341]. Diese Überlegungen lassen sich zu folgender These über die begrenzte Substituierbarkeit der Instrumentkategorien zusammenfassen:

Informationsverbesserung und Infrastrukturinvestitionen sind jeweils eine conditio sine qua non und conditio per quam regionaler Wirtschaftsförderung.

Der regionalen Wirtschaftspolitik stehen zwei große Instrumentengruppen bzw. Gruppen von Instrumentkategorien zur Verfügung, die jeweils verschiedene Elemente der privaten Entscheidungen zum Ansatzpunkt haben. Sie kann auf die Daten (Infrastrukturinvestitionen), Ergebnissituationen (Subventionen) oder Ziele (Zielbeeinflussung) einwirken oder durch Informationsverbesserung die Grundlagen aller Entscheidungselemente verbessern und dadurch die von ihr gewünschten Aktionen der Privaten herbeiführen[342].

Abb. 13: *Das Instrumentensystem der regionalen Wirtschaftsförderung*

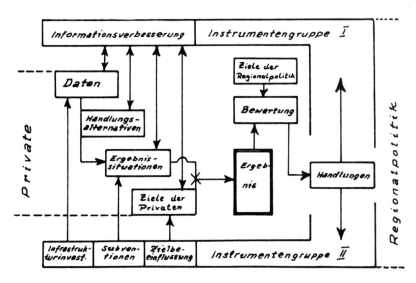

Dieser Informationsfluß ist aber wechselseitig. Damit die Regionalpolitik überhaupt selbst informieren oder durch andere Maßnahmen direkt auf die Entscheidungselemente der Privaten einwirken kann, muß sie erst selbst informiert sein. Die grundlegende erste Hauptaufgabe besteht deshalb in der problembezogenen Sammlung, Aufbereitung und Auswertung verschiedenster Informationen über die Determinanten der privaten Entscheidungen, die sich für ein einzelnes Wirtschaftssubjekt nicht lohnen würden bzw. ihm gar nicht möglich sind. Anderenfalls wüßte die Regionalpolitik weder, wie die aktuelle Lage beschaffen ist und die Entwicklung unter status-quo Bedingungen verlaufen wird, noch wie die Privaten auf regionalpolitische Maßnahmen reagieren werden. Eine ex-ante Abschätzung der Zieleffizienz wäre dann logisch gar nicht möglich, als Ausweg verbliebe nur eine Politik des "trial and error". Will man sich damit aber nicht zufrieden geben, so kann es bei der Frage nach dem Ausmaß einer Politik der Informationsverbesserung im Vergleich zu anderen Maßnahmen nicht um ein „entweder-oder", sondern immer nur um ein „mehr-oder-weniger" gehen.

Eine ähnlich begrenzte Substitutionalität liegt bei dem Verhältnis der Infrastrukturinvestitionen zu den anderen Instrumentkategorien vor. Auf diese Zusammenhänge hat zuerst *A. O. Hirschman*[343] hingewiesen und sie anschaulich dargestellt (vgl. Abbildung 14 auf S. 144).

Dem balanced und unbalanced (via shortage oder via excess capacity of SOC) growth bei *A. O. Hirschman* können auf regionaler Ebene die „politique d'accom-

Abb. 14: *Sequenzverläufe zwischen Directly Productive Activities (DPA) und Social Overhead Capital (SOC)*

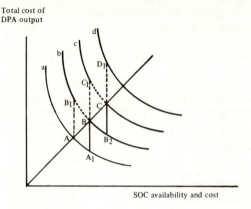

pagnement" und die „politique d'entraînement"[344] bzw. eine Politik der reinen Engpaßbeseitigung gleichgestellt werden. Hier interessieren aber weniger die möglichen Strategien und Entwicklungspfade zu einem höheren Wohlstandsniveau, das durch die einzelnen Isoquanten dargestellt wird, als vielmehr die Form dieser Isoquanten. Entsprechen sie auch nur in etwa ihrem Typ nach (konvex zum Ursprung) dem tatsächlichen Verlauf in der Realität, so kann die Infrastruktur das Ausmaß der privaten Aktivitäten limitieren, weil es z. B. nicht mehr möglich ist, vom Niveau der Isoquante a auf das der Isoquante c zu gelangen, ohne daß vorher das SOC entsprechend ausgeweitet worden wäre. Bis zu einem gewissen Ausmaß ist die Steigerung der privaten Produktion (zu steigenden Grenzkosten) möglich (etwa auf das Niveau der Isoquante b), von einer bestimmten Schwelle an ist diese Substitutionsmöglichkeit aber nicht mehr gegeben, weil eine größere Produktion dann technisch nicht mehr realisierbar oder ökonomisch unrentabel wäre.

Will man die Produktionsmöglichkeiten der Industrie aber fördern, so darf die Infrastruktur in keinem Falle zum (drohenden) Engpaßfaktor werden. Auch hier geht es deshalb nur um ein „mehr-oder-weniger", nicht aber um ein „entweder-oder". Ähnliche limitationale Beziehungen zwischen den Instrumentkategorien treten evtl. noch bei den Subventionen auf, und zwar dann, wenn in allen übrigen Teilräumen der Volkswirtschaft ein bestimmtes Maß an Starthilfen in Form finanzieller oder materieller Vergünstigungen gewährt wird, so daß die Problemregion mitziehen muß, um „konkurrenzfähig" zu bleiben. Außerdem ist ein ähnlicher Sachverhalt noch bei der beschränkten Ersetzbarkeit mangelhafter Infrastrukturausstattung durch erhöhte Subventionen zu beachten[345]. Nur die Instrumente zur Zielbeeinflussung können deshalb aus einem Industrieansiedlungsprogramm ausgeklammert werden, ohne daß sein Erfolg schon durch eine falsche Konzeption gefährdet wäre.

5.3.3 Möglichkeiten der Entscheidungsvorbereitung

Bei der dargestellten Problemlage kann sich der Berater bei der Vorbereitung von

Entscheidungen über eine Schwerpunktbildung bei der Rangordnung der Aufgabenfelder und den einzelnen Instrumentkategorien folgender Methoden bedienen:[346]

1. theoretische a-priori Überlegungen,
2. Betriebsbefragungen,
3. regressionsanalytische Ansätze und
4. regionale Optimierungsmodelle.

Man wird zwar *J. Paelinck* zustimmen müssen, wenn er fordert, daß „le problème de l' efficacité compareé, marginale ou conjointe, des mesures de politique économique, ne peut être résolu que moyennant la construction d'un modèle économétrique complet"[347], jedoch ist dieser Weg heute noch nicht gangbar. *J. Paelinck* schränkt bei dem von ihm vorgestellten Ansatz selbst ein „On se gardera, au stade actuel de l'exercice, d'en tirer la moindre conclusion pour l'action . . . "[348]. Als Vorstufe zu einem solchen Modell sind aber auch Ergebnisse der drei anderen Methoden notwendig oder als Ergänzung wertvoll. Soweit es in dem jeweiligen Rahmen möglich war, sind die theoretischen Überlegungen und Plausibilitätshypothesen zu den einzelnen Problembereichen dargestellt und beurteilt worden.

Eine Möglichkeit, sie zu testen oder für einen konkreten Fall empirisch aufzufüllen, stellen Unternehmerbefragungen dar. Aufgrund ihrer Ergebnisse kann man versuchen, die Hauptgründe und -motive der Standortwahl, Quantität und Qualität der verlangten Standortfaktoren sowie deren spezifische Gewichte im Mobilitätskalkül (wenigstens ordinal oder tendenziell) zu bestimmen. Auf die damit verbundenen Gefahren ist bereits hingewiesen worden. Es ist zu befürchten, daß die Betriebe (wenn überhaupt) nur solche Antworten geben, die die Richtigkeit der getroffenen Standortentscheidung bestätigen. Vor allem die Bedeutung der finanziellen Vorteile dürfte systematisch unterschätzt werden.

Regressionsanalytische Ansätze versuchen das unterschiedliche Wachstum der einzelnen Regionen einer Volkswirtschaft aus einer Vielzahl von Variablen zu „erklären", von denen allerdings nur wenige auch Aktionsparameter der Regionalpolitik sind. Solche Untersuchungen sind z. B. für die Regierungsbezirke der BRD[349] und 48 Staaten der USA[350] durchgeführt worden. Leider lassen die Matrizen der dabei errechneten Korrelationskoeffizienten noch keine konkreten Empfehlungen für regionalpolitische Aktionen zu.

Interessanter und für die Problemstellung wesentlich wertvoller wäre eine *systematische Erfolgskontrolle bei allen Instanzen in der BRD, die regionale Wirtschaftsförderung betreiben*. Im Rahmen einer Querschnittsanalyse könnten dann Aussagen über den Erfolg und Mißerfolg (!) unterschiedlicher Aktionsprogramme auf bestimmte Zielindikatoren gewonnen werden, die sich nach Regionstyp, Problemsituation u. ä. weiter differenzieren ließen. Dann wäre man zumindest in der Lage, Tendenzaussagen darüber zu treffen, wann, wo und unter welchen Bedingungen welches Aktionsprogramm erfolgreich war oder nicht.

Da von Bund, Ländern, Gemeinden und zahlreichen Wirtschaftsförderungsgesellschaften regionale Industrieansiedlungspolitik betrieben wird, dürfte vom verfügbaren Material her gesehen sogar eine sehr detaillierte empirische Effizienzanalyse möglich sein. Leider operieren die einzelnen Instanzen (vor allem auf den unteren Ebenen) aber nicht nur innerhalb, sondern auch am Rande und außerhalb der Legalität. Der vorgeschlagene Versuch wird deshalb auf enorme Schwierigkeiten und Widerstände stoßen. Wenn man ihn „von oben" anordnet, drohen die gleichen systematischen

Fehler wie bei Betriebsbefragungen. Die Konkurrenz zwischen den Gemeinden tut außerdem ihr übriges, daß diese „Geheimrezepte" strenger gehütet werden, als es bei den Alchimisten im Mittelalter der Fall gewesen sein dürfte.

Einen Schritt in diese Richtung auf einem (weniger heiklen) Teilbereich ist aber schon getan worden. Das Gesetz über die Gemeinschaftsaufgabe „Verbesserung der regionalen Wirtschaftsstruktur" schreibt eine systematische Übersicht und Zusammenfassung aller Fördermaßnahmen des Bundes und der Länder in den Fördergebieten des Bundes vor[351]. Die Absicht, im Rahmen der mittelfristigen Finanzplanung eine Regionalisierung der strukturwirksamen Ausgaben des Landes NRW vorzunehmen, weist ebenfalls in diese Richtung. Wenn in diese Pläne die Ausgaben der Gemeinden und der Bundesanstalt für Arbeit einbezogen werden, könnten sie die Aufstellung regionaler Investitionshaushalte ermöglichen. Sie wären ein wichtiger Meilenstein auf dem Wege zu einer systematischen Erfolgskontrolle regionaler Strukturpolitik.

Den Versuch, aufgrund der Höhe der öffentlichen Aufwendungen pro neu geschaffenen Arbeitsplatz eine Erfolgskontrolle der Wirtschaftsförderung im Nordosten des Regierungsbezirks Detmold durchzuführen, hat jüngst *Ch. Becker* unternommen[352]. In den Kalkül gehen aber nur die direkten Subventionen ein, und zwar der Barwert der zinsgünstigen Darlehen des Bundes und die (teilweise) übernommenen Erschließungskosten durch die Gemeinden. Als Erfolgskriterium wird der Quotient aus öffentlichen Aufwendungen (besser: Subventionen) und neu geschaffenen Arbeitsplätzen verwandt. In den vorangegangenen Ausführungen wurde jedoch deutlich zu machen versucht, daß wegen der eingeschränkten Instrumentsubstitution ein solches oder ähnliches Kriterium allein nicht zur Erfolgskontrolle eines regionalen Aktionsprogramms dienen kann[353]. Als Entscheidungshilfe für einen wichtigen Teilbereich erscheint dieser Ansatz dagegen durchaus brauchbar und wertvoll.

5.3.4 Vorschläge für eine effizientere Regionalpolitik

Wie bereits in den einleitenden Bemerkungen zu diesem Kapitel angedeutet, ist es beim gegenwärtigen Stand des Wissens noch nicht möglich, die optimalen Maßnahmen oder die optimale Struktur eines Maßnahmenbündels zu bestimmen. Auf eine breitere Darstellung der Strategien und Instrumente, die bereits eingesetzt werden und sich z. T. auch schon bewährt haben[354], soll hier nicht mehr näher eingegangen werden, da sie keine weiteren Informationen oder Anhaltspunkte für die Zieleffizienz dieser Maßnahmen bei der hier angesprochenen Problemsituation geben können. Soweit die Ausführungen über Zielbestimmung, Diagnose, Prognose und Therapie verallgemeinernde Aussagen zuließen, sollen die wichtigsten von ihnen abschließend noch einmal zusammengefaßt werden, sofern sie ein Abweichen von der bisher geübten bzw. zu beobachtenden Praxis geraten erscheinen lassen.

(1) Wenn es dem regionalpolitischen Entscheidungsträger nicht möglich ist, seine gesamten Zielvorstellungen operational zu definieren, so muß er zumindest der Auswahl einiger Zielindikatoren zustimmen, damit alle weiteren Überlegungen einen Bezugspunkt erhalten. Er sollte an dem Prozeß der Entscheidungsfindung ständig aktiv teilnehmen, damit er die Chancen und (unvermeidbaren) Risiken der Alternativen besser bewerten kann.

(2) Bei der Prüfung der Frage, ob mit einem potentiellen Arbeitsmarktungleichgewicht gerechnet werden muß, sind nicht nur die branchen-, sondern auch die standort- und betriebsspezifischen Faktoren gebührend zu berücksichtigen. Die in diesem Zusammenhang vielzitierte Monostruktur ist weder eine notwendige noch hinreichende Bedingung für ein potentielles Arbeitsmarktungleichgewicht.

(3) Die personelle und finanzielle Ausstattung derjenigen Instanzen, die sich mit Diagnose und Prognose sowie Planung und Durchführung der Maßnahmen befassen, müssen wesentlich verstärkt werden. Die für sie heute verfügbaren Mittel stehen noch in keinem Verhältnis zur Höhe der Gelder, die von ihnen für bestimmte Projekte vorgeschlagen bzw. bewilligt werden. Durch Beseitigung des Engpaßfaktors „verfügbares empirisches Material" könnte die Effizienz der Maßnahmen wesentlich gesteigert werden, weil einfache Faustregeln oder anspruchsvolle, aber (noch) nicht quantifizierbare Prognosemodelle dann durch theoretisch vielleicht zunächst noch bescheidene, aber empirisch auffüllbare Ansätze der Determinanten- und Verflechtungsanalyse ersetzt werden könnten.

(4) In der Problemsituation muß als erstes versucht werden, genügend Zeit für Planung und Durchführung von Umstellungsmaßnahmen der privaten und staatlichen Stellen zu gewinnen. Überhastetes und damit unüberlegtes Vorgehen gefährdet jedes Aktionsprogramm. Die „Politik der Feuerwehr" muß einer vorausschauenden, wenn möglich sogar prophylaktischen Regionalpolitik weichen, auch und gerade dann, wenn kurzfristige Probleme zu lösen sind.

(5) Die zweite Voraussetzung für das Gelingen von Umstellungsmaßnahmen ist ein gutes psychologisches Klima. Dies kann vor allem durch eine frühzeitige und wahrheitsgetreue Information der betroffenen Arbeiter und durch Garantierung eines maximalen relativen Einkommensverlustes erreicht werden. Vor allem der Lokalpresse fällt die Aufgabe zu, durch eine sachliche Berichterstattung den Umstellungsprozeß zu erleichtern und ihn nicht durch Entfachung und Anheizung einer Krisenhysterie schon im Ansatz zu verhindern.

(6) Die Staatsausgaben für Güter und Dienste müssen in der Problemregion über den Finanzausgleich oder durch direkte Ausgaben des Zentralstaates in einem Maße angehoben werden, daß diese „armen" mit den „reichen" Regionen konkurrieren können. Ihr Ausmaß wird in aller Regel die Höhe der Steuerausfälle weit überschreiten.

(7) Das Minimum der Gesamtausgaben hat sich an den Aufwendungen zu orientieren, die anderenfalls zur sozialen Sicherung der Arbeiter bzw. zur Gewährleistung der kommunalen Aufgabenerfüllung verausgabt werden müßten. Das Argument, es stünde kein Geld zur Verfügung, ist dann nicht stichhaltig, wenn man diese Summe später aufgrund gesetzlicher Verpflichtungen bereitstellen muß.

(8) Bei der Auswahl zu fördernder Betriebe ist den heimischen Unternehmen – zumindest anfangs – stärkere Beachtung zu schenken. Die Ausweitung bereits bestehender Betriebe im Grund- und Folgeleistungssektor bietet vor allem bei kurzfristigen Problemlösungen komparative Vorteile. Bei der Ansiedlung neuer Unternehmen stellen Großbetriebe aus Wachstumsbranchen „Ringeltauben" dar. Den Standortvoraussetzungen und betriebsspezifischen Faktoren sollte ein stärkeres Gewicht beigemessen werden, damit eine Industrieansiedlung „um jeden Preis" vermieden wird.

(9) Unproduktive Ausgaben zur Aufrechterhaltung der sozialen Sicherheit und Kompensation von Steuerausfällen müssen möglichst früh durch produktive Ausgaben für Umschulungs- und Fortbildungsmaßnahmen, besonders aber für Infrastrukturinvestitionen, ersetzt werden. Informationsverbesserung und Infrastrukturinvestitionen sind in einem Aktionsprogramm nur beschränkt durch andere Maßnahmen (vor allem durch Subventionen) substituierbar.

(10) Eine größere Publizität und ständige Erfolgskontrolle bei allen regionalpolitischen Instanzen muß angestrebt werden, damit die „empirische Flanke" des Problems, welche Typen von regionalpolitischen Aktionsprogrammen in bestimmten Problemlagen am erfolgversprechendsten sind, einer Lösung näher gebracht, das Ausmaß der versteckten Subventionen aufgedeckt und eine Schwerpunktbildung bei den zahlreichen Regionalprogrammen in der gesamten Bundesrepublik möglich wird.

Diese „10 Gebote" mögen dem Praktiker als unerfüllbar, dem Theoretiker dagegen als unbefriedigend erscheinen. Da regionale und sektorale Strukturprobleme aber erst nach dem 2. Weltkrieg das ihnen gebührende Interesse in der Theorie und Praxis der Wirtschaftspolitik gefunden haben, ist es heute leider noch nicht möglich, gegen regionale Strukturkrisen ähnlich erfolgversprechend anzugehen wie gegen nationale Konjunkturkrisen. Diese Untersuchung konnte und wollte nur die theoretischen Grundlagen sowie die gegenwärtig verfügbaren empirischen Informationen zu den relevanten Problembereichen daraufhin überprüfen, ob sie Richtungsänderungen in der bisherigen regionalpolitischen Praxis notwendig erscheinen lassen, um darauf aufbauend neue Lösungswege aufzuzeigen, die erfolgversprechender sind. Die Ausführungen haben deutlich zu machen versucht, daß letzteres zumindest nicht unmöglich ist, im Gegenteil sogar als durchaus möglich erscheint.

Schlußbemerkungen

Stellt man abschließend die Frage, ob diese Untersuchung das ihr gesteckte Ziel erreicht hat, nämlich einen Beitrag zu einer besseren oder zumindest weniger schlechten Regionalpolitik in der angesprochenen Problemsituation zu leisten, so mag der Skeptiker dies verneinen. Er sieht nur ein Konglomerat von ungelösten Problemen und fragt sich, wie jemand einen Politiker beraten will, der selbst noch weitgehend im Dunklen tappt, weil viele der Probleme noch nicht genügend ausgeleuchtet sind. Dabei sind mehrere von ihnen gar nicht oder nur am Rande behandelt worden, wie z. B. die Interdependenzen zwischen gesamtwirtschaftlicher Konjunkturpolitik und regionaler Strukturpolitik. Weil es aber selbstverständlich ist, daß eine günstige Konjunkturlage den regionalen Umstellungsprozeß erheblich erleichtern kann, weil Investitionsbereitschaft und Arbeitskräftenachfrage groß sind, konnte dieser Aspekt ausgeklammert bleiben[355].

Eine Behandlung der zahlreichen Koordinationsprobleme hätte dagegen den Rahmen dieser Arbeit gesprengt[356]. Die zeitliche, räumliche und sachliche horinzontale und vertikale Abstimmung der Maßnahmen, also die Lösung der ökonomischen Koordinierungsprobleme, ist erst dann möglich, wenn auch die verwaltungsrechtlichen Voraussetzungen dafür vorliegen. Erfährt man aber, daß „der Baubeamte in Gladbeck oder Gelsenkirchen sein Landesministerium in Düsseldorf, seinen Regierungspräsidenten und Landschaftsverband in Münster, seinen Planungsverband und die Aufsichtsbehörde in Essen, das zuständige Staatshochbauamt und die Gewerbeaufsicht in Recklinghausen, das Landesstraßenbauamt in Bochum, das Wasserwirtschaftsamt in Lippstadt und, wenn er mit der Bauaufsicht zu tun hat, das Verwaltungsgericht ... in Gelsenkirchen"[357] hat, so ist man fast geneigt, selbst die Hoffnung auf eine halbwegs zufriedenstellende Lösung ohne vorherige Verwaltungs- und Gebietsreform aufzugeben. Schließlich gibt es weitere Aspekte, die aber noch stärker juristischer Natur sind, wie z. B. die Verteilung der einzelnen Aufgaben, Regelung der Finanzierung und die rechtliche Ausgestaltung des Aktionsprogramms. Der Politiker muß hier wahrlich nicht nur taktischen Instinkt, sondern auch die Geschicklichkeit eines Diplomaten und den Weitblick eines Heerführers haben[358], um seine Ziele zu erreichen.

Weniger pessimistisch dürfte die Beurteilung dagegen ausfallen, wenn man von dem „scio-nescio" des alten Sokrates ausgeht und die Formulierung der Problemstellung sowie die nüchterne Einschätzung der geringen eigenen Kenntnisse und Möglichkeiten als den ersten wichtigen Schritt zu ihrer Lösung ansieht, nach dem man sich dann weiter an die Probleme heranarbeiten kann. Selbst wenn dies aber mit noch so viel Umsicht und Energie geschieht, ist der Erfolg nicht sicher; denn Strukturpolitik ist, wie IHK-Präsident *A. Geier* es einmal formulierte, „ein langwieriges und mühsames Geschäft, bei dem man den Erfolg nicht erzwingen, sondern nur auf ihn hinarbeiten kann".[359]

Anmerkungen

1 *P. G. Kirsch,* 3000 zuviel? In: Der Volkswirt, 23. Jg. (1969), Nr. 18, S. 61.
2 *H. Jürgensen,* Produktivitätsorientierte Regionalpolitik als Wachstumsstrategie Hamburgs, Göttingen 1965, S. 115.
3 Diese Auffassung vertritt seit 1966 auch die Bundesregierung. Vgl.: Wirtschaftsordnung und Strukturpolitik, Modellanalysen, Bd. II, Hrsg. *H.-D. Ortlieb, F.-W. Dörge,* Opladen 1968, S. 100.
4 *H. K. Schneider,* Über einige Probleme und Methoden regionaler Analyse und Prognose. In: Regionalplanung, Hrsg. *H. K. Schneider,* Münster 1966, S. 98.
5 *K. Töpfer,* Regionalpolitik und Standortentscheidung, Bd. 6 der Beiträge zur Raumplanung, Hrsg. Zentralinstitut für Raumplanung an der Universität Münster, Bielefeld 1969.
6 *W. Stockmann,* unter Mitarbeit von *W. Holdt,* Die Auswirkungen von Zechenstillegungen auf Beschäftigung, Einkommen und Gemeindesteuern, dargestellt am Beispiel der Stadt Bottrop, Köln und Opladen 1970.
7 *W. Klöppel,* Die Mobilität des Produktionsfaktors Kapital und ihre Bedeutung für die Regionalpolitik. Arbeitstitel einer Untersuchung im Zentralinstitut für Raumplanung an der Universität Münster.
W. Holdt, Die Auswirkungen von Industrieansiedlungen auf die Entwicklung von Regionen. Arbeitstitel einer Untersuchung im Zentralinstitut für Raumplanung an der Universität Münster.
8 *G. Bombach, P. G. Rogge,* Geleitwort zu den Prognosstudien. In: *W. Uebe,* Industriestruktur und Standort. Prognosstudien 1, Stuttgart 1967, S. III.
9 *H. Jürgensen,* Antinomien in der Regionalpolitik. In: Gestaltungsprobleme der Weltwirtschaft. Festschrift für *A. Predöhl,* Hrsg. *H. Jürgensen,* Göttingen 1964, S. 409.
10 *P. Velsinger,* Entscheidungen ohne explizit formulierte Ziele bei unvollkommener Information, Diss. Münster, erscheint demnächst. Im Manuskript S. 55 ff.
11 *K. Töpfer,* Regionalpolitik . . ., a. a. O., S. 19.
12 *D. Storbeck,* Zur Operationalisierung der Raumordnungsziele. In: Kyklos, Vol. XXIII (1970), S. 101.
P. G. Jansen, Infrastrukturinvestitionen als Mittel der Regionalpolitik, Bd. 3 der Beiträge zur Raumplanung, Hrsg. Zentralinstitut für Raumplanung an der Universität Münster, Gütersloh 1967, S. 20.
13 *H. K. Schneider,* Plankoordinierung in der Regionalpolitik. In: Rationale Wirtschaftspolitik und Planung in der Wirtschaft von heute, Schriften des Vereins für Socialpolitik, N. F., Bd. 45, Hrsg. *E. Schneider,* Berlin 1967, S. 247 ff.
14 *D. Storbeck,* Zur Operationalisierung . . ., a. a. O., S. 104 ff.
15 Vgl. *H. Zimmermann,* The Treatment of Imprecise Goals: The Case of Regional Science, Regional Science Research Institute, Discussion Paper Series, Nr. 9, Philadelphia Jan. 1966, S. 5.
Das Ziel: „Steigerung des Bruttoinlandsproduktes pro Kopf der Wirtschaftsbevölkerung in der Stadt Münster von 1970 bis 1975 auf 115 % des Wertes von 1969" entspräche z. B. diesen Anforderungen.
16 *H. K. Schneider,* Über die Notwendigkeit regionaler Wirtschaftspolitik. In: Beiträge zur Regionalpolitik, Schriften des Vereins für Socialpolitik, N. F., Bd. 41, Hrsg. *H. K. Schneider,* Berlin 1968, S. 3.
17 *H. Zimmermann,* Zielvorstellungen in der Raumordnungspolitik des Bundes. In: Jahrbuch für Sozialwissenschaft, Bd. 17 (1966), S. 225 ff., bes. die S. 245.
18 *D. Storbeck,* Zielkonflikt-Systeme als Ansatz zur rationalen Gesellschaftspolitik. In: Zur Theorie der allgemeinen und der regionalen Planung, Bd. 1 der Beiträge zur Raumplanung, Hrsg. Zentralinstitut für Raumplanung an der Universität Münster, Bielefeld 1969, S. 69 ff.
Derselbe, Zur Operationalisierung . . ., a. a. O., S. 111 ff. Dieses Vorgehen entspricht dem „piecemeal social engineering" von *K. Popper* bzw. dem „incrementalism" von *R. A. Dahl* und

C. E. Lindblom. Vgl. *K. Popper,* The Open Society and Its Enemies, Bd. 1, London 1945, S. 139 ff.
R. A. Dahl, C. E. Lindblom, Politics, Economics and Welfare, New York 1953, S. 82 ff.
19 Solche Kriterien finden sich z. B. auf S. 19 f. und S. 36 ff.
20 *H. Giersch,* Allgemeine Wirtschaftspolitik-Grundlagen, Wiesbaden 1960, S. 68.
21 Vgl. hierzu u. a.:
H. Giersch, Das ökonomische Grundproblem der Regionalpolitik. In: Gestaltungsprobleme der Weltwirtschaft, a. a. O., S. 387 ff.
H. Jürgensen, Antinomien in der Regionalpolitik, a. a. O., S. 403.
H. K. Schneider, Über die Notwendigkeit . . ., a. a. O., S. 4.
K.-H. Hansmeyer, Ziele und Träger regionaler Wirtschaftspolitik. In: Beiträge zur Regionalpolitik, a. a. O., S. 36 ff.
D. Marx, Voraussetzungen und Bedingungen einer wachstumsgerechten Landesentwicklung, Schriftenreihe des Ministerpräsidenten des Landes NRW, Heft 24, Düsseldorf 1968, S. 16 ff.
Die Raumordnung in der Bundesrepublik Deutschland, Gutachten des Sachverständigenausschusses für Raumordnung (SARO-Gutachten), Stuttgart 1961, S. 52 ff.
22 Vgl. hierzu auch die Ausführungen über die möglichen Konflikte zwischen den Zielen der Problemregion und denen der Gesamtwirtschaft auf S. 22.
23 Nähere Ausführungen hierzu finden sich u. a. bei: *W. Zinkahn, W. Bielenberg,* Raumordnungsgesetz des Bundes, Kommentar unter Berücksichtigung des Landesplanungsrechts, Berlin 1965.
W. Bielenberg, Bundesraumordnungsgesetz, Informationsbriefe für Raumordnung R 4.1.1, Hrsg. Bundesminister des Innern, Stuttgart o. J.
B. Dietrichs, Raumordnungsziele des Bundes, Informationsbriefe für Raumordnung R 3.1.2, Hrsg. Bundesminister des Innern, Stuttgart 1965.
24 Zur Kritik am BROG vgl. z. B.:
H. Zimmermann, Zielvorstelllungen . . ., a. a. O., S. 225 ff.
D. Storbeck, Zur Operationalisierung . . ., a. a. O., S. 105 ff.
P. G. Jansen, Infrastrukturinvestitionen . . ., a. a. O., S. 23 ff.
25 Die Ziele und Strategien der Landesplanung in Nordrhein-Westfalen werden dargestellt von:
N. Ley, Ziele der Landesplanung in Nordrhein-Westfalen. In: Stadtplanung, Landesplanung, Raumordnung, Vorträge und Berichte, Hrsg. Landesgruppe NRW der Deutschen Akademie für Städtebau und Landesplanung, Köln und Opladen 1962, S. 5 ff.
H. Lowinski, Strategie der Landesentwicklung in Nordrhein-Westfalen. In: Monostrukturierte Räume, Problemanalyse und Entwicklungsprognose, Hrsg. *H. K. Schneider,* Münster 1970, S. 22 ff.
26 MBL NW 1966, S. 2260 ff.
27 Siedlungsverband Ruhrkohlenbezirk, Gebietsentwicklungsplan 1966, Köln 1967, bes. die S. 17 und 33.
28 Entwicklungsprogramm Ruhr 1968–1973, Hrsg. Landesregierung Nordrhein-Westfalen, Düsseldorf 1968, S. 11 und S. 19.
29 *H. Ehrenberg,* Konzentration auf Schwerpunkte. In: Der Volkswirt, 22. Jg. (1968), Nr. 45, S. 47.
30 *H. Lampert,* Die Gemeinde als Träger von Wirtschaftspolitik. In: Die Gemeinden als wirtschaftspolitische Instanzen, Schriftenreihe des Vereins für Kommunalwissenschaften e. V. Berlin, Bd. 26, Stuttgart 1968, S. 13 f.
F. Möller, Kommunale Wirtschaftsförderung, Stuttgart und Köln 1963, S. 57 ff.
M. Adenauer, Wirtschafts- und Verkehrsförderung. In: Handbuch der kommunalen Wissenschaft und Praxis, Bd. 3, Hrsg. *H. Peters,* Berlin 1959, S. 898 ff.
D. Marx, Wachstumsorientierte Regionalpolitik, Göttingen 1966, S. 133 f.
31 *H. Jürgensen,* Antinomien . . ., a. a. O., S. 408.
32 Diese Haltung ist beim gegenwärtigen Gemeindefinanzsystem zwar verständlich, weil eine Bessererfüllung der kommunalen Aufgaben nur bei höheren (Gewerbe)Steuereinnahmen möglich ist; sie führt aber zu einem nicht mehr effizient erscheinenden Wettbewerb zwischen den Kommunen. Es ist zu erwarten, daß die Finanzreform zu einer Verminderung der Konkurrenz zwischen Wohn- und Betriebgemeinden führt, so daß wenigstens die schlimmsten Auswüchse (gegenseitige Abwerbung von Betrieben) verhindert wird.
33 Eine Übersicht über diese Parameter geben: Beurteilungskriterien und Verfahrensregeln für Regionalgutachten, Hrsg. Deutscher Industrie- und Handelstag, o. O. 1967, S. 33 ff.
Vorschläge zur Strukturverbesserung förderungsbedürftiger Gebiete in Nordrhein-Westfalen, Schriftenreihe des Ministers für Landesplanung, Wohnungsbau und öffentliche Arbeiten des Landes NRW, Heft 14, Düsseldorf 1960, S. 16.

K.-H. Hübler, Die Struktur der hinter der allgemeinen Entwicklung zurückgebliebenen ländlichen Gebiete, Informationsbriefe für Raumordnung R 2.3.2, Hrsg. Bundesminister des Innern, Stuttgart 1968.

34 Das Bruttoinlandsprodukt der kreisfreien Städte und Landkreise in der Bundesrepublik Deutschland 1957, 1961, 1964. Gemeinschaftsveröffentlichung der Statistischen Landesämter, Wiesbaden 1966.
Über Art und Methode von Erhebung und Berechnung vgl. *G. Müller,* Bruttoinlandsprodukt der kreisfreien Städte und Landkreise, Informationsbriefe für Raumordnung R 1.5.4, Hrsg. Bundesminister des Innern, Stuttgart 1967.

35 Nur Beschäftigtenrückgänge in der Industrie bilden den Gegenstand der weiteren Untersuchungen. Zur Begründung dieser Einschränkung vgl. S. 25.

36 Während die Beschäftigtenzahl als Surrogat für das sog. Inlandskonzept (BIP/Wirtschaftsbevölkerung) zur Bestimmung des Wohlstandsniveaus einer Region dienen soll, zielt das Einkommen auf das sog. Inländerkonzept (Bruttosozialprodukt/Wohnbevölkerung) ab. Der Begriff „regionale Wirtschaftskraft" selbst kann definiert werden als „die Fähigkeit einer Region, sich durch ihren Leistungsbeitrag langfristig einen hohen Grad der Versorgung ihrer Bevölkerung zu sichern, ohne auf den Transfer aus anderen Regionen angewiesen zu sein".
P. Thelen, Die Erfassung der regionalen Wirtschaftskraft. Ein Beitrag zur Abgrenzung wirtschaftsschwacher Gebiete. In: Informationen des Instituts für Raumordnung, 21. Jg. (1971), Nr. 1, S. 4.

37 Nähere Ausführungen hierzu auf S. 69 ff. und S. 93 ff.

38 Vgl. S. 36 ff.

39 Ein neuer methodischer Ansatz zur besseren Bestimmung von unterdurchschnittlich entwickelten Gebieten mit Hilfe der Skalogramm-, Faktoren- und multiplen Diskriminanzanalyse wurde vorgestellt von *S. Geisenberger, W. Mälich,* Verbesserte Maßstäbe zur Bestimmung unterdurchschnittlich entwickelter Gebiete. In: Informationen des Instituts für Raumordnung, 20. Jg. (1970), Nr. 10, S. 301 ff.
Die empirische Anwendung dieses Ansatzes auf 30 Städte und Landkreise Baden-Württembergs erbrachte u. a. das interessante Ergebnis, daß die Kennziffer „Gesamtumsatz je Einwohner" der beste Indikator zur Erfassung des Versorgungsniveaus einer Region darstellt. Erst an zweiter Stelle folgt das „BIP pro Kopf der Wohnbevölkerung", gefolgt vom „Industrie- und Handwerksumsatz je Einwohner".
Eine Untersuchung im Forschungsinstitut der Friedrich-Ebert-Stiftung kam dagegen im Rahmen einer Faktorenanalyse der Wirtschaftskraft aller kreisfreien Städte und Landkreise zu der Rangfolge: BIP je Kopf der Wirtschaftsbevölkerung, durchschnittliche Industrielöhne und -gehälter, Industrieumsatz je Einwohner.
P. Thelen, a. a. O., S. 14 ff.

40 Von den logischen, empirischen und wertbedingten Zielbeziehungen (Harmonie, Neutralität, Konflikt) wird nur auf die empirischen Zielkonflikte näher eingegangen, weil bei ihnen der größte „Zündstoff" zu erwarten ist.

41 Diese Einteilung entspricht gleichzeitig einer Gliederung der regionalpolitischen Koordinationsaufgaben bei *H. K. Schneider,* Plankoordinierung . . ., a. a. O., S. 240 ff. Dort wird zwischen interner, externer horizontaler und externer vertikaler Koordination unterschieden.

42 Einen Überblick über sie gibt z. B. *W. Hasselmann,* Stadtentwicklungsplanung. Grundlagen – Methoden – Maßnahmen. Dargestellt am Beispiel der Stadt Osnabrück, Münster 1967, S. 44.

43 Vgl. Zu diesem Problemkreis:
H. Jürgensen, Produktivitätsorientierte Regionalpolitik. In: Produktivitätsorientierte Regionalpolitik, Wirtschaftswissenschaftliche Tagung der Adolf-Weber-Stiftung 1964, Berlin 1965, S. 7 ff.
D. Marx, Wachstumsorientierte Regionalpolitik, a. a. O., S. 53 ff.

44 Vgl. hierzu: *H. Giersch,* Das ökonomische Grundproblem . . ., a. a. O., S. 393 ff.

45 Zur Diskussion über aktive und passive Sanierung vgl. *H. Jürgensen,* Antinomien . . ., a. a. O., S. 409 ff. *B. Dietrichs,* Aktive oder passive Sanierung? In: Mitteilungen des deutschen Verbandes für Wohnungswesen, Städtebau und Raumplanung, Jg. 1965, Heft IV, S. 1 ff.
Deutlicher als allgemein üblich wird der politische Wille zu einer Strategie der aktiven Sanierung in NRW artikuliert bei: *J. P. Franken,* Landesplanung und Strukturverbesserung. Begriffe – Aufgaben – Probleme. Nordrhein-Westfalen baut, Schriftenreihe des Ministers für Landesplanung, Wohnungsbau und öffentliche Arbeiten des Landes NRW, Bd. 19, Essen o. J., S. 13.
Die Grenze von 20 000 Einwohnern basiert auf dem Gutachten von: *R. Jochimsen, P. Treuner,* Zentrale Orte in ländlichen Gebieten, Bad Godesberg 1967.

46 Die Raumordnung in der Bundesrepublik Deutschland, a. a. O., S. 52 ff.
47 Zur Definition und Abgrenzung dieser drei Typen vgl. die gute Übersicht im Art. Raumwirtschaftspolitik *(E. Egner)*, Handwörterbuch der Sozialwissenschaften, Bd. 8, Stuttgart 1964, S. 699 f.
Bestimmte Formen des Dirigismus, wie z. B. die Verweigerung von Baugenehmigungen für neue Betriebe oder Betriebserweiterungen in Ballungsräumen zur Förderung der Industrialisierung von Problemgebieten, wie sie etwa in Großbritannien praktiziert werden, bleiben deshalb hier undiskutiert.
48 *W. Sombart,* Der Begriff der Stadt und das Wesen der Städtebildung, Archiv für Sozialwissenschaft und Sozialpolitik, Bd. 25 (1907), S. 1 ff.
Der Begriff „Grundleistungssektor" wurde von *G. Ipsen* geprägt. Vgl. Art. Bevölkerungslehre *(G. Ipsen),* Handwörterbuch des Grenz- und Auslandsdeutschtums, Bd. 1, Breslau 1933, S. 437. *G. Ipsen* kommt hier zum „Gesetz vom doppelten Stellenwert".
49 Aus der umfangreichen Literatur hierzu seien beispielhaft angeführt:
R. B. Andrews, Mechanics of the Urban Economic Base. In: Land Economics, Vol. XXIX (1953), S. 161 ff., S. 263 ff., S. 343 ff. und Vol. XXXII (1956), S. 69 ff.
W. Isard, Methods of Regional Analysis: an Introduction to Regional Science, Cambridge 1963, S. 189 ff.
K. Rittenbruch, Zur Anwendbarkeit der Exportbasiskonzepte im Rahmen von Regionalstudien, Berlin 1968.
50 Nach diesem Konzept versucht *L. H. Klaassen* vorzugehen. Er zählt diejenigen Betriebe zum Grundleistungssektor, deren Güter ex- oder importierbar, also regional mobil sind. Vgl.:
L. H. Klaassen, Methods of Selecting Industries for Depressed Areas, Paris 1967, S. 31 f.
Ob es sich bei einer Warenlieferung um einen „Export" handelt oder nicht, hängt natürlich entscheidend von der Größe bzw. Abgrenzung der Region ab. Vgl. hierzu die Ausführungen auf S. 40 f.
51 Mit diesen Problemen und den dabei auftretenden Multiplikatorwirkungen befaßt sich:
G. Kroes, Sozialökonomische Auswirkungen einer umfassenden Flurbereinigung (und Dorferneuerung), Arbeitstitel einer Untersuchung im Institut für Siedlungs- und Wohnungswesen der Westfälischen Wilhelms-Universität Münster.
52 In Anlehnung an *K. Rittenbruch,* a. a. O., S. 19.
53 Vgl. *W. Isard,* Methods . . ., a. a. O., S. 197.
54 Über die damit verbundenen Schwierigkeiten vgl. S. 81 ff.
55 Diese Methode wird in empirischen Arbeiten relativ häufig verwandt. Mangels statistischer Unterlagen schätzt man die Zahl der Beschäftigten im Grund- und Folgeleistungsbereich mit Hilfe von Standortquotienten, zählt also denjenigen Teil der Beschäftigten eines jeden Industriezweiges zum basic-Bereich, der in der Region im Vergleich zu den Bundes- oder Landeswerten stärker als im Durchschnitt vertreten ist. Vgl. z. B. *K.G. Specht, N. J. Lenort, K. Otto,* Das Verhältnis zwischen primären und sekundären Erwerbszweigen und seine Bedeutung für Wirtschaftspolitik und Landesplanung (dargestellt an Beispielen aus dem Lande NRW). Köln und Opladen 1962, bes. die S. 59 ff.
56 Die Veränderung des Beschäftigungsgrades umfaßt die unterschiedliche Auslastung aller Produktionsfaktoren (Arbeit, Boden, Kapital). Sie kann durch das Verhältnis von ausgebrachter zu erstellbarer Produktmenge gemessen werden.
57 Diese Differenzierung wurde vorgenommen in Anlehnung an:
D. Schröder, Strukturwandel, Standortwahl und regionales Wachstum, Prognosstudien 3, Stuttgart 1968, S. 62.
H. Jürgensen, Die Struktur industrieller Problemgebiete, Informationsbriefe für Raumordnung R 2.3.4, Hrsg. Bundesminister des Innern, Stuttgart 1968, S. 4 ff.
F. Henzel, Anpassung der Betriebe an die Wirtschaftslage. In: Betriebswirtschaftslehre und Wirtschaftspraxis, Hrsg. *H. Schwarz, K. H. Berger,* Berlin 1961, S. 140 ff.
58 Detailliertere Ausführungen hierzu finden sich bei:
J. Niehans, Strukturwandlungen als Wachstumsprobleme. In: Strukturwandlungen einer wachsenden Wirtschaft, Bd. 1, Schriften des Vereins für Sozialpolitik, N. F., Bd. 30/I, Hrsg. *F. Neumark,* Berlin 1964, S. 18 ff.
F. Kneschaurek, Wachstumsbedingte Wandlungen der Beschäftigtenstruktur im industriellen Produktionssektor. In: Strukturwandlungen einer wachsenden Wirtschaft, Bd. 2, Schriften des Vereins für Sozialpolitik, N. F., Bd. 30/II, Hrsg. *F. Neumark,* Berlin 1964, S. 720 ff.
59 Zur weiteren Differenzierung vgl. *H. Jürgensen,* Die Struktur . . ., a. a. O., S. 6 ff. *D. Marx,* Wachstumsorientierte Regionalpolitik, a. a. O., S. 19 ff.

60 *D. Schröder,* Strukturwandel . . ., a. a. O., S. 62.
61 Diese Aufteilung entspricht der von *E. Gutenberg* entwickelten Gliederung der betrieblichen Funktionen. Vgl. *E. Gutenberg,* Einführung in die Betriebswirtschaftslehre, Wiesbaden 1958, S. 21 ff.
62 *E. Gutenberg,* Grundlagen der Betriebswirtschaftslehre, Bd. 1, Die Produktion, 7. Aufl., Berlin 1962, S. 306 f. und S. 326 ff. In der "short-run-period" versucht der Unternehmer bei ,,gegebenem Betrieb" zu improvisieren, in der "long-run-period" werden alle Faktoren, auch die Betriebsgröße, auf das neue Beschäftigungsniveau optimal abgestimmt.
63 Vgl. ebenda, S. 237 ff.
64 Die linear-limitationale Produktionsfunktion (Leontief-Funktion) ist ein Spezialfall der B-Funktion, die nur eine (technisch bedingte) Limitationalität bei der Faktorkombination voraussetzt, die aber auch nichtlinearer Art sein kann.
65 Dieser Begriff überschneidet sich in zweifacher Hinsicht von der sog. Kostenelastizität (definiert als Quotient aus der relativen Veränderung der Gesamtkosten und der sie auslösenden relativen Veränderung der Beschäftigung bzw. ausgebrachten Produktmenge), da es Ausgaben gibt, die (noch) nicht Kosten sind und umgekehrt. So stellen z. B. Abschreibungen Kosten dar, denen nicht (in jeder Rechnungsperiode) auch gleichhohe Ausgaben gegenüberstehen. Nettoinvestitionen und Privatentnahmen führen dagegen zu Ausgaben, die (noch) nicht Kosten darstellen.
Der in Abschnitt 3.4 vorgestellte Modellansatz zur Prognose der Multiplikatorwirkungen stellt auf die Zahlungs- und nicht auf die Leistungsströme zwischen den Wirtschaftssubjekten ab, um die Probleme der empirischen Auffüllung zu vereinfachen. Nicht angesprochen werden damit finanzielle Transaktionen zur Herstellung der Gleichheit von Ausgaben und Einnahmen eines Betriebes, da kurzfristig Finanzierungslücken durch Kreditaufnahme und Liquiditätsüberschüsse durch Kreditvergabe ausgeglichen werden können. Nur langfristig würde der hier eingeführte Elastizitätsbegriff auch alle Determinanten des finanzwirtschaftlichen Gleichgewichts eines Unternehmens beinhalten.
66 Vgl. S. 26.
67 Der Begriff der Rationalisierung ist bis heute noch nicht einheitlich definiert. Vgl. hierzu: Art. Rationalisierung *(K. Pentzlin),* Handwörterbuch der Sozialwissenschaften, Bd. 8, Stuttgart 1964, S. 676 ff.
68 Zur Definition und Abgrenzung der einzelnen Möglichkeiten vgl. Art. Technischer Fortschritt *(A. E. Ott),* Handwörterbuch der Sozialwissenschaften, Bd. 10, Stuttgart 1959, S. 302 ff.
69 Vgl. hierzu die detaillierteren Ausführungen von: *H. Dedering,* Die soziale Anpassung des Industriebetriebes an den technischen Fortschritt unter besonderer Berücksichtigung der Bundesrepublik Deutschland, Diss. Münster 1967.
70 Die Bestimmungen des Betriebsverfassungs- und Mitbestimmungsgesetzes garantieren schon heute die Berücksichtigung sozialer Aspekte, wenn auch (noch) in beschränktem Rahmen. Es ist aber zu erwarten, daß bei Ausweitung der Mitbestimmung in der Zukunft dieser Schutz noch erhöht wird. Vor allem der Betriebsrat hat die Aufgabe, die sozialen Belange der Arbeitnehmer bei Entlassungen zu wahren, im Gegensatz zur Betriebsleitung, die eher an einer qualitativen Auswahl interessiert sein wird.
71 Nähere Ausführungen über die Determinanten der regionalen Kapitalmobilität folgen auf S. 62 ff.
72 Eine gute Zusammenfassung der Situation in NRW gibt: Notwendige Maßnahmen zur Verbesserung der Landesstruktur in Nordrhein-Westfalen. 2. Teil. Strukturveränderungen durch neue politische, wirtschaftliche und technische Entwicklungen. Hrsg. Minister für Wirtschaft, Mittelstand und Verkehr des Landes NRW, Düsseldorf 1966, S. 25 ff.
Zu den speziellen Problemen des Ruhrgebiets vgl. u. a.: *H. Jürgensen,* Regionalplanung und wirtschaftliches Wachstum, Hrsg. Siedlungsverband Ruhrkohlenbezirk, Essen 1965, bes. die S. 21 ff.
73 Berechnet aus: Statistisches Jahrbuch Nordrhein-Westfalen, 8. Jg. 1960 und 12. Jg. 1968, Hrsg. Statistisches Landesamt Nordrhein-Westfalen, Düsseldorf 1960 und 1968.
Statistisches Jahrbuch für die Bundesrepublik Deutschland 1959 und 1968. Hrsg. Statistisches Bundesamt Wiesbaden, Stuttgart und Mainz 1959 und 1968.
74 Vgl. *J. D.v. Bandemer, A. P. Ilgen,* Probleme des Steinkohlenbergbaus, Basel und Tübingen 1963, S. 5 ff.
Ch. Jarecki, Der neuzeitliche Strukturwandel an der Ruhr, Marburg 1967, S. 51 ff.
75 Vgl. *H. Marcus, K. Oppenländer,* Eisen- und Stahlindustrie. Strukturelle Probleme und Wachstumschancen, Ifo-Institut für Wirtschaftsforschung, Reihe Industrie, Heft 14, Berlin-München 1966.

W. *Ochel*, Der Wandel der Stahlerzeugung und die Auswirkungen auf die Wirtschaft des Landes. In: Arbeitsgemeinschaft für Forschung des Landes NRW, Heft 135, Hrsg. Ministerpräsident des Landes NRW, Köln und Opladen 1964. S. 41 ff.

76 Vgl. *R.-Ch. Meier*, Textilindustrie. Strukturelle Probleme und Wachstumschancen, Ifo-Institut für Wirtschaftsforschung, Reihe Industrie, Heft 1, Berlin-München 1964.

77 *D. Schröder*, Strukturwandel . . ., a. a. O.
Derselbe, Analyse und Prognose der regionalen Wachstumsunterschiede der Beschäftigung und der Bevölkerung in der Bundesrepublik Deutschland 1950 bis 1980, unter besonderer Berücksichtigung Nordrhein-Westfalens, Teil I und II. Basel 1966.

78 Berechnet aus: *D. Schröder*, Analyse . . ., a. a. O., Teil I. S. 153.

79 Es handelt sich dabei um den Ansatz der sog. shift-Analyse. Vgl. *H. Gerfin*, Gesamtwirtschaftliches Wachstum und regionale Entwicklung. In: Kyklos, Vol. XVII (1964), S. 565 ff.
H. H. Bergschmidt, Zur Messung und Erklärung von regionalen Wachstumsunterschieden. In: Jahrbuch für Nationalökonomie und Statistik, Bd. 174 (1962), S. 513 ff.
Die shift-Analyse selbst ist nur ein deskriptives Informationsinstrument, da sie die beobachtete Entwicklung der Industriebeschäftigten, des BIP oder einer anderen Größe statistisch in verschiedene Komponenten aufspaltet. Erst bei Einführung empirischer Hypothesen kommt ihr auch explikativer Charakter zu, d. h., sie kann zu Prognosen verwandt werden. Die Prognosstudie benutzt dazu ein Arbeitsmarktmodell von *L. H. Klaassen*. Vgl. Fußnote 81.

80 Vgl. Spalte c) und a) in Tabelle 3.

81 Die folgenden Überlegungen gehen von einem Arbeitsmarktmodell aus, wie es in der einfachsten Form von *L. H. Klaassen* entwickelt worden ist. Vgl. *L. H. Klaassen*, Area Economic and Social Redevelopment. Guidelines for Programmes, Paris 1965, S. 43 ff. Ähnlich: Strukturverbesserung in alten Industriegebieten. In: Die Regionalpolitik in der EWG, Hrsg. Kommission der EWG, Brüssel 1964, S. 154 ff. und S. 158 ff.

82 Berechnet aus: *D. Schröder*, Analyse . . ., a. a. O., Teil II. S. 423 ff.

83 Dieses gilt allerdings nur unter der Voraussetzung, daß die Zahl der Erwerbspersonen konstant bleibt und der Region nicht von außen Kapital zugeführt wird, wodurch sich die Zahl der angebotenen Arbeitsplätze erhöhen würde.

84 Vgl. S. 26 f.

85 Vgl. zu den folgenden Ausführungen auch:
D. Michel, Problematik regionaler Monostrukturen. In: Monostrukturierte Räume, Problemanalyse und Entwicklungsprognose, a. a. O., S. 9 ff.
K. Töpfer, Kleinräumige Monostrukturen — Sonderprobleme bei der Analyse und der Strategiewahl an ausgewählten Beispielen. In: Monostrukturierte Räume, Problemanalyse und Entwicklungsprognose, a. a. O., S. 49 ff.

86 Siehe z. B. Notwendige Maßnahmen zur Verbesserung der Landesstruktur in Nordrhein-Westfalen, 1. Teil, Analyse und Vorschläge zur regionalen Strukturverbesserung, Hrsg. Der Minister für Wirtschaft, Mittelstand und Verkehr des Landes Nordrhein-Westfalen, Düsseldorf 1964, S. 13.

87 Vgl. *H.-L. Fischer*, Analyse und Prognose der wirtschaftlichen Entwicklung zentraler Orte in bergbaugeprägten Regionen. Dargestellt am Beispiel der Stadt Werne a. d. Lippe, Münster 1969, S. 46 ff.

88 Geeigneter wäre zwar die Verwendung der zukünftigen Nachfrageelastizität nach Gütern des Sektors i in Bezug auf das Volkseinkommen (ηi); da diese Größe aber nur schwer empirisch bestimmbar ist, sieht sich *H.-L. Fischer* gezwungen, ηi durch w_i zu ersetzen.

89 Vgl. zu diesem Problemkreis vor allem: *D. Schröder*, Strukturwandel . . ., a. a. O., S. 137 ff.

90 Vgl. *D. Schröder*, Analyse . . ., Teil II, a. a. O., S. 290.

91 Vgl. *W. Uebe*, a. a. O., S. 44 ff.

92 Vgl. *D. Marx*, Wachstumsorientierte Regionalpolitik, a. a. O., S. 26 ff.

93 Vgl. *D. Schröder*, Strukturwandel . . ., a. a. O., S. 116 ff.

94 Empirisch ließe sich durch kleine Umfragen sehr leicht und schnell feststellen, wo den Unternehmern „der Schuh drückt".

95 Dies dürfte vor allem dann schwierig sein, wenn es in dem Betrieb schon „kriselt".

96 Diese Technik wurde von *H. Jürgensen* vorgeschlagen. Vgl. *H. Jürgensen*, Regionalplanung und Wirtschaftswachstum, a. a. O., S. 219 ff.
Derselbe, Produktivitätsorientierte Regionalpolitik als Wachstumsstrategie Hamburgs, a. a. O., S. 88 ff.

97 Auf die Notwendigkeit einer „präventiven" Regionalpolitik und ihre Vorteile wird u. a. hingewiesen in: Strukturverbesserung in alten Industriegebieten, a. a. O., S. 152. *W. Hasselmann*, a. a. O., S. 16 f.
98 Vgl. *E. Dittrich*, Problemgebiete in der Raumforschung. In: Raumordnung und Raumforschung, 22. Jg. (1964), Heft 1, S. 11 f.
99 Vgl. *J. Blankenburg*, Die Typisierung der Gemeinden nach sozialökonomischen und finanzwirtschaftlichen Strukturmerkmalen, Köln und Opladen 1965, S. 23 f.
    H. Fehre, Die Gemeindetypen nach der Erwerbsstruktur der Wohnbevölkerung. In: Raumforschung und Raumordnung, 19. Jg. (1961), Heft 3, S. 138 ff.
100 Über die Möglichkeiten und Probleme bei der Abgrenzung von Regionen vgl. *P. Romus*, Zur Bestimmung des Begriffs Region. In: Raumforschung und Raumordnung, 22. Jg. (1964), Heft 3/4, S. 234 ff.
    O. Boustedt, H. Ranz, Regionale Struktur- und Wirtschaftsforschung. Aufgaben und Methoden, Bremen-Horn 1957, S. 36 ff.
101 Vgl. hierzu den Vorschlag von: *H. Jürgensen*, Die Struktur industrieller Problemgebiete, a. a. O., S. 4.
102 Für Westfalen z. B. liegen außerdem bereits einige Untersuchungen über den Einzugsbereich zentraler Orte vor. Vgl. *G. Kluczka*, Zum Problem der zentralen Orte und ihrer Bereiche. Wissenschaftsgeschichtliche Entwicklung in Deutschland und Forschungsstand in Westfalen, Münster 1967.
    Derselbe, Nordrhein-Westfalen in seiner Gliederung nach zentralörtlichen Bereichen. Schriftenreihe des Minsterpräsidenten des Landes NRW, Heft 27, Düsseldorf 1970. Vgl. auch die Literaturhinweise in Fußnote 213.
103 Auf diese Gefahr hat vor allem *M. Streit* hingewiesen. Vgl. *M. Streit*, Über die Bedeutung des räumlichen Verbunds im Bereich der Industrie, Köln 1967, S. 42 ff.
104 Es kann sich selbstverständlich auch um die Summe der Veränderungen bei mehreren Betrieben handeln. Der Einfachheit halber wird im folgenden immer nur von „Problembetrieb" gesprochen.
105 *E. Gutenberg*, Grundlagen . . ., a. a. O., S. 341 ff.
106 Nur im Falle der Totalstillegung treten diese Schwierigkeiten nicht auf, da dann alle Ausgaben fortfallen und nicht nur ein Teil, dessen funktionale Abhängigkeit von der Gesamtumsatz-, -ausgaben- oder -kostenentwicklung Außenstehenden weitgehend unbekannt sein wird.
107 Auf die Veränderungen, die sich im Zuge der kommunalen Finanzreform ergeben, wird auf S. 73 näher eingegangen.
108 Berechnet aus: Untersuchungen zur Energiesituation. Input-Output-Analysen, Hrsg. Minister für Wirtschaft, Mittelstand und Verkehr des Landes Nordrhein-Westfalen, Düsseldorf 1967, S. 42 f.
109 Diese Werte weichen stark von ähnlichen Untersuchungen ab. Sie dürften eher in der Größenordnung von 70 bzw. 23 v. H. zu suchen sein.
110 Landwirtschaft, Baugewerbe, Staat.
111 Vgl. z. B. die Angaben auf S. 93.
112 Quelle: Statistisches Taschenbuch Nordrhein-Westfalen, 7. Jg. 1967, Hrsg. Statistisches Landesamt Nordrhein-Westfalen, Düsseldorf 1967.
113 Die sog. derivativen Methoden bieten sich zwar als Ausweg an, jedoch ist ihre Anwendung sehr problematisch. Vgl. hierzu S. 81 f.
114 Vgl. *H.-L. Fischer*, a. a. O., S. 99.
    W. Stockmann, Die Auswirkungen . . ., a. a. O., S. 84.
115 Vgl. hierzu auch die Erfahrungen von *W. Hasselmann*, a. a. O., S. 215 f.
116 Berechnet aus: Statistisches Jahrbuch Nordrhein-Westfalen 1968, a. a. O.
117 In dieser Erhebung wurden Nebenbetriebe gesondert gezählt. 1967 gab es noch 81 fördernde Zechen mit einer Durchschnittsbelegschaft von jeweils 3.546 Beschäftigten. Jede Zeche hatte i. d. R. weit über 1.000 Beschäftigte.
    Vgl. die Kohlenwirtschaft der Bundesrepublik im Jahre 1967, Hrsg. Statistik der Kohlenwirtschaft e. V., Essen 1968, S. 21 und 31 ff.
118 Vgl. Die Kohlenwirtschaft . . ., a. a. O., S. 38 f.
119 Berechnet aus: Die Industrie in Nordrhein-Westfalen 1966. Beiträge zur Statistik des Landes NRW, Heft 231, Hrsg. Statistisches Landesamt NRW, Düsseldorf 1967. *W. Gerß*, Die Lohnunterschiede zwischen den Industriezweigen und ihre Ursachen. In: Statistische Rundschau für das Land NRW, 21. Jg. (1969), Heft 6, S. 121.

120 W. *Gerß*, a. a. O., S. 121 ff.
121 Näheres hierzu auf S. 70.
122 Entfällt.
123 Vgl. die Ausführungen auf S. 68.
124 Vgl. hierzu S. 87, wo Beispiele solcher Matrizentypen dargestellt sind.
125 Eine anschauliche Darstellung eines solchen Multiplikatorprozesses gibt W. *Isard*, Methods ..., a. a. O., S. 622 ff.
Hier wird zunächst nur eine verbale Darstellung gegeben. Die Graphik auf S. 54 veranschaulicht diese Vorgänge. Eine mathematische Formulierung des Problems folgt auf S. 85 ff., ein Zahlenbeispiel zur Demonstration folgt auf S. 93 ff.
126 Die Entscheidungen der vom regionalen Strukturwandlungsprozeß betroffenen Wirtschaftssubjekte werden anschließend (vgl. S. 55 f.) in diese drei Kategorien unterteilt, die durch systematische Unterschiede im Freiheits- und Aktionsspielraum gekennzeichnet sind.
127 Ein Beispiel für eine [M]- und [E]- Matrix findet sich auf S. 90.
128 Zur Definition und Abgrenzung vgl. S. 24 ff.
129 Diese Gefahr ist um so kleiner, je größer der Grad der Monostruktur ist. Auszuschließen sind Rückeffekte aber a-priori nicht, jedoch werden ihre Ermittlung und Quantifizierung äußerst schwerfallen.
130 Doppelt umrandete Kästchen stellen den Entscheidungsprozeß einer Gruppe von Wirtschaftssubjekten dar, einfach umrandete das Ergebnis dieser Entscheidungen, dargestellt in Matrizenform.
131 Auf die Grundlagen der Entscheidungstheorie kann hier nicht näher eingegangen werden. Aus der umfangreichen Literatur seien beispielhaft genannt:
R. D. Luce, H. Raiffa, Games and Decisions, New York 1957.
I. D. J. Bross, Design for Decision, New York 1953.
G. Gäfgen, Theorie der wirtschaftlichen Entscheidungen, Tübingen 1963.
W. Krelle, Präferenz- und Entscheidungstheorie, Tübingen 1968.
H. Schneeweiß, Entscheidungskriterien bei Risiko, Berlin 1967.
132 *H. Schneeweiß*, a. a. O., S. 12.
133 Vgl. z. B. *E. Heinen*, Das Zielsystem der Unternehmung. Grundlagen betriebswirtschaftlicher Entscheidungen, Wiesbaden 1966.
134 Vgl. z. B. *H. Sauermann*, Einführung in die Volkswirtschaftslehre, Bd. II, Wiesbaden 1964, S. 19 ff.
Soziologische Untersuchungen kommen aber zu dem Ergebnis, daß der unterstellte Typ des „homo oeconomicus" nur selten anzutreffen und diese Hypothese deshalb äußerst problematisch ist. Vgl. u. a. *G. Schmölders*, Ökonomische Verhaltensforschung. Arbeitsgemeinschaft für Forschung des Landes NRW, Heft 71, Köln und Opladen 1957, S. 39 ff.
G. Katona, Das Verhalten der Verbraucher und Unternehmer. Übers. u. Hrsg. *E. Boettcher*, Tübingen 1960, S. 73 ff. und S. 231 ff.
G. Scherhorn, Soziologie des Konsums. In: Handbuch der empirischen Sozialforschung, Bd. II, Hrsg. *R. König*, Stuttgart 1969, S. 834 ff.
135 Vgl. *G. Schmölders*, Allgemeine Steuerlehre, 4. überarb. und erg. Aufl., Berlin 1965, S. 119 ff.
136 Diese Unterteilung des regionalpolitischen Instrumentariums wird im 4. Kapitel (vgl. S. 102 ff.) näher erläutert. Sie versucht eine Ordnung der zahlreichen Maßnahmen hinsichtlich der zu beeinflussenden Entscheidungselemente der privaten Wirtschaftssubjekte aufzustellen.
137 Vgl. hierzu den interessanten Aufsatz von *I. M. Schmolke*, Die Frau zwischen Beruf und Mutterpflicht. In: Statistische Rundschau für das Land NRW, 20. Jg. (1968), Heft 3, S. 55 ff.
138 Erhöhte Lohnforderungen führen zwar zu dem gleichen Ergebnis, jedoch wären sie nur im Falle von Kurzarbeit oder bei Feierschichten möglich und stellen selbst dann eine undiskutable Alternative dar, weil ein erhöhter Lohndruck die Wettbewerbsfähigkeit des Problembetriebes noch weiter verschlechtern würde.
139 Haben diese Vergünstigungen dagegen das Ziel, die Umstellung der Betriebe zu initiieren oder zu erleichtern, so sind diese Maßnahmen selbstverständlich unbedenklich. Sie fallen dann aber in den Bereich des Umstellungsproblems und damit zum Aufgabenbereich „Neuorientierung des Folgeleistungssektors".
140 Vgl. z. B. die Darstellung von *E. Schneider*, Einführung in die Wirtschaftstheorie, II. Teil, 7. verb. Aufl., Tübingen 1961, S. 24 f.

141 Die Mobilität des Bodens ist bisher nicht intensiver untersucht worden. Die regionale Mobilität des technischen Fortschritts ist (vor allem aufgrund des „Embodiment-Effektes") häufig an die Mobilität des Kapitals gebunden. Vgl. hierzu *H. Siebert*, Zur Theorie des regionalen Wirtschaftswachstums, Tübingen 1966, S. 70 ff., bes. S. 74.

142 *J. Wolpert*, Behavioral Aspects of the Decision to Migrate. In: Papers of the Regional Science Association, Vol. 15 (1965), S. 159 ff.
H. Siebert, Zur Theorie..., a. a. O., S. 59 ff.
P. G. Jansen, Zur Theorie der Wanderungen. In: Zur Theorie der allgemeinen und regionalen Planung, a. a. O., S. 157.
Eine detailliertere Darstellung des hier nur in den Grundzügen vorgestellten Konzepts gibt: *W. Klöppel*, a. a. O.

143 Art. Raumwirtschaftstheorie (*E. v. Böventer*). Handwörterbuch der Sozialwissenschaften, Bd. 8, Stuttgart 1964, S. 715.

144 Vgl. hierzu die bereits erwähnten Paralleluntersuchungen, die sich intensiver mit diesem Problem befassen. *K. Töpfer*, Regionalpolitik..., a. a. O., S. 30 ff.
W. Klöppel, a.a. O.
W. Holdt, a. a. O.

145 Vgl. Standortfaktoren für die Industrieansiedlung. Ein Katalog für die regionale und kommunale Entwicklungspolitik sowie die Standortwahl von Unternehmungen. Hrsg. Österreichisches Institut für Raumplanung, Veröffentlichung Nr. 27, Berlin 1968.
L. H. Klaassen, Methods of Selecting..., a. a. O., S. 138 ff. Standortwahl und Industrieförderung. Materialsammlung für Unternehmer und Planungsstellen. Auszugsweise Übersetzung des Community Industrial Development Kit. Schriften des Verbandes für Wohnungswesen, Städtebau und Raumplanung, Heft 35, Köln 1958.

146 Vgl. zu diesem Problem die Untersuchungen von: *I. Esenwein-Rothe*, Über die Möglichkeiten einer Quantifizierung von Standortqualitäten. In: Gestaltungsprobleme der Weltwirtschaft, a. a. O., S. 492 ff.
K. Töpfer, Überlegungen zur Quantifizierung qualitativer Standortfaktoren. In: Zur Theorie der allgemeinen und der regionalen Planung, a. a. O., S. 165 ff.

147 Maßnahmen der Regionalpolitik. In: Die Regionalpolitik in der EWG, a. a. O., S. 350 f.

148 *W. F. Lutrell*, Factory Location and Industrial Movement. A Study of Recent Experience in Great Britain, Vol. I, London 1962, S. 96 ff. Diese Untersuchung gibt einen sehr guten und ausführlichen Überblick über alle Problembereiche der regionalen Kapitalmobilität.
H. Siebert, Zur Theorie..., a. a. O., S. 67.

149 *E. Mueller, A. Wilken, M. Wood*, Location Decisions and Industrial Mobility in Michigan 1961. Institute for Social Research, The University of Michigan, Ann Arbor 1961, S. 73.

150 *B. J. Loasby*, Making Location Policy Work. In: Lloyds Bank Review, Nr. 83 (Jan. 1967), S. 35.

151 Mit den speziellen Folgen des Ersatzes der Gewinnmaximierungshypothese durch ein individuelles Anspruchsniveau bei der unternehmerischen Standortentscheidung hat sich vor allem *K. Töpfer*, Regionalpolitik..., a. a. O., S. 51 ff., auseinandergesetzt.

152 *E. Schneider*, Wirtschaftlichkeitsrechnung. Theorie der Investition, 7. verb. u. erw. Aufl., Tübingen u. Zürich 1968, S. 138 f.

153 Vgl. *W. Klöppel*, a. a. O.

154 Vgl. S. 118.

155 *S. Clasen*, Die Flexibilität der volkswirtschaftlichen Produktionsstruktur, Göttingen 1966, S. 74.

156 Vgl. S. 69 ff.

157 *E. Gutenberg*, Grundlagen..., a. a. O., S. 1 ff.

158 Auf die Bedeutung der "non wage"-Faktoren hat vor allem *L. G. Reynolds*, The Structure of Labor Markets, New York 1951, S. 47 ff., hingewiesen, die bei steigendem Einkommen immer größere Bedeutung gewinnen.
Zur weiteren Differenzierung vgl.: *J. Schiefer*, Europäischer Arbeitsmarkt. Freizügigkeit und Mobilität der Arbeitnehmer, Baden-Baden/Bonn 1961, S. 110 ff.

159 Bei der Auswahl zu fördernder Betriebe dagegen kann diesen Faktoren eine vorrangige Bedeutung beigemessen werden. Vgl. S. 117.

160 *H. S. Parnes*, Research on Labor Mobility. An Appraisal of Research Findings in the United States, New York 1954, S. 14.
S. Clasen, a. a. O., S. 80.
H. Jürgensen, Regionalplanung..., a. a. O., S. 18 f.

161 Vgl. *L. G. Reynolds,* a. a. O., S. 45 ff.
162 Ebenda, S. 22.
163 Ebenda, S. 48 f. Allerdings dürfen die amerikanischen Erfahrungen nicht unbesehen auf deutsche Verhältnisse übertragen werden, da die Stellung der Arbeitsämter bei nicht akademischen Berufen in der BRD wesentlich stärker ist als in den USA. Leider liegen so detaillierte Untersuchungen über die Struktur der Arbeitsmärkte und ihre typischen Unvollkommenheiten für die BRD noch nicht vor.
164 *H. Siebert,* Zur Theorie . . ., a. a. O., S. 62 f.
165 Mit den Implikationen der Anspruchsanpassungstheorie für die Arbeitsmobilität beschäftigt sich vor allem *J. Wolpert,* a. a. O., bes. die S. 163 ff.
166 So z. B. die Erfahrungen des Dortmunder Arbeitsamtes während der Ruhrkrise 1966/67 vgl.: Wie steht es um die Mobilität bei arbeitslosen Arbeitnehmern? Untersuchung des Arbeitsamtes Dortmund. Als Manuskript gedruckt, Dortmund 1968, S. 33.
167 Vgl. *G. Ipsen,* Standort und Wohnort, Köln und Opladen 1957, S. 127 ff.
H. Staubach, Pendelwanderung und Raumordnung, Köln und Opladen 1969, S. 11.
168 Auf die Determinanten der räumlichen Mobilität (Wanderungen) soll hier nicht näher eingegangen werden, obwohl sie Ansatzpunkte der Regionalpolitik aufzeigen könnten, die *nicht* ergriffen werden sollten, um die passive Sanierung zu verhindern. Über diesen Problemkreis liegen aber schon mehrere empirische Untersuchungen für die BRD vor. Vgl. z. B. *R. G. Wieting, J. Hübschle,* Struktur und Motive der Wanderungsbewegungen in der Bundesrepublik Deutschland. Untersuchung der Prognos AG im Auftrage des Bundesministers des Innern, Basel 1968.
W. Zühlke, Zu- und Abwanderung im Ruhrgebiet 1966, 1967. Ergebnisse einer Umfrage. Hrsg. Siedlungsverband Ruhrkohlenbezirk, Essen 1967 und 1968 (2 Bde.).
J. Schiefer, a. a. O., S. 26 ff.
169 Neben den bereits angeführten Untersuchungen *L. G. Reynolds,* a. a. O., S. 21 f. und 39 f.
H. S. Parnes, a. a. O., S. 140 ff. Wie steht es um die Mobilität . . . , a. a. O., S. 26 ff.
J. Schiefer, a. a. O., S. 72 ff. sind noch zu nennen:
P. M. Blau, O. D. Duncan, Eine Untersuchung beruflicher Mobilität in den Vereinigten Staaten. In: Kölner Zeitschrift für Soziologie und Sozialpsychologie, Sonderheft 5. Soziale Schichtung und soziale Mobilität, Jg. 1961, S. 174 ff.
D. J. Bogue, Internal Migration. In: The Study of Population. An Inventory and Appraisal, Hrsg. *P. M. Hauser, O. D. Duncan,* Chicago 1961, S. 499 ff.
G. L. Palmer, Labor Mobility in Six Cities. A Report on the Survey of Patterns and Factors in Labor Mobility 1940 – 1950, New York 1954, S. 121 ff.
W. H. Miernyk, Inter-Industry Labor Mobility. The Case of Displaced Textile Worker, Boston 1955, S. 12 ff. und S. 19 ff.
S. M. Lipset, R. Bendix, Social Mobility in Industrial Society, Berkely and Los Angeles 1963, S. 13 ff., S. 33 ff. und bes. S. 72 ff.
170 Ein Sonderproblem stellen dagegen in der BRD die *Gastarbeiter* dar, die aufgrund ihrer längerfristigen Arbeitsverträge nicht ohne weiteres entlassen werden können, oder aber nach einer Entlassung in ihre Heimat zurückkehren und dann den regionalen Arbeitsmarkt nicht belasten.
171 Es ist verständlich, daß ein entlassener Weber zunächst versuchen wird, innerhalb der Textilindustrie eine neue Beschäftigung zu finden. Ein Elektriker, der seinen Arbeitsplatz in der Textilindustrie verloren hat, dürfte dagegen auch gegenüber gleichwertigen Arbeitsplätzen in anderen Industriezweigen indifferent sein.
172 Vgl. S. 98.
173 *H. Jürgensen* begründet die Forderung nach einer Schwergewichtsverlagerung zugunsten regionalpolitischer Maßnahmen, die auf die betriebliche Inputstruktur abzielen, damit, daß die Selektionsfunktion des Marktmechanismus auf den Absatzmärkten weniger gestört wird als auf den Faktormärkten. Vgl.: *H. Jürgensen,* Produktivitätsorientierte Regionalpolitik als Wachstumsstrategie Hamburgs, a. a. O., S. 84 f. und S. 129 ff.
174 Vgl. die Ausführungen auf S. 58 ff.
175 Ein Überblick der wichtigsten Bestimmungen findet sich bei: *V. Gräfin v. Bethusy-Huc,* Das Sozialleistungssystem der Bundesrepublik Deutschland, Tübingen 1965. Soziale Sicherung in der Bundesrepublik (Sozialenquête), Bericht der Sozialenquête-Kommission, Stuttgart 1966.
176 Vgl. zu den folgenden Ausführungen: *M. Beck,* Das Altersruhegeld. In: Arbeit und Sozialpolitik, 19. Jg. (1965). S. 288.

177 *V. Gräfin v. Bethusy-Huc,* a. a. O., S. 171 und 166.
178 Vgl. *C.-D. Schmidt,* Die Krise im Steinkohlenbergbau und ihre soziale Problematik unter besonderer Berücksichtigung des Ruhrgebietes, Diss. Münster 1967, S. 367 ff.
179 Vgl. *C.-D. Schmidt,* a. a. O., S. 371 ff.
180 BGBl Teil I, Jg. 1969, Nr. 51, S. 582 ff.
181 Einen kurzen Überblick über die wichtigsten Neuerungen aus der Sicht des Praktikers gibt: *A. Müller,* Arbeitsmarkt, Risiko und Chance, Recklinghausen 1968.
182 Berechnet aus der Anlage zu § 44 Abs. 2 AFG und der Lohnsteuerabzugstabelle. Inzwischen sind diese Leistungen von bisher 120 % des Arbeitslosengeldes auf 130 % während des 1. Halbjahres und 140 % für die restliche Zeit der Umschulung bzw. Fortbildung angehoben worden, so daß ein vollkommener Einkommensausgleich gewährleistet ist. Vgl. FAZ vom 11. 12. 1969, S. 13.
183 Vgl. *C.-D. Schmidt,* a. a. O., S. 355 ff. Entwicklungsprogramm Ruhr, a. a. O., S. 19 f. §§ 24 – 31 des Gesetzes zur Anpassung und Gesundung des deutschen Steinkohlenbergbaus und der deutschen Steinkohlenbergbaugebiete vom 15. 5. 1968, (Kohleanpassungsgesetz). BGBl Teil I, Jg. 1969, Nr. 29, S. 365 ff.
184 Berechnet aus den Anlagen zu § 112, Abs. 1 und § 136, Abs. 2 des AFG und der Lohnsteuerabzugstabelle sowie nach Auskünften der Bottroper und Münsteraner Sozialämter. Die Beiträge zur Sozialversicherung wurden mit berücksichtigt. Als Miet- und Wassergeldzuschuß wurden bei der Sozialhilfe 50,– (I), 100,– (III,1) bzw. 150,– (III,3) DM pro Monat angesetzt.
185 Diese Alternative ist unwahrscheinlich, weil die Höhe der Sozialhilfe das bisherige Nettoeinkommen übersteigen würde.
186 § 27 Kohleanpassungsgesetz, a. a. O.
187 § 7 Kohleanpassungsgesetz, a. a. O.
188 Vgl. *H. Hacker,* Finanzausgleich. In: Handbuch der kommunalen Wissenschaft und Praxis, 3. Bd., Hrsg. *H. Peters,* Berlin 1959, S. 395 ff.
K. Littmann, Die Gestaltung des kommunalen Finanzsystems unter raumordnungspolitischen Gesichtspunkten, Hannover 1968, S. 13 ff.
W. Ehrlicher, Kommunaler Finanzausgleich und Raumordnung, Hannover 1967.
189 Vgl. hierzu: *F.-J. Hessing,* Gewerbesteuerausgleich und Raumordnung. Mitteilungen aus dem Institut für Raumforschung, Heft 52, Bad Godesberg 1963, S. 15 ff.
190 Gemeinsame Bekanntmachung des Ministers für Wirtschaft, Mittelstand und Verkehr und des Innenministers des Landes NRW vom 1. 7. 1966, MBl, NW S. 1297 und der RdErl. des Innenministers vom 26. 6. 1967, MBl, NW 1967, S. 873. Diese Regelung läuft im Jahre 1969 jedoch aus.
191 Näheres hierzu bei: *H. Elsner,* Babylonische Verwirrung: Steuerkraft – Finanzkraft – Investitionskraft. In: Der Städtetag, Jg. 1968, Nr. 5, S. 246.
192 Mit der daraus folgenden teilweisen obsoleten Finanzlage von Städten, die sich in einer Strukturkrise befinden, befaßt sich: *G. Lelgemann,* Die Finanzwirtschaft der westfälischen Kohlenbergbaustädte. Ein Beitrag zur Analyse und Lösung der finanzwirtschaftlichen Probleme kreisfreier Städte mit monoindustrieller Wirtschaftsstruktur, Diss. Heidelberg 1965.
193 FAZ vom 18. 10. 1969, Nr. 189, S. 9.
194 Selbstverständlich kann dies auch durch Vermehrung der direkten Ausgaben seitens des Bundes oder Landes in der Problemregion geschehen, wie z. B. durch den Bau von Bundesstraßen oder staatlichen Gymnasien. Wegen der höheren „Import"- bzw. Abflußquoten dürfte der Multiplikator wesentlich geringer als auf gesamtwirtschaftlicher Ebene sein.
195 Vgl. S. 60.
196 *O. v. Zwiedineck-Südenhorst,* Allgemeine Volkswirtschaftslehre, 2. neubearb. Aufl., Berlin 1948, S. 45.
197 Vgl. *E. Streissler, M. Streissler,* Einleitung zu der Aufsatzsammlung: Konsum und Nachfrage, Hrsg. *E. Streissler, M. Streissler,* Köln und Berlin 1966, S. 13 ff.
A. G. Ghaussy, Verbrauchen und Sparen, Berlin 1964, S. 170 ff.
Ch. Plassmann, Bestimmungsgründe der Nachfrage nach dauerhaften Konsumgütern, Berlin 1964, S. 40 ff.
G. Graf, Der Einfluß des Einkommens auf die Struktur des Dienstleistungssektors, Zürich und St. Gallen 1968, S. 30 ff.
198 Hiermit befaßt sich, aufbauend auf die Untersuchungen von *G. Katona,* a. a. O., S. 101 ff. besonders: *P. Bohn,* Konsumenten- und Sparerverhalten. Ihre Bedeutung für Finanz- und Konjunkturpolitik, Stuttgart 1969, S. 38 ff.

199 Bei relativ hohem Einkommensverlust und mit zunehmender Dauer der Arbeitslosigkeit gilt diese Annahme wahrscheinlich nicht mehr. Eine Untersuchung in den USA kam zu dem Ergebnis, daß in diesen Fällen ca. 11 % des Einkommensausfalls durch verstärkte Kreditaufnahme ausgeglichen wurde. Vgl. *P. A. Klein,* Financial Adjustments to Unemployment, London, New York 1965, S. 5 und S. 18.
200 *G. Katona,* a. a. O., S. 193.
201 In der o. g. Untersuchung wurde festgestellt, daß ca. 23 % des Einkommensverlustes durch Vermögensauflösung ausgeglichen wurde.
P. A. Klein, a. a. O., S. 18.
202 Berechnet aus: Der private Haushalt in der BRD 1960/61. Statistische Daten zu ausgewählten Strukturfragen. Abhandlungen zur Mittelstandsforschung, Köln und Opladen 1965, Anhang, Tabelle 28 c und 28 i.
203 Eine Untersuchung neueren Datums, in der aber nicht nach Einkommensklassen und Haushaltsgruppen differenziert wird, gibt an, daß die Spareinlagen bei den öffentlichen Sparkassen je Einwohner am 31. 12. 1966 z. B. in
    der Industriezone Rhein Ruhr   1.431,– DM
    der Agrarzone Hessen   819,– DM
    Nordrhein-Westfalen   1.518,– DM
    Schleswig-Holstein   982,– DM
    der BRD insges.   1.322,– DM
betrug.
J. Frerich, Ursachen und Wirkungen der regionalen Differenzierung der privaten Spartätigkeit in Industrieländern, Berlin 1969, S. 183 f.
204 *W. Kaiser, A. Zerwas,* Die soziale Struktur des Sparens. In: Der Volkswirt, 23. Jg. (1969), Nr. 15, S. 33 ff.
205 Bei einer Befragung von Bergleuten in Bottrop, die keine Einkommensverluste zu verzeichnen hatten, lag die durchschnittliche Sparquote sogar in der Nähe von 0 %. Befragungsergebnisse dürften jedoch die private Ersparnis systematisch unterschätzen, da es sich dabei um „Intimfragen" handelt. Vgl.: *W. Stockmann,* Die Auswirkungen . . . , a. a. O., S. 124.
206 Vgl. *G. Katona,* a. a. O., S. 171.
207 *P. A. Klein,* a. a. O., S. 18. Hier liegt ein weiteres Beispiel dafür vor, daß ausländische Ergebnisse und Erfahrungen nur selten übertragbar sind, selbst wenn Aufwand und Umfang der Erhebungen bestechend sind.
208 *H. Schmucker,* Die langfristigen Strukturwandlungen des Verbrauchs der privaten Haushalte in ihrer Interdependenz mit den übrigen Bereichen einer wachsenden Wirtschaft. In: Strukturwandlungen einer wachsenden Wirtschaft, Schriften des Vereins für Socialpolitik, N. F. Bd. 30, I. Hrsg. *F. Neumark,* Berlin 1964, S. 133 f.
209 *G. Graf,* a. a. O., S. 47.
210 Berechnet aus: Privater Verbrauch. Einkommens- und Verbrauchsstichproben 1962/63. In: Preise, Löhne, Wirtschaftsrechnungen, Hrsg. Statistisches Bundesamt Wiesbaden, Fachserie M. Reihe 18, S. 17.
211 *H. Schmucker,* a. a. O., S. 133.
G. Graf, a. a. O., S. 46 ff.
212 Vgl. hierzu die Ausführungen von: *G. Katona,* a. a. O., S. 171 f. und das Zahlenbeispiel auf S. 176.
213 Die wichtigsten empirischen Untersuchungen über die Zentralität und Einzugsbereiche von Städten sind: *G. Kluczka,* a. a. O.
Funktionale Wirtschaftsräume. Wohnen-Einkaufen-Arbeiten, Hrsg. Gesellschaft für Konsum-, Markt- und Absatzforschung (GfK) Nürnberg, Nürnberg 1969.
Kaufkraft- und Kreiskarte der Bundesrepublik, Hrsg. GfK-Nürnberg, Nürnberg 1964.
P. Boots, Die Bestimmung der Einflußbereiche städtischer Absatzzentren im Konsumgütersektor der Wirtschaft. In: Zur Methodik der Regionsplanung. Forschungs- und Sitzungsberichte der Akademie für Raumforschung und Landesplanung, Bd. 41, Hannover 1968, S. 63 ff.
H. Wilhelm, Die Umlandsbeziehungen der Kreisstädte und kreisfreien Städte Südost-Niedersachsens im Konsumbereich. Wirtschaftswissenschaftlicher Beitrag zum Raumplanungsgutachten Südost-Niedersachsen 1964, Teil II a, Monographie Wirtschaft, o. O., o. J.
Einzugsbereiche von Hauptzentren des Ruhrgebiets. Die Kundenstruktur in den Hauptzentren. Gutachten des Instituts für Gewerbebetriebe im Städtebau, Hrsg. Siedlungsverband Ruhrkohlenbezirk, Essen 1966.

214 Selbst wenn Münster und Dortmund in der Zentralitätspyramide NRWs gleichrangig sind, werden Kaufkraftabflüsse von Dortmund nach Münster (und umgekehrt) vorkommen.
215 Eine nur kleine (erfolgreiche) Einflußnahme auf Höhe und Struktur der Konsumausgaben kann dann zu vergleichsweise großen Wirkungen führen.
216 Vgl. *G. Katona*, a. a. O., S. 169.
217 Vgl. u. a. *R. B. Andrews*, a. a. O.
W. Isard, Methods..., a. a. O., S. 189 ff.
K. Rittenbruch, a. a. O., S. 28 f.
218 Vgl. *K. Rittenbruch*, a. a. O., S. 27.
K. G. Specht, N. J. Lenort, K. Otto, a. a. O., S. 219 ff.
219 Vgl. *F. Forbat*, Untersuchungen über den „Lokalisierungsmultiplikator". In: Raumforschung und Raumordnung, 11. Jg. (1953), Heft 4, S. 114 ff.
N. J. Lenort, Strukturforschung und Gemeindeplanung. Zur Methodenlehre der Kommunalpolitik, Köln und Opladen 1960, S. 113 f.
220 Vgl. *K. G. Specht, N. J. Lenort, K. Otto*, a. a. O., S. 220.
221 Vgl. *W. Isard*, Methods..., a. a. O., S. 193 ff.
K. Rittenbruch, a. a. O., S. 48 ff.
K. G. Specht, N. J. Lenort, K. Otto, a. a. O., S. 20 ff.
J. H. Müller, Neuere Methoden der Regionalanalyse und ihre Anwendbarkeit auf kleine Räume. In: Beiträge zur Regionalpolitik, a. a. O., S. 98 ff.
G. Curdes, Zur Anwendung von Faustzahlen in der Raumordnung. Informationsbriefe für Raumordnung R 1. 7. 1, Hrsg. Bundesminister des Innern, Stuttgart 1966.
222 Vgl. z. B. *W. Leontief*, Input-Output-Economics, New York 1966.
W. Krelle, Volkswirtschaftliche Gesamtrechnung einschließlich Input-Output-Analyse mit Zahlen für die Bundesrepublik Deutschland, 2. verb. Aufl., Berlin 1967. *H. Platt*, Input-Output-Analyse, Meisenheim 1957. *J. Schumann*, Input-Output-Analyse, Berlin 1968.
G. Gabisch, Einführung in die Input-Output-Analyse. In: Wirtschaftsdienst, 49. Jg. (1969), Heft 7, S. 407 ff.
223 Vgl. z. B. *W. Leontief*, Die multiregionale Input-Output-Analyse. In: Arbeitsgemeinschaft für Forschung des Landes NRW, Heft 123, Hrsg. *L. Brandt*, Köln und Opladen 1963, S. 7 ff.
W. Isard, Methods..., a. a. O., S. 309 ff.
E. Spreen, Räumliche Aktivitätsanalysen. Die Aussagefähigkeit der Input-Output-Analyse und der linearen Programmierung für die Regionalpolitik, Göttingen 1966, S. 22 ff.
H. K. Schneider, Modelle für die Regionalpolitik. In: Beiträge zur Regionalpolitik, a. a. O., S. 71 ff.
P. Klemmer, G. Strassert, Input-Output-Tabellen als ein Instrument der Regionalforschung. In: Informationen des Instituts für Raumordnung, 19. Jg. (1969), Nr. 5, S. 137 ff.
224 *G. Zeitel*, Die Steuerlastverteilung in der Bundesrepublik Deutschland, Tübingen 1959, Tabelle 10, (Zeitel-Tabelle 1954).
W. Krelle, Volkswirtschaftliche Gesamtrechnung..., a. a. O., (Krelle-Tabelle 1953).
R. Krengel u. Mitarb., Input-Output-Relationship for the Federal-Republic of Germany 1954 – 1960, Berlin 1969, (Fortschreibung der Krelle-Tabelle, um Anschluß an die Ifo-Tabelle zu gewinnen).
G. Gehrig, Bericht über die Erstellung einer Input-Output-Tabelle für die Bundesrepublik Deutschland mit vorläufigen Zahlen für 1961, München 1964, (Ifo-Tabelle 1961).
R. Stäglin, H. Wessels, Input-Output-Tabellen und Input-Output-Analysen für die Bundesrepublik Deutschland. DIW-Beiträge zur Strukturforschung, Jg. 1969, Heft 6, (DIW-Tabelle 1954 und 1958).
Input-Output-Tabelle für die Bundesrepublik Deutschland, Hrsg. Statistisches Amt der Europäischen Gemeinschaften, Brüssel 1964, (EWG-Tabelle 1960).
Die umfangreichste Untersuchung sind die Input-Output-Studien, Hrsg. Ifo-Institut für Wirtschaftsforschung, München o. J. Bisher sind 11 Bde. erschienen, die detailliertes Zahlenmaterial für die Wirtschaft der BRD von 1961 bis 1964 enthalten.
Außerdem wird im Rheinisch-Westfälischen Institut für Wirtschaftsforschung, Essen, noch an einer Input-Output-Tabelle für die BRD gearbeitet. Leider sind die Ergebnisse der einzelnen Untersuchungen nur bedingt vergleichbar, weil die Branchengliederung und/oder das Bezugsjahr voneinander abweichen.
225 Folgende regionale Input-Output-Tabellen liegen für die BRD vor:
Untersuchungen zur Energiesituation. Input-Output-Analysen, a. a. O., (NRW).

B. Lehbert, Die interindustrielle und interregionale Verflechtung der Wirtschaft des Landes Schleswig-Holstein. Versuch der Erstellung einer Input-Output-Tabelle für ein einzelnes Bundesland, Tübingen 1967.
J. H. Müller u. Mitarb., Probleme der Wirtschaftsstruktur des Saarlandes, Luxemburg 1967, S. 64 ff.
R. Krengel, Input-Output-Rechnung für Berlin (West) 1962. Ein Beitrag zur regionalen Strukturanalyse. DIW-Beiträge zur Strukturforschung, Jg. 1969, Heft 9.
W. Hasselmann, a. a. O., S. 209 ff. (Osnabrück).
H.-L. Fischer, a. a. O. (Werne a. d. Lippe).
Außerdem wird im Institut für Siedlungs- und Wohnungswesen der Universität Münster an einer Input-Output-Tabelle für Hessen gearbeitet.

226 Die wohl umfangreichste Untersuchung mit Hilfe der originären Methode ist die Philadelphia-Studie.
W. Isard, Th. W. Langford jr., E. Romanoff, Philadelphia Region Input-Output-Study, Philadelphia 1967. Bisher sind drei Bände als "Preliminary Working Papers" erschienen.

227 Vgl. *G. Strassert,* Möglichkeiten und Grenzen der Erstellung und Auswertung regionaler Input-Output-Tabellen unter besonderer Berücksichtigung der derivativen Methode. Berlin 1968, S. 50 ff. Die derivative Methode geht zurück auf einen Vorschlag von *W. Isard.*
W. Isard, Some Empirical Results and Problems of Regional Input-Output-Analysis. In: Studies in the Structure of the American Economy, Hrsg. *W. Leontief,* New York 1953, S. 116 ff.

228 Diese Hypothese dürfte nur im Bereich der Industrie bei äußerst transportkostenempfindlichen Gütern realistisch sein. Im Konsumgüterbereich führt sie zu grotesken Folgen, weil dann z. B. in Wolfsburg nur Pkws des Typs VW gekauft werden dürften.

229 *H.-L. Fischer,* a. a. O.

230 *L. H. Klaassen,* Methods of Selecting . . ., a. a. O., S. 32.

231 Dies gilt auch für gesamtwirtschaftliche Input-Output-Modelle. Ein geschlossenes System (mit Konsum- und Investitionsfunktion) stellt *J. Schumann,* a. a. O., S. 68 ff. vor.

232 *F. T. Moore, J. W. Petersen,* Regional Analysis: An Interindustry Model of Utah. In: The Review of Economics and Statistics, Vol. 37 (1955), S. 368 ff.

233 *W. Z. Hirsch,* Application of Input-Output-Techniques to Urban Areas. In: Structural Interdependence and Economic Development, Hrsg. *T. Barna* u. a., London 1963, S. 151 ff.

234 Sie lassen sich relativ einfach mit Hilfe von Koeffizienten, die auf branchenspezifischen Arbeitsproduktivitäten, Bruttoproduktionswerten oder Umsätzen basieren, errechnen.

235 In der Literatur herrscht weitgehende Übereinstimmung darüber, daß die regionale Input-Output-Analyse bisher durch keine andere Methode in ihrer Effizienz übertroffen wurde, wenn ein problemgerechter Modelltyp verwandt wird. Auch die enormen empirischen Schwierigkeiten werden nicht verkannt. Das Interesse konzentriert sich deshalb weniger auf die grundsätzliche Kritik dieses Prognoseinstruments als auf die einzelnen Hypothesen bzw. Vorschläge und Methoden zur Vereinfachung des empirischen Aufwandes. Vgl. u. a.:
W. Isard, Methods . . ., a. a. O., S. 319 ff.
E. Spreen, a. a. O., S. 41 ff.
O. Boustedt, H. Ranz, a. a. O., S. 173 ff.
G. Strassert, a. a. O., S. 50 ff.

236 *H. Spehl,* Die Input-Output-Analyse als regionales Informationsinstrument (Arbeitstitel). Die Untersuchung basiert auf dem Gutachten: Die Wirtschaftsstruktur des Landes Hessen. Eine Anwendung der Input-Output-Analyse im Rahmen der regionalen Gesamtrechnung. Arbeitstitel eines Gutachtens, das im Institut für Siedlungs- und Wohnungswesen der Westfälischen Wilhelms-Universität Münster erstellt wird.
Die Untersuchungen versprechen interessante Ergebnisse, weil hier u. a. zum ersten Male versucht wird, die Brauchbarkeit alternativer derivativer Methoden anhand einer originären Input-Output-Tabelle zu testen.

237 Vgl. hierzu auch die Ausführungen auf S. 97 ff.

238 Bemerkung des dänischen Physikers *Niels Bohr.* Er fügte hinzu: „So aber ist Wissenschaft wirklich". Zitiert nach: *B. Lehbert,* a. a. O., Fußnote 2), S. 2.

239 Ebenda, S. 2.

240 *J. Tinbergen,* Projections of Economic Data in Development Planning, Puerto Rico 1963, S. 41 ff.
Derselbe, International, National, Regional and Local Industries. In: Trade, Growth and the Balance of Payments, Hrsg. *R. W. Baldwin* u. a., Amsterdam 1965, S. 120 ff.

241 *J. Tinbergen*, Projections . . ., a. a. O., S. 44.
242 *W. Stockmann*, Die Auswirkungen . . ., a. a. O. Eine knappe Darstellung der Methode und Hauptergebnisse findet sich außerdem in *W. Stockmann*, Eine Methode zur Prognose der Auswirkungen von Stillegungen in monoindustriellen Städten. In: Monostrukturierte Räume, a. a. O., S. 38 ff.
243 *H. Kuhn*, Die Struktur quantitativer Modelle. Zur wirtschaftstheoretischen Grundlegung der Ökonometrie, Tübingen 1968, S. 22.
H. K. Schneider, Planung und Modell. In: Zur Theorie der allgemeinen und der regionalen Planung, a. a. O., S. 47 f.
244 *H. K. Schneider*, Modelle für die Regionalpolitik, a. a. O., S. 64.
245 Wie anschließend noch gezeigt wird, ist zur Lösung einer bestimmten Problemstellung ein mathematisch formuliertes System nicht unbedingt notwendig. Der Ansatz enthält nicht mehr als was bereits auf S. 52 ff. verbal dargelegt worden ist.
246 Streng genommen müßte es ΔX und $[\Delta Y_{ij}]$ heißen, da es sich um Zu- oder Abnahmen quantitativer Merkmalsausprägungen handelt, jedoch kann hier darauf verzichtet werden, weil generell nur die Veränderungen im Vordergrund des Interesses stehen, weniger die absolute Höhe der angesprochenen Größen.
247 Zur Definition vgl. S. 51.
248 Sie sind nicht wie die bisherigen Koeffizienten unbenannte Größen (i. d. R. aber auch echte Brüche), sondern haben die Dimension Beschäftigte/DM.
249 Zur Problematik der Bestimmung der Länge von Multiplikatorperioden vgl. *E. Schneider*, Einführung in die Wirtschaftstheorie, III. Teil. Geld, Kredit, Volkseinkommen und Beschäftigung. 7. verb. Aufl., Tübingen 1962, S. 166.
250 Vgl. S. 72 f.
251 *J. Schumann* schlägt selbst bei Input-Output-Analysen einen Korrekturfaktor vor, mit dessen Hilfe die Wirkungen der letzten (streng genommen natürlich unendlich vielen) „Runden" abgeschätzt werden können.
J. Schumann, a. a. O., S. 48 f.
252 Einen guten Überblick über die amtliche Regionalstatistik gibt: *H. Hollmann*, Statistische Grundlagen der Regionalplanung, Hannover 1968.
253 Dieses Beispiel wurde bewußt vereinfacht, um zu zeigen, daß die Prognose der Multiplikatorwirkungen auch „ohne Mathematik" möglich ist, weshalb hier auch mit Absicht auf die im vorigen Abschnitt verwandte Nomenklatur verzichtet wurde.
254 Berechnet aus: Die Kostenstruktur in der Wirtschaft. I. Industrie und Energiewirtschaft 1962. II. Handwerk 1962. VII. Einzelhandel 1961. Fachserie C. Unternehmen und Arbeitsstätten. Reihe 1. Die Kostenstruktur in der Wirtschaft, Hrsg. Statistisches Bundesamt Wiesbaden, Stuttgart und Mainz 1965, 1966.
255 Quelle: Die Textilindustrie in Nordrhein-Westfalen 1962 – 1967. Beiträge zur Statistik des Landes Nordrhein-Westfalen, Heft 241, Hrsg. Statistisches Landesamt NRW, Düsseldorf 1968.
256 Ermittelt aus dem Quotienten von Umsatzverlust und dem Umsatz pro Beschäftigten aus Tabelle 11.
257 Für bestimmte Berufsgruppen läßt sich der Einkommensverlust auch relativ gut dadurch ermitteln, daß man zunächst die Nettoeinkommen gemäß Tarifvertrag und Lohnsteuerabzugstabelle berechnet und ihnen die Höhe des entspr. Arbeitslosengeldes (vgl. S. 71) gegenüberstellt.
258 Die Quoten wurden aus Tabelle 10, S. 77 entnommen. Da sich die Anteile der Ausgabengruppen an den Gesamtausgaben in diesem Einkommensbereich nur unwesentlich verschieben, führt der hier angesetzte Wert von 1 für alle Einkommenselastizitäten (proportionale Kürzung aller Ausgaben um 30 %) nicht zu übergroßen Fehlern.
259 $10 \cdot (110 + 60) + 50 \cdot (40 + 90) = 8.200$ DM/Monat = 98.400,– DM/Jahr.
260 $10 \cdot 25 + 50 \cdot 50 = 2.750,–$ DM/Monat = 33.000,– DM/Jahr.
261 Sie dienen als Vergleichsgruppe für die drei anderen Schichten.
262 Besonders der Abflußquote der Konsumausgaben ist dabei Aufmerksamkeit zu schenken, da sie sich nur schwer ohne empirische Erhebungen abschätzen läßt.
263 Eine gute Einführung in diese Technik gibt: *H. Siebert*, Simulation als Informationsinstrument der Wirtschaftspolitik. Antrittsvorlesung vom 3. 6. 1969 vor der Rechts- und Staatswissenschaftlichen Fakultät der Universität Münster. Erscheint demnächst in der Zeitschrift für die gesamte Staatswissenschaft.

264 Quelle: Wie steht es um die Mobilität ...? a. a. O., S. 27 u. S. 38 sowie S. 54 f. Die Prozentwerte ergänzen sich nicht jeweils zu 100 %, weil noch die Antworten „vielleicht" und „keine Antwort" bzw. „auch als Tagespendler" und „auch als Wochenendheimfahrer" möglich waren. Sehr deutlich geht aus dieser Tabelle auch die relativ geringe Mobilitätsbereitschaft der Frauen im Vergleich zu den Männern hervor, worauf bereits auf S. 68 hingewiesen wurde.
265 Vgl. S. 52 ff.
266 Vgl. S. 55 f.
267 *H. Giersch*, Allgemeine Wirtschaftspolitik ..., a. a. O., S. 313 ff.
268 *K. Töpfer*, Regionalpolitik ..., a. a. O., S. 80 ff.
269 Regionalpolitische Instrumentenkataloge, die nicht auf eine bestimmte Problemstellung abzielen, finden sich u. a. in: Die Raumordnung in der Bundesrepublik Deutschland, a. a. O., S. 96 ff.
Art. Raumwirtschaftspolitik (*E. Egner*), a. a. O., S. 697 ff.
Maßnahmen der Regionalpolitik, a. a. O., S. 275 ff.
D. Marx, Wachstumsorientierte Regionalpolitik, a. a. O., S. 110 ff.
R. Funk, Instrumente der Regionalpolitik. In: Beiträge zur Regionalpolitik, a. a. O., S. 111 ff.
Wesentlich andere als die dort bereits aufgeführten Maßnahmen werden im folgenden auch nicht behandelt. Nur wird versucht, den einzelnen Maßnahmen einen problemorientierten Bezug zu geben. Die einzelnen Instrumente können deshalb als bekannt vorausgesetzt werden, so daß auf ihre Fundstellen in der Literatur nicht mehr im einzelnen verwiesen zu werden braucht.
270 Nur in dem Fall, daß ungünstige Prognosen aufgrund ihrer Veröffentlichung sich selbst zu erfüllen drohen, ist diese Transparenz nicht angebracht.
271 Einen Überblick über diese Diskussion gibt *H. Niesing*, Zum Begriff der Infrastruktur. In: Stadtbauwelt, 59. Jg. (1968), Nr. 39/40, S. 1407 ff.
272 Diese „weite" Definition wird von der EWG-Kommission vorgeschlagen. Vgl. Maßnahmen der Regionalpolitik, a. a. O., S. 283 ff.
273 Dabei ist selbstverständlich, daß bestimmte Subventionen ihre Berechtigung haben, wenn durch sie z. B. externe Effekte abgegolten werden sollen. Vgl.: *H. Giersch*, Allgemeine Wirtschaftspolitik ..., a. a. O., S. 124.
274 *H. Giersch*, Allgemeine Wirtschaftspolitik ..., a. a. O., S. 90. Entspricht das „wozu" einer Subvention den Zielen der Wirtschaftspolitik und nicht nur denjenigen von bestimmten Interessengruppen, braucht man sich an dem Wort „Subvention" nicht zu stoßen und „bessere" Formulierungen zu suchen.
275 Hierauf hat vor allem *R. Rühmann*, Die regionale Wirtschaftspolitik Belgiens, Tübingen 1968, S. 61 ff. hingewiesen.
276 Vgl. S. 57 ff.
277 Für das Ziel „krisenfeste Wirtschaftsstruktur" ist dies bereits auf S. 33 ff. geschehen.
278 Hierauf hat vor allem *Th. Wilson* hingewiesen und einige gute Beispiele angeführt. Vgl. *Th. Wilson*, Policies for Regional Development, Edinburgh u. London 1964, S. 71 ff.
279 Diese Erkenntnis setzt sich immer stärker auch in der praktischen Politik durch. Am klarsten kommt diese Tendenz im neuen AFG zum Ausdruck, in dem Maßnahmen zur Umstellung und Arbeitsbeschaffung der Vorrang vor Sozialleistungen eingeräumt wird. Vgl. z. B. § 2 und §§ 91 – 99 AFG.
280 Nur durch Verkauf oder Vermietung lassen sich dann die Mittel wieder (teilweise) mobilisieren.
281 *H. Giersch*, Allgemeine Wirtschaftspolitik ..., a. a. O., S. 311.
282 Vgl. S. 21 f.
283 *L. H. Klaassen* stellte sogar die These auf, daß in einer freiheitlich parlamentarischen Demokratie, in der nur kurzfristige Regierungsaufträge vergeben und die Einzelinteressen kleiner Räume von den Parteien aus wahltaktischen Gründen gefördert werden, keine langfristigen Optimallösungen, sondern nur (suboptimale) kurzfristige Soziallösungen möglich sind. Vgl.: Ein Dilemma der westlichen Demokratie: Kurzfristige Soziallösungen contra langfristige Regionalpolitik. Das Europäische Koordinationsproblem, Bergedorfer Protokolle, Bd. 14, Hamburg-Berlin 1966, bes. die S. 18 ff.
284 Vgl. S. 107.
285 Dies gilt nur bei einer Entscheidung zugunsten der aktiven Sanierung. Sonst „muß Klarheit darüber bestehen, daß die Regionalpolitik nicht jedem sein Einkommensmaximum an jedem beliebigen Ort zu verschaffen vermag."

	H. Jürgensen, Produktivitätsorientierte Regionalpolitik als Wachstumsstrategie Hamburgs, a. a. O., S. 117.
286	Diese Differenzierung wurde vorgenommen in Anlehnung an: Strukturverbesserung in alten Industriegebieten, a. a. O., S. 172 ff.
287	Die Angaben wurden berechnet aus Unterlagen, die *W. Holdt*, a. a. O., im Rahmen seiner Untersuchungen aufbereitete aus: Die Standortwahl der Industriebetriebe in der BRD. Verlagerte und neuerrichtete Betriebe im Zeitraum 1961/63, 1964/65, 1966 und 1966/67, Hrsg. Bundesministerium für Arbeit u. Sozialordnung, Bonn 1964, 1966, 1967, 1968.
288	Vgl. *L. H. Klaassen*, Methods of Selecting . . ., a. a. O., S. 44 ff. *H. K. Schneider*, Über einige Probleme . . ., a. a. O., S. 102 ff.
289	Vgl. die bereits angeführten Standortfaktorenkataloge: Standortfaktoren für die Industrieansiedlung . . ., a. a. O., Standortwahl und Industrieförderung . . ., a. a. O.
290	Diese Forderung ist nicht trivial oder gar überflüssig. In den niederländischen Kohlenbergbaugebieten wurde festgestellt, daß entlassene Bergleute relativ schnell eine neue Beschäftigung fanden, weil deren Einstellung mit finanziellen Vorteilen für die Betriebe verbunden war bzw. als Solidaritätspflicht angesehen wurde. Dafür wurden aber andere Arbeiter entlassen bzw. der natürliche Zuwachs an Erwerbspersonen blieb arbeitslos. Vgl. *H. Hoefnagels*, Die soziale Problematik der Zechenstillegungen: Positive und negative Ergebnisse der geplanten Stillegungen im holländischen Kohlenrevier. In: Der Mensch im sozio-ökonomischen Prozeß, Festschrift für *W. Schreiber*, Hrsg. *F. Greiß, Ph. Herder-Dorneich, W. Weber*, Berlin 1969, S. 230.
291	Vgl. S. 63.
292	Quelle: Die Standortwahl der Industriebetriebe in der BRD. Verlagerte und neuerrichtete Betriebe in den Jahren 1964 und 1965, a. a. O., S. 24.
293	*R. Jochimsen, P. Treuner*, a. a. O., S. 33.
294	Quelle: Die Standortwahl der Industriebetriebe in der BRD. Verlagerte, neuerrichtete und stillgelegte Industriebetriebe 1966 und 1967, a. a. O., S. 32.
295	Die konjunkturelle Lage wird außerdem ausschlaggebend dafür sein, wann das Arbeitskräfteangebot und wann das verfügbare Gelände die Mehrzahl der Nennungen auf sich vereinigt.
296	*D. Schröder*, Strukturwandel . . ., a. a. O., S. 177 ff.
297	Hierauf legt besonders die EWG-Kommission großen Wert. Vgl. Maßnahmen der Regionalpolitik, a. a. O., S. 281 und S. 361 ff.
298	Eine zweite große Fehlerquelle bei Betriebsbefragungen liegt noch darin, daß durch kognitive Dissonanz die Gewichte einzelner Standortfaktoren nachträglich falsch (aus der Sicht eines neutralen Beobachters) angesetzt werden können.
299	Vgl. Strukturverbesserung in alten Industriegebieten, a. a. O., S. 190 f.
300	Vgl. S. 62 ff.
301	Vgl. hierzu den Bericht von *F. Quidde* über die Tätigkeit der sehr erfolgreichen Wirtschaftsförderungsgesellschaft für den Landkreis Unna mbH. *F. Quidde*, Strukturförderung auf neuen Wegen. In: Raumforschung und Raumordnung, 26. Jg. (1968). Heft 3/4, S. 153 ff.
302	Als ein gelungener Versuch auf diesem Gebiet kann angesehen werden: Industriestandort Ruhr, Hrsg. Siedlungsverband Ruhrkohlenbezirk, Essen 1969.
303	Eine ausführliche Analyse der Auswirkungen von Infrastrukturinvestitionen gibt *P. G. Jansen*, Infrastrukturinvestitionen . . ., a. a. O., S. 35 ff. Technologische externe Effekte negativer Art sind natürlich denkbar, wenn z. B. durch den Straßenbau die Produktionsbedingungen der Landwirtschaft verschlechtert werden. Jedoch dürfte ihr Ausmaß von den Vorteilen mehr als kompensiert werden.
304	In diesen Fehler verfällt z. B. *Th. Wilson*, nachdem er aufgrund solcher Berechnungen u. a. zu der Schlußfolgerung kommt, daß bei "building causeway, boring tunnels, harnessing the tides, and even digging canals . . . vast sums may be spent on projects that may offer, at best, only some marginal advantage and may well prove to be unnecessary". *Th. Wilson*, a. a. O., S. 77.
305	Vgl. *H. K. Schneider*, Über die Notwendigkeit . . ., a. a. O., S. 15. *R. Funk*, a. a. O., S. 118 f. Maßnahmen der Regionalpolitik, a. a. O., S. 279 f.
306	Vgl. S. 66.
307	Vgl. S. 116 f.

308 Gemäß § 100 AFG hat nur derjenige Anspruch auf Arbeitslosengeld, der „der Arbeitsvermittlung zur Verfügung steht".
309 Auf die Bedeutung einer Politik der Aufklärung und Zielbeeinflussung bei den vom Strukturwandel betroffenen Arbeiter, ohne deren Umstellungsbereitschaft alle Maßnahmen der Umstrukturierung schon im Ansatz gefährdet sind, wir vor allem bei *J. H. Müller* u. Mitarb., Probleme der Wirtschaftsstruktur..., a. a. O., S. 163 hingewiesen.
310 Vgl. S. 24 f.
311 Vgl. S. 69.
312 Vgl. S. 119 ff.
313 Außerdem stellen in Konsumgüterbereich Nähe und Erreichbarkeit anderer Einkaufszentren sowie die Preiswürdigkeit, Breite und Tiefe des dort angebotenen Sortiments weitere Restriktionen dar. Die Abflußquoten lassen sich also nicht beliebig verringern.
314 Diese Verbesserung der eigenen Position könnte allerdings dann gleichwertige Verschlechterungen in anderen Regionen zur Folge haben, wenn der Nachfrageabzug sich dort konzentrieren und nicht breit streuen sollte.
315 Vgl. S. 58 f.
316 Vgl. S. 69 ff.
317 Vgl. S. 71.
318 Streng genommen gilt dies nur bei gleichwertigen standort- und betriebsspezifischen Faktoren und ausreichendem Wettbewerb.
319 Da es nur Übergangsregelungen sind, könnten die Zuschüsse den Steuerausfall sogar weit übersteigen, um in einem gewissen Ausmaß auch antizyklisch tätig zu werden, bzw. die Aktivitäten zu verstärken, um schneller ein bestimmtes Maßnahmenprogramm durchführen zu können.
320 Vgl. S. 74 ff.
321 Vgl. S. 78. Die Beeinflussung der Hauptdeterminante des Konsums, des Einkommens, fällt in den Bereich des Umstellungs- bzw. Kompensationsproblems.
322 Eine ausgezeichnete Dokumentation einer pessimistischen und z. T. fatalistischen Stimmung nach einer Zechenstillegung, die auf jeden Fall vermieden werden sollte und auch könnte, geben die Bottroper Protokolle. Aufgezeichnet von *E. Runge*, Edition Suhrkamp 271, 2. Aufl., Frankfurt 1968.
323 Vgl. hierzu z. B. die Ausführungen von *G. Schmölders*, Konjunkturen und Krisen, 7. Aufl., Hamburg 1965, S. 38 ff.
Art. Konjunktur I, Theorie. (*W. A. Jöhr*). Handwörterbuch der Sozialwissenschaften, Bd. 6, Stuttgart 1959, S. 110.
324 Vgl. zu den folgenden Ausführungen die Überlegungen und Vorschläge von *P. Velsinger*, a. a. O., der sich intensiv mit regionalpolitischen Entscheidungsproblemen bei Unsicherheit beschäftigt hat.
325 Aus der umfangreichen Literatur seien beispielhaft angeführt: *A. R. Prest, R. Turvey*, Cost-Benefit-Analysis: A Survey. In: The Economic Journal, Vol. LXXV (Dez. 1965), S. 683 ff. *G. Elsholz*, Cost-Benefit-Analysis. Kriterien der Wirtschaftlichkeit öffentlicher Investitionen. In: Hamburger Jahrbuch für Wirtschafts- und Gesellschaftspolitik, 12. Jg. (1967), S. 286 ff. *G. H. Peters*, Cost-Benefit-Analyse und staatliche Aktivität, Hamburg 1968. *N. Lichfield*, Cost-Benefit-Analysis in City Planning. In: Journal of the American Institute of Planners, Vol. XXVI (1960), S. 273 ff.
326 *H. Giersch*, Allgemeine Wirtschaftspolitik ..., a. a. O., S. 311.
327 Vgl. *M. B. Teitz*, Cost-Effectiveness: A Systems Approach to Analysis of Urban Services. In: Journal of the American Institute of Planners. Vol. XXXIV (1968), S. 303 ff. Sie ist zuerst zur Lösung militärischer Probleme entwickelt und verwandt worden. Vgl. *E. S. Quade*, Analysis for Military Decisions and Cost-Effectiveness: An Introduction and Overview. Santa Monica, RAND Corporation P-3134, 1965.
328 Eine interessante Studie ist die Modellrechnung zur gesamtwirtschaftlichen Beurteilung einer Industrialisierungspolitik im Wurmrevier. Sie zeigt deutlich die enormen Schwierigkeiten bei der Anwendung von Nutzen-Kosten-Analysen zur Beurteilung von Umstrukturierungsmaßnahmen.
Möglichkeiten zur Entwicklung der Wirtschaftsstruktur im Aachener Raum. Gesellschaft für regionale Strukturentwicklung e. V., Bonn 1966, S. 287 ff.
329 Vgl. die in Fußnote 131 angeführte Literatur.
330 Vgl. S. 55 f.

331 K. *Boulding* illustriert die Alternativen sehr anschaulich. „Ein junger Mann sollte nach dem Maximin-Prinzip das Mädchen heiraten, das Montag morgens um 8 Uhr am besten ist, nach dem Maximax-Prinzip dasjenige, das sonnabends nachts um 12 Uhr am besten ist". Unveröffentlichtes Manuskript. Zitiert nach W. *Krelle,* Präferenz- und Entscheidungstheorie, a. a. O., Fußnote 1 auf S. 186.

332 Vgl. *E. Schneider,* Wirtschaftlichkeitsrechnung . . ., a. a. O., S. 136.

333 So wäre z. B. eine Maßnahme, die einen möglichen, aber unsicheren Erfolg von 1.000 (z. B. zusätzlichen Beschäftigten) erzielen kann, einer Maßnahme, die zu einem sicheren Erfolg von 100 (Beschäftigten) führt, bei einem Risiko von 90 % bzw. einer Erfolgschance von 10 % gleichwertig.

334 Vgl. *G. Strassert, G. Turowski,* Nutzwertanalyse: Ein Verfahren zur Beurteilung regionalpolitischer Projekte. In: Informationen des Instituts für Raumordnung, 21. Jg. (1971), Nr. 2, S. 29 ff.

335 Ebenda, S. 30.

336 *P. Velsinger,* a. a. O., S. 89 ff. (im Manuskript)

337 Diese Notwendigkeit ist um so eher gegeben, je sicherer man voraussagen kann, daß bestimmte Berufe keine Zukunftsaussichten mehr haben bzw. nicht in anderen Branchen nachgefragt werden. Dies kann z. B. bei den Hauern im Bergbau oder Webern in der Textilindustrie als gegeben angesehen werden.

338 Dies braucht aber nicht zwangsläufig der Fall zu sein. Besonders bei großem Beharrungsvermögen der ansässigen Bevölkerung bedarf eine passive Sanierung ebenfalls gezielter Maßnahmen bzw. sie tritt erst nach längerer Zeit ein.

339 Vgl. *M. David,* Die Aktivrolle des Handels in der Raumordnungspolitik. In: Studienhefte des Städtebauinstituts Nürnberg, Heft 19: Handel und Stadterneuerung, Nürnberg 1967, S. 30.

340 Die Möglichkeiten hierzu sind heute allerdings insofern eingeschränkt, als ein Arbeitsloser nur eine „zumutbare Beschäftigung" (§ 103, 1 AFG) annehmen muß, also nicht gezwungen werden kann, eine berufsfremde Tätigkeit aufzunehmen. Wird die Höhe der Arbeitslosenunterstützung aber auf dem heute üblichen Niveau gehalten, so dürfte der Anreiz höhererer Einkommen sie trotzdem dazu bewegen, wenigstens vorübergehend z. B. im Straßenbau zu arbeiten.

341 Vgl. z. B. S. 219.

342 Vgl. hierzu die Ausführungen auf S. 102 ff., besonders die Problematik der Mischformen.

343 Vgl. *A. O. Hirschman,* The Strategie of Economic Development, 9. Aufl., New Haven and London 1965, S. 86 ff. Die folgende Abb. 14 findet sich als Fig. 3 auf S. 87.

344 Diese beiden Konzeptionen finden in der französischen Infrastrukturpolitik Anwendung. Vgl. *H. K. Schneider,* Regionale Wirtschaftspolitik in der EWG, Köln-Braunsfeld 1965, S. 9.

345 Vgl. hierzu die Ausführungen auf S. 63.

346 *J. Paelinck,* Efficacité des mesures de politique économique régionale: Rapport Général. Actes du VIe Colloque annuel de l'Association de Science Régionale de Langue Française (A.S.R.D.L.F.), Namur 1967, S. 44.

347 Ebenda, S. 62.

348 Ebenda, S. 73.

349 *D. Schröder,* Strukturwandel . . ., a. a. O. Dieser Ansatz trägt aber auch schon starke modelltheoretische Züge.

350 *W. R. Thompson, J. M. Mattila,* An Econometric Model of Postwar State Industrial Development, Detroit 1959.

351 Vgl. *H. Ehrenberg,* Zur rechten Stunde. In: Der Volkswirt, 23. Jg. (1969), Nr. 27, S. 22 ff.

352 *Ch. Becker,* Eine Erfolgskontrolle für Förderungsmittel der öffentlichen Hand bei Industrieansiedlung und Fremdenverkehr auf einheitlicher Grundlage. In: Raumforschung und Raumordnung, 29. Jg. (1971), Heft 1, S. 25 ff.

353 Vgl. in diesem Zusammenhang auch die zu dem Vorgehen von *Th. Wilson* in Fußnote 304 gemachten Anmerkungen.

354 Vgl. z. B. Regionale Entwicklungspolitik in Großbritannien und den Ländern der EWG. Bd. 3 der Materialien zur Raumplanung. Übers. v. *J. Strauß,* Hrsg. Zentralinstitut für Raumplanung an der Universität Münster, Münster 1968.
Government Measures for the Promotion of Regional Economic Development. Results of a study carried out in different countries by the International Information Centre for Local Credit, The Hague 1964.

Eine Zusammenfassung aller Fördermaßnahmen in der BRD geben:
H. G. Engelken, H.-U. Franzke, Wirtschaftsförderung durch Bund, Länder und Europäische Gemeinschaften. Kredite, Bürgschaften, Zuschüsse, Freiburg i. Br. 1967.
355 Vgl. hierzu die Einschränkung der Themenstellung auf S. 12 f.
356 Vgl. zu diesem Problemkreis die Arbeiten von: *H. K. Schneider,* Plankoordinierung, a. a. O.
H. St. Seidenfus, Koordinationsprobleme und aktuelle Hemmnisse der Regionalpolitik. In: Beiträge zur Regionalpolitik, a. a. O., S. 126 ff.
R. Krüger, Die Koordination von gesamtwirtschaftlicher, regionaler und lokaler Planung, Berlin 1969.
357 *M. Einsele,* Planen im Ruhrgebiet. In: Bauwelt, 54. Jg. (1963), Heft 51/52, S. 1537.
358 *H. Giersch,* Allgemeine Wirtschaftspolitik . . ., a. a. O., S. 206.
359 Zitiert nach *B. Huffschmid,* Ministerieller Zweckoptimismus. In: Der Volkswirt, 23. Jg. (1969), Nr. 31, S. 19.

Literaturverzeichnis

Monographien, Beiträge zu Sammelwerken, Zeitschriftenaufsätze

M. Adenauer, Wirtschafts- und Verkehrsförderung. In: Handbuch der kommunalen Wissenschaft und Praxis, Bd. 3, Hrsg. *H. Peters,* Berlin 1959, S. 898 ff.
R. B. Andrews, Mechanics of the Urban Economic Base. In: Land Economics, Vol. XXIX (1953), S. 161 ff., S. 263 ff., S. 343 ff. und Vol. XXXII (1956), S. 69 ff.

J. D. v. Bandemer, A. P. Ilgen, Probleme des Steinkohlenbergsbaus, Basel und Tübingen 1963.
M. Beck, Das Altersruhegeld. In: Arbeit und Sozialpolitik, 19. Jg. (1965), S. 286 ff.
Ch. Becker, Eine Erfolgskontrolle für Förderungsmittel der öffentlichen Hand bei Industrieansiedlung und Fremdenverkehr auf einheitlicher Grundlage. In: Raumforschung und Raumordnung, 29. Jg. (1971), Heft 1, S. 25 ff.
H. H. Bergschmidt, Zur Messung und Erklärung von regionalen Wachstumsunterschieden. In: Jahrbuch für Nationalökonomie und Statistik, Bd. 174 (1962), S. 513 ff.
V. Gräfin v. Bethusy-Huc, Das Sozialleistungssystem der Bundesrepublik Deutschland, Tübingen 1965.
Beurteilungskriterien und Verfahrensregeln für Regionalgutachten, Hrsg. Deutscher Industrie- und Handelstag, o. O. 1967.
Art Bevölkerungslehre (*G. Ipsen*). Handwörterbuch des Grenz- und Auslandsdeutschtums, Hrsg. *C. Petersen, O. Scheel,* Bd. 1, Breslau 1933, S. 437 ff.
W. Bielenberg, Bundesraumordnungsgesetz. Informationsbriefe für Raumordnung R. 4.1.1, Hrsg. Bundesminister des Innern, Stuttgart o. J.
J. Blankenburg, Die Typisierung der Gemeinden nach sozialökonomischen und finanzwirtschaftlichen Strukturmerkmalen, Köln und Opladen 1965.
P. M. Blau, O. D. Duncan, Eine Untersuchung beruflicher Mobilität in den Vereinigten Staaten. In: Kölner Zeitschrift für Soziologie und Sozialpsychologie, Jg. 1961, Sonderheft 5: Soziale Schichtung und soziale Mobilität, S. 171 ff.
D. J. Bogue, Internal Migration. In: The Study of Population. An Inventory and Appraisal, Hrsg. *P. M. Hauser, O. D. Duncan,* Chicago 1961, S. 486 ff.
P. Bohn, Konsumenten- und Sparerverhalten. Ihre Bedeutung für Finanz- und Konjunkturpolitik, Stuttgart 1969.
G. Bombach, P. G. Rogge, Geleitwort zu den Prognosstudien. In: *W. Uebe,* Industriestruktur und Standort. Prognosstudien 1, Stuttgart 1967, S. III f.
P. Bootz, Die Bestimmung der Einflußbereiche städtischer Absatzzentren im Konsumgütersektor der Wirtschaft. In: Zur Methodik der Regionalplanung. Forschungs- und Sitzungsberichte der Akademie für Raumforschung und Landesplanung, Bd. 41, Hannover 1968, S. 63 ff.
Bottroper Protokolle. Aufgezeichnet von *E. Runge,* Edition Suhrkamp 271, 2. Aufl. Frankfurt 1968.
O. Bousted, H. Ranz, Regionale Struktur- und Wirtschaftsforschung. Aufgaben und Methoden, Bremen-Horn 1957.
I. D. J. Bross, Design for Decision, New York 1953.

S. Clasen, Die Flexibilität der volkswirtschaftlichen Produktionsstruktur, Göttingen 1966.
G. Curdes, Zur Anwendung von Faustzahlen in der Raumordnung. Informationsbriefe für Raumordnung R 1. 7. 1, Hrsg. Bundesminister des Innern, Stuttgart 1966.

R. A. Dahl, C. E. Lindblom, Politics, Economics and Welfare, New York 1953.
M. David, Die Aktivrolle des Handels in der Raumordnungspolitik. In: Studienhefte des Städtebauinstituts Nürnberg, Heft 19: Handel und Stadterneuerung, Nürnberg 1967, S. 28 ff.

H. Dedering, Die soziale Anpassung des Industriebetriebes an den technischen Fortschritt unter besonderer Berücksichtigung der BRD, Diss. Münster 1967.

B. Dietrichs, Aktive oder passive Sanierung? In: Mitteilungen des deutschen Verbandes für Wohnungswesen, Städtebau und Raumplanung, Jg. 1965, Heft IV, S. 1 ff.

–, Raumordnungsziele des Bundes. Informationsbriefe für Raumordnung R 3.1.2, Hrsg. Bundesminister des Innern, Stuttgart 1965.

Ein Dilemma der westlichen Demokratie: Kurzfristige Sozialösungen contra langfristige Regionalpolitik. Das Europäische Korrdinationsproblem, Bergedorfer Protokolle Bd. 14, Hamburg, Berlin 1966.

E. Dittrich, Problemgebiete in der Raumforschung. In: Raumforschung und Raumordnung, 22. Jg. (1964), Heft 1, S. 1 ff.

H. Ehrenberg, Konzentration auf Schwerpunkte. In: Der Volkswirt, 22. Jg. (1968), Nr. 45, S. 46 f.

–, Zur rechten Stunde. In: Der Volkswirt, 23. Jg. (1969), Nr. 27, S. 22 ff.

W. Ehrlicher, Kommunaler Finanzausgleich und Raumordnung, Hannover 1967.

M. Einsele, Planen im Ruhrgebiet. In: Bauwelt, 54. Jg. (1963), Heft 51/52, S. 1536 ff.

Einzugsbereiche von Hauptzentren des Ruhrgebiets. Die Kundenstruktur in den Hauptzentren. Gutachten des Instituts für Gewerbebetriebe im Städtebau, Hrsg. Siedlungsverband Ruhrkohlenbezirk, Essen 1966.

G. Elsholz, Cost-Benefit-Analysis. Kriterien der Wirtschaftlichkeit öffentlicher Investitionen. In: Hamburger Jahrbuch für Wirtschafts- und Gesellschaftspolitik, 12. Jg. (1967), S. 286 ff.

H. Elsner, Babylonische Verwirrung: Steuerkraft-Finanzkraft-Investitionskraft. In: Der Städtetag, Jg. 1968, Nr. 5, S. 245 ff.

H. G. Engelken, H.-U. Franzke, Wirtschaftsförderung durch Bund, Länder und Europäische Gemeinschaften. Kredite, Bürgschaften, Zuschüsse, Freiburg i. Br. 1967.

Entwicklungsprogramm Ruhr 1968 – 1973, Hrsg. Landesregierung Nordrhein-Westfalen, Düsseldorf 1968.

I. Esenwein-Rothe, Über die Möglichkeiten einer Quantifizierung von Standortqualitäten. In: Gestaltungsprobleme der Weltwirtschaft. Festschrift für *A. Predöhl,* Hrsg. *H. Jürgensen,* Göttingen 1964, S. 492 ff.

H. Fehre, Die Gemeindetypen nach der Erwerbsstruktur der Wohnbevölkerung. In: Raumforschung und Raumordnung. 19. Jg. (1961). Heft 3, S. 138 ff.

H.-L. Fischer, Analyse und Prognose der wirtschaftlichen Entwicklung zentraler Orte in bergbaugeprägten Regionen. Dargestellt am Beispiel der Stadt Werne a. d. Lippe, Münster 1969.

J. P. Franken, Landesplanung und Strukturverbesserung. Begriffe – Aufgaben – Probleme. Nordrhein-Westfalen baut. Schriftenreihe des Ministers für Landesplanung, Wohnungsbau und öffentliche Arbeiten des Landes NRW, Bd. 19, Essen o. J.

J. Frerich, Ursachen und Wirkungen der regionalen Differenzierung der privaten Spartätigkeit in Industrieländern. Ein Beitrag zur Analyse der wirtschaftlichen Raumgestaltung in der Bundesrepublik Deutschland, Berlin 1969.

F. Forbat, Untersuchungen über den „Lokalisierungsmultiplikator". In: Raumforschung und Raumordnung, 11. Jg. (1953). Heft 4, S. 114 ff.

R. Funk, Instrumente der Regionalpolitik. In: Beiträge zur Regionalpolitik. Schriften des Vereins für Socialpolitik, NF, Bd. 41, Hrsg. *H. K. Schneider,* Berlin 1968, S. 111 ff.

Funktionale Wirtschaftsräume, Wohnen – Einkaufen – Arbeiten, Hrsg. Gesellschaft für Konsum-, Markt- und Absatzforschung (GfK) Nürnberg, Nürnberg 1969.

G. Gabisch, Einführung in die Input-Output-Analyse. In: Wirtschaftsdienst, 49. Jg. (1969), Heft 7, S. 402 ff.

G. Gäfgen, Theorie der wirtschaftlichen Entscheidungen. Untersuchungen zur Logik und ökonomischen Bedeutung des rationalen Handelns, Tübingen 1963.

G. Gehrig, Bericht über die Erstellung einer Input-Output-Tabelle für die Bundesrepublik Deutschland mit vorläufigen Zahlen für 1961. Arbeitsbericht an die Deutsche Forschungsgemeinschaft für das Jahr 1963, München 1964.

S. Geisenberger, W. Mälich, Verbesserte Maßstäbe zur Bestimmung unterdurchschnittlich entwickelter Gebiete. In: Informationen des Instituts für Raumordnung, 20. Jg. (1970), Nr. 10, S. 301 ff.

H. Gerfin, Gesamtwirtschaftliches Wachstum und regionale Entwicklung. In: Kyklos, Vol. XVII (1964), S. 565 ff.

W. Gerß, Die Lohnunterschiede zwischen den Industriezweigen und ihre Ursachen. In: Statistische Rundschau für das Land NRW, 21. Jg. (1969), Heft 6, S. 121 ff.

A. G. Ghaussy, Verbrauchen und Sparen. Versuch einer kritischen Überprüfung der Keynes' schen Konsumfunktion an Hand der langfristigen Sparentwicklung in den USA. Berlin 1964.

H. Giersch, Allgemeine Wirtschaftspolitik – Grundlagen, Wiesbaden 1960.

–, Das ökonomische Grundproblem der Regionalpolitik. In: Gestaltungsprobleme der Weltwirtschaft. Festschrift für *A. Predöhl,* Hrsg. *H. Jürgensen,* Göttingen 1964, S. 386 ff.

Government Measures for the Promotion of Regional Economic Development. Results of a study carried out in different countries by the International Information Centre for Local Credit, The Hague 1964.

G. Graf, Der Einfluß des Einkommens auf die Struktur des Dienstleistungssektors, Zürich und St. Gallen 1968.

E. Gutenberg, Einführung in die Betriebswirtschaftslehre, Wiesbaden 1958.

–, Grundlagen der Betriebswirtschaftslehre, 1. Bd. Die Produktion, 7. Aufl. Berlin 1962.

H. Hacker, Finanzausgleich. In: Handbuch der kommunalen Wissenschaft und Praxis, 3. Bd., Hrsg. *H. Peters,* Berlin 1959, S. 395 ff.

K.-H. Hansmeyer, Ziele und Träger regionaler Wirtschaftspolitik. In: Beiträge zur Regionalpolitik. Schriften des Vereins für Socialpolitik, N. F., Bd. 41, Hrsg. *H. K. Schneider,* Berlin 1968, S. 36 ff.

W. Hasselmann, Stadtentwicklungsplanung. Grundlagen – Methoden – Maßnahmen. Dargestellt am Beispiel der Stadt Osnabrück, Münster 1967.

E. Heinen, Das Zielsystem der Unternehmung. Grundlagen betriebswirtschaftlicher Entscheidungen, Wiesbaden 1966.

F. Henzel, Anpassung der Betriebe an die Wirtschaftslage. In: Betriebswirtschaftslehre und Wirtschaftspraxis, Hrsg. *H. Schwarz, K. H. Berger,* Berlin 1961, S. 140 ff.

F.-J. Hessing, Gewerbesteuerausgleich und Raumordnung. Mitteilungen aus dem Institut für Raumforschung, Heft 52, Bad Godesberg 1963.

W. Z. Hirsch, Application of Input-Output Techniques to Urban Areas. In: Structural Interdependence and Economic Development, Hrsg. *T. Barna* u. a., London 1963, S. 151 ff.

A. O. Hirschman, The Strategie of Economic Development, 9. Aufl., New Haven and London 1965.

H. Hoefnagels, Die soziale Problematik der Zechenstillegungen: Positive und negative Ergebnisse der geplanten Stillegungen im holländischen Kohlenrevier. In: Der Mensch im sozioökonomischen Prozeß. Festschrift für *W. Schreiber,* Hrsg. *F. Greiß, Ph. Herder-Dorneich, W. Weber,* Berlin 1969, S. 225 ff.

W. Holdt, Die Auswirkungen von Industrieansiedlungen auf die Entwicklung von Regionen. Arbeitstitel einer Untersuchung im Zentralinstitut für Raumplanung an der Universität Münster.

H. Hollmann, Statistische Grundlagen der Regionalplanung. Beiträge der Akademie für Raumforschung und Landesplanung, Bd. 3, Hannover 1968.

K.-H. Hübler, Die Struktur der hinter der allgemeinen Entwicklung zurückgebliebenen ländlichen Gebiete. Informationsbriefe für Raumordnung R 2. 3. 2., Hrsg. Bundesminister des Innern, Stuttgart 1968.

B. Huffschmid, Ministerieller Zweckoptimismus. In: Der Volkswirt, 23. Jg. (1969), Nr. 31, S. 19 f.

Industriestandort Ruhr, Hrsg. Siedlungsverband Ruhrkohlenbezirk, Essen 1969.

Input-Output Studien, Hrsg. Ifo-Institut für Wirtschaftsforschung, München o. J.

Input-Output-Tabellen für die Bundesrepublik Deutschland, Hrsg. Statistisches Amt der Europäischen Gemeinschaften, Brüssel 1964.

G. Ipsen, Standort und Wohnort, Köln und Opladen 1957.

W. Isard, Methods of Regional Analysis: an Introduction to Regional Science, Cambridge 1963.

–, Some Empirical Results and Problems of Regional Input-Output-Analysis. In: Studies in the Structure of the American Economy, Hrsg. *W. Leontief,* New York 1953, S. 116 ff.

W. Isard, Th. W. Langford jr., E. Romanoff, Philadelphia Region Input-Output-Study, 3 Bde. Philadelphia 1967.

P. G. Jansen, Infrastrukturinvestitionen als Mittel der Regionalpolitik, Bd. 3 der Beiträge zur Raumplanung, Hrsg. Zentralinstitut für Raumplanung an der Universität Münster, Gütersloh 1967.

P. G. Jansen, Zur Theorie der Wanderungen. In: Zur Theorie der allgemeinen und regionalen Planung, Bd. 1 der Beiträge zur Raumplanung, Hrsg. Zentralinstitut für Raumplanung an der Universität Münster, Bielefeld 1969, S. 149 ff.

Ch. Jarecki, Der neuzeitliche Strukturwandel an der Ruhr, Marburg 1967.

R. Jochimsen, P. Treuner, Zentrale Orte in ländlichen Räumen, unter besonderer Berücksichtigung der Möglichkeiten der Schaffung zusätzlicher außerlandwirtschaftlicher Arbeitsplätze, Bad Godesberg 1967.

H. Jürgensen, Antinomien in der Regionalpolitik. In: Gestaltungsprobleme der Weltwirtschaft. Festschrift für *A. Predöhl,* Hrsg. *H. Jürgensen,* Göttingen 1964, S. 401 ff.

–, Produktivitätsorientierte Regionalpolitik. In: Produktivitätsorientierte Regionalpolitik. Wirtschaftswissenschaftliche Tagung der Adolf-Weber-Stiftung 1964, Berlin 1965, S. 7 ff.

–, Produktivitätsorientierte Regionalpolitik als Wachstumsstrategie Hamburgs, Göttingen 1965.

–, Regionalplanung und wirtschaftliches Wachstum, Hrsg. Siedlungsverband Ruhrkohlenbezirk, Essen 1965.

–, Die Struktur industrieller Problemgebiete. Informationsbriefe für Raumordnung R 2. 3. 4, Hrsg. Bundesminister des Innern, Stuttgart 1968.

W. Kaiser, A. Zerwas, Die soziale Struktur des Sparens. In: Der Volkswirt, 23. Jg. (1969), Nr. 15, S. 33 ff.

G. Katona, Das Verhalten der Verbraucher und Unternehmer. Übers. und hrsg. von *E. Boettcher,* Tübingen 1960.

Kaufkraft- und Kreiskarte der Bundesrepublik, Hrsg. Gesellschaft für Konsum-, Markt- und Absatzforschung (GfK) Nürnberg, Nürnberg 1964.

P. G. Kirsch, 3.000 zuviel? In: Der Volkswirt, 23. Jg. (1969), Nr. 18, S. 61.

L. H. Klaassen, Area Economic and Social Redevelopment. Guidelines for Programmes, Paris 1965.

–, Methods of Selecting Industries for Depressed Areas, Paris 1967.

P. A. Klein, Financial Adjustments to Unemployment, London, New York 1965.

P. Klemmer, G. Strassert, Input-Output-Tabellen als ein Instrument der Regionalforschung. In: Informationen des Instituts für Raumordnung, 19. Jg. (1969), Nr. 5, S. 137 ff.

W. Klöppel, Die Mobilität des Produktionsfaktors Arbeit und ihre Bedeutung für die Regionalpolitik. Arbeitstitel einer Untersuchung im Zentralinstitut für Raumplanung an der Universität Münster.

G. Kluczka, Nordrhein-Westfalen in seiner Gliederung nach zentralörtlichen Bereichen. Schriftenreihe des Ministerpräsidenten des Landes NRW, Heft 27, Düsseldorf 1970.

–, Zum Problem der zentralen Orte und ihrer Bereiche. Wissenschaftsgeschichtliche Entwicklung in Deutschland und Forschungsstand in Westfalen, Münster 1967.

F. Kneschaurek, Wachstumsbedingte Wandlungen der Beschäftigtenstruktur im industriellen Produktionssektor. In: Strukturwandlungen einer wachsenden Wirtschaft. Schriften des Vereins für Sozialpolitik. N. F., Bd. 30/II, Hrsg. *F. Neumark,* Berlin 1964, S. 720 ff.

Art. Konjunktur I. Theorie (*W. A. Jöhr*). Handwörterbuch der Sozialwissenschaften, Bd. 6, Stuttgart 1959, S. 97 ff.

W. Krelle, Präferenz- und Entscheidungstheorie, Tübingen 1968.

–, Volkswirtschaftliche Gesamtrechnung einschließlich Input-Output-Analyse mit Zahlen für die Bundesrepublik Deutschland, 2. verb. Aufl., Berlin 1967.

R. Krengel, Input-Output-Rechnung für Berlin (West) 1962. Ein Beitrag zur regionalen Strukturanalyse. DIW-Beiträge zur Strukturforschung, Jg. 1969, Heft 9.

R. Krengel u. Mitarb., Input-Output-Relationship for the Federal-Republic of Germany 1954–1960, Berlin 1969.

G. Kroes, Sozialökonomische Auswirkungen einer umfassenden Flurbereinigung (und Dorferneuerung). Arbeitstitel einer Untersuchung im Institut für Siedlungs- und Wohnungswesen der Westfälischen Wilhelms-Universität Münster.

R. Krüger, Die Koordination von gesamtwirtschaftlicher, regionaler und lokaler Planung, Berlin 1969.

H. Kuhn, Die Struktur quantitativer Modelle. Zur wirtschaftstheoretischen Grundlegung der Ökonometrie, Tübingen 1968.

H. Lampert, Die Gemeinde als Träger von Wirtschaftspolitik. In: Die Gemeinden als wirtschaftspolitische Instanzen. Schriftenreihe des Vereins für Kommunalwissenschaften e. V. Berlin, Bd. 26, Stuttgart 1968, S. 9 ff.

B. *Lehbert,* Die interindustrielle und interregionale Verflechtung der Wirtschaft des Landes Schleswig-Holstein. Versuch der Erstellung einer Input-Output-Tabelle für ein einzelnes Bundesland, Tübingen 1967.
G. *Lelgemann,* Die Finanzwirtschaft der westfälischen Kohlenbergbaustädte. Ein Beitrag zur Analyse und Lösung der finanzwirtschaftlichen Probleme kreisfreier Städte mit monoindustrieller Wirtschaftsstruktur, Diss. Heidelberg 1965.
N. J. *Lenort,* Strukturforschung und Gemeindeplanung. Zur Methodenlehre der Kommunalpolitik, Köln und Opladen 1960.
W. *Leontief,* Input-Output-Economics, New York 1966.
–, Die multiregionale Input-Output-Analyse. Arbeitsgemeinschaft für Forschung des Landes NRW, Heft 123, Hrsg. L. *Brandt,* Köln und Opladen 1963, S. 7 ff.
N. *Ley,* Ziele der Landesplanung in Nordrhein-Westfalen. In: Stadtplanung, Landesplanung, Raumordnung. Vorträge und Berichte, Hrsg. Landesgruppe NRW der Deutschen Akademie für Städtebau und Landesplanung, Köln und Opladen 1962, S. 5 ff.
N. *Lichfield,* Cost-Benefit-Analysis in City Planning. In: Journal of the American Institute of Planners, Vol. XXVI (1960), S. 273 ff.
S. M. *Lipset,* R. *Bendix,* Social Mobility in Industrial Society, Berkeley and Los Angeles 1963.
K. *Littmann,* Die Gestaltung des kommunalen Finanzsystems unter raumordnungspolitischen Gesichtspunkten, Hannover 1968.
B. J. *Loasby,* Making Location Policy Work. In: Lloyds Bank Review, Nr. 83 (Jan. 1967), S. 34 ff.
H. *Lowinski,* Strategie der Landesentwicklung in NRW. In: Monostrukturierte Räume. Problemanalyse und Entwicklungsprognose, Hrsg. H. K. *Schneider,* Münster 1970, S. 22 ff.
R. D. *Luce,* H. *Raiffa,* Games and Decisions, New York 1957.
W. F. *Lutrell,* Factory Location and Industrial Movement. A Study of Recent Experience in Great Britain, Vol. I, London 1962.

H. *Marcus,* K. *Oppenländer,* Eisen- und Stahlindustrie, Strukturelle Probleme und Wachstumschancen. Ifo-Institut für Wirtschaftsforschung, Reihe Industrie, Heft 14, Berlin, München 1966.
D. *Marx,* Voraussetzungen und Bedingungen einer wachstumsgerechten Landesentwicklung. Schriftenreihe des Ministerpräsidenten des Landes NRW, Heft 24, Düsseldorf 1968.
–, Wachstumsorientierte Regionalpolitik, Göttingen 1966.
Maßnahmen der Regionalpolitik. In: Die Regionalpolitik in der EWG, Hrsg. Kommission der EWG, Brüssel 1964, S. 271 ff.
R.-Ch. *Meier,* Textilindustrie. Strukturelle Probleme und Wachstumschancen, Ifo-Institut für Wirtschaftsforschung, Reihe Industrie, Heft 1, Berlin, München 1964.
D. *Michel,* Problematik regionaler Monostrukturen. In: Monostrukturierte Räume, Problemanalyse und Entwicklungsprognose, Hrsg. H. K. *Schneider,* Münster 1970.
W. H. *Miernyk,* Inter-Industry Labor Mobility. The Case of the Displaced Textile Worker, Boston 1955.
Möglichkeiten zur Entwicklung der Wirtschaftsstruktur im Aachener Raum. Gesellschaft für regionale Strukturentwicklung e. V., Bonn 1966.
F. *Möller,* Kommunale Wirtschaftsförderung, Stuttgart und Köln 1963.
F. T. *Moore,* J. W. *Petersen,* Regional Analysis: An Interindustry Model of Utah. In: The Review of Economics and Statistics, Vol. 37 (1955), S. 368 ff.
E. *Mueller,* A. *Wilken,* M. *Wood,* Location Decisions and Industrial Mobility in Michigan 1961. Institute for Social Research, The University of Michigan, Ann Arbor, Michigan 1961.
A. *Müller,* Arbeitsmarkt, Risiko und Chance, Recklinghausen 1968.
G. *Müller,* Bruttoinlandsprodukt der kreisfreien Städte und Landkreise. Informationsbriefe für Raumordnung R 1. 5. 4, Hrsg. Bundesminister des Innern, Stuttgart 1967.
J. H. *Müller,* Neuere Methoden der Regionalanalyse und ihre Anwendbarkeit auf kleine Räume. In: Beiträge zur Regionalpolitik. Schriften des Vereins für Socialpolitik, N. F. Bd. 41, Hrsg. H. K. *Schneider,* Berlin 1968, S. 86 ff.
J. H. *Müller* u. Mitarb., Probleme der Wirtschaftsstruktur des Saarlandes, Luxemburg 1967.

J. *Niehans,* Strukturwandlungen als Wachstumsprobleme. In: Strukturwandlungen einer wachsenden Wirtschaft. Schriften des Vereins für Socialpolitik, N. F., Bd. 30/I, Hrsg. F. *Neumark,* Berlin 1964, S. 18 ff.
H. *Niesing,* Zum Begriff der Infrastruktur. In: Stadtbauwelt, 59. Jg. (1968), Nr. 39/40, S. 1407 f.

Notwendige Maßnahmen zur Verbesserung der Landesstruktur in Nordrhein-Westfalen, 1. Teil, Analyse und Vorschläge zur regionalen Strukturverbesserung, Hrsg. Minister für Wirtschaft, Mittelstand und Verkehr des Landes NRW, Düsseldorf 1964.

Notwendige Maßnahmen zur Verbesserung der Landesstruktur in Nordrhein-Westfalen, 2. Teil, Strukturveränderungen durch neue politische, wirtschaftliche und technische Entwicklungen, Hrsg. Minster für Wirtschaft, Mittelstand und Verkehr des Landes NRW, Düsseldorf 1966.

W. Ochel, Der Wandel in der Stahlerzeugung und die Auswirkungen auf die Wirtschaft des Landes. Arbeitsgemeinschaft für Forschung des Landes NRW, Heft 135, Hrsg. Ministerpräsident des Landes NRW, Köln und Opladen 1964, S. 41 ff.

J. Paelinck, Efficacité des mesures de politique économique régionale: Rapport Général. Actes du VIe Colloque annuel de l'Association de Science Régionale de Langue Française (A. S. R. D. L. F.), Namur 1967, S. 27 ff.

G. L. Palmer, Labor Mobility in Six Cities. A Report on the Survey of Patterns and Factors in Labor Mobility 1940 – 1950, New York 1954.

H. S. Parnes, Research on Labor Mobility. An Appraisal of Research Findings in the United States, New York 1954.

G. H. Peters, Cost-Benefit-Analyse und staatliche Aktivität, Hamburg 1968.

Ch. Plassmann, Bestimmungsgründe der Nachfrage nach dauerhaften Konsumgütern, Berlin 1964.

H. Platt, Input-Output-Analyse, Meisenheim 1957.

K. Popper, The Open Society and Its Enemies, Bd. 1, London 1945.

Der private Haushalt in der BRD 1960/61. Statistische Daten zu ausgewählten Strukturfragen. Abhandlungen zur Mittelstandsforschung, Köln und Opladen 1965.

A. R. Prest, R. Turvey, Cost-Benefit-Analysis: A Survey. In: The Economic Journal, Vol. LXXV (Dez. 1965), S. 683 ff.

E. S. Quade, Analysis for Military Decisions and Cost-Effectiveness: An Introduction and Overview, Santa Monica, RAND Corporation P-3134, 1965.

F. Quidde, Strukturförderung auf neuen Wegen. In: Raumforschung und Raumordnung, 26. Jg. (1968), Heft 3/4, S. 153 ff.

Art. Rationalisierung (K. Pentzlin). Handwörterbuch der Sozialwissenschaften, Bd. 8, Stuttgart 1964, S. 676 ff.

Die Raumordnung in der Bundesrepublik Deutschalnd. Gutachten des Sachverständigenausschusses für Raumordnung, (SARO-Gutachten), Stuttgart 1961.

Art. Raumwirtschaftspolitik (E. Egner). Handwörterbuch der Sozialwissenschaften, Bd. 8, Stuttgart 1964, S. 694 ff.

Art. Raumwirtschaftstheorie (E. v. Böventer). Handwörterbuch der Sozialwissenschaften, Bd. 8, Stuttgart 1964, S. 704 ff.

Regionale Entwicklungspolitik in Großbritannien und den Ländern der EWG, Bd. 3 der Materialien zur Raumplanung. Übers. v. J. Strauß, Hrsg. Zentralinstitut für Raumplanung an der Universität Münster, Münster 1968.

L. G. Reynolds, The Structure of Labor Markets, New York 1951.

K. Rittenbruch, Zur Anwendbarkeit der Exportbasiskonzepte im Rahmen von Regionalstudien, Berlin 1968.

P. Romus, Zur Bestimmung des Begriffs Region. In: Raumforschung und Raumordnung, 22. Jg. (1964), Heft 3/4, S. 234 ff.

P. Rühmann, Die regionale Wirtschaftspolitik Belgiens, Tübingen 1968.

H. Sauermann, Einführung in die Volkswirtschaftslehre, Bd. II, Wiesbaden 1964.

G. Scherhorn, Soziologie des Konsums. In: Handbuch der empirischen Sozialforschung, Bd. II, Hrsg. R. König, Stuttgart 1969, S. 834 ff.

J. Schiefer, Europäischer Arbeitsmarkt. Freizügigkeit und Mobilität der Arbeitnehmer, Baden-Baden, Bonn 1961.

C.-D. Schmidt, Die Krise im Steinkohlenbergbau und ihre soziale Problematik unter besonderer Berücksichtigung des Ruhrgebietes, Diss. Münster 1967.

G. Schmölders, Allgemeine Steuerlehre, 4. überarb. u. erg. Aufl., Berlin 1965.

–, Konjunkturen und Krisen, 7. Aufl., Hamburg 1965.

G. Schmölders, Ökonomische Verhaltensforschung. Arbeitsgemeinschaft für Forschung des Landes NRW, Heft 71, Köln und Opladen 1957, S. 39 ff.

I. M. Schmolke, Die Frau zwischen Beruf und Mutterpflicht. In: Statistische Rundschau für das Land NRW, 20. Jg. (1968), Heft 3, S. 55 ff.

H. Schmucker, Die langfristigen Strukturwandlungen des Verbrauchs der privaten Haushalte in ihrer Interdependenz mit den übrigen Bereichen einer wachsenden Wirtschaft. In: Strukturwandlungen einer wachsenden Wirtschaft. Schriften des Vereins für Socialpolitik, N. F., Bd. 30/I, Hrsg. *F. Neumark,* Berlin 1964, S. 106 ff.

H. Schneeweiß, Entscheidungskriterien bei Risiko, Berlin 1967.

E. Schneider, Einführung in die Wirtschaftstheorie.
  II. Teil, Wirtschaftspläne und wirtschaftliches Gleichgewicht in der Verkehrswirtschaft, 7. verb. Aufl., Tübingen 1961.
  III. Teil, Geld, Kredit, Volkseinkommen und Beschäftigung, 7. verb. Aufl., Tübingen 1962.

–, Wirtschaftlichkeitsrechnung, Theorie der Investition, 7. verb. u. erw. Aufl., Tübingen und Zürich 1968.

H. K. Schneider, Modelle für die Regionalpolitik. In: Beiträge zur Regionalpolitik. Schriften des Vereins für Socialpolitik, N. F., Bd. 41, Hrsg. *H. K. Schneider,* Berlin 1968, S. 63 ff.

–, Plankoordinierung in der Regionalpolitik. In: Rationale Wirtschaftspolitik und Planung in der Wirtschaft von heute. Schriften des Vereins für Socialpolitik, N. F., Bd. 45, Hrsg. *E. Schneider,* Berlin 1967, S. 239 ff.

–, Planung und Modell. In: Zur Theorie der allgemeinen und der regionalen Planung, Bd. 1 der Beiträge zur Raumplanung, Hrsg. Zentralinstitut für Raumplanung an der Universität Münster, Bielefeld 1969, S. 41 ff.

–, Regionale Wirtschaftspolitik in der EWG, Köln-Braunsfeld 1965.

–, Über die Notwendigkeit regionaler Wirtschaftspolitik. In: Beiträge zur Regionalpolitik. Schriften des Vereins für Socialpolitik, N. F., Bd. 41, Hrsg. *H. K Schneider,* Berlin 1968, S. 3 ff.

–, Über einige Probleme und Methoden regionaler Analyse und Prognose. In: Regionalplanung, Hrsg. *H. K. Schneider,* Köln-Braunsfeld 1966, S. 95 ff.

D. Schröder, Analyse und Prognose der regionalen Wachstumsunterschiede der Beschäftigung und der Bevölkerung in der Bundesrepublik Deutschland 1950 bis 1980, unter besonderer Berücksichtigung Nordrhein-Westfalens, Teil I und II, Basel 1966.

–, Strukturwandel, Standortwahl und regionales Wachstum. Prognosstudien 3, Stuttgart 1968.

J. Schumann, Input-Output-Analyse, Berlin 1968.

H. St. Seidenfus, Koordinationsprobleme und aktuelle Hemmnisse der Regionalpolitik. In: Beiträge zur Regionalpolitik. Schriften des Vereins für Socialpolitik, N. F., Bd. 41, Hrsg. *H. K. Schneider,* Berlin 1968, S. 126 ff.

H. Siebert, Simulation als Informationsinstrument der Wirtschaftspolitik. Antrittsvorlesung vom 3. 6. 1969 vor der Rechts- und Staatswissenschaftlichen Fakultät der Universität Münster. Erscheint demnächst in der Zeitschrift für die gesamte Staatswissenschaft.

–, Zur Theorie des regionalen Wirtschaftswachstums, Tübingen 1966.

Siedlungsverband Ruhrkohlenbezirk, Gebietsentwicklungsplan 1966, Köln 1967.

W. Sombart, Der Begriff der Stadt und das Wesen der Städtebildung. In: Archiv für Sozialwissenschaft und Sozialpolitik, Bd. 25, (1907), S. 1 ff.

Soziale Sicherung in der BRD (Sozialenquête). Bericht der Sozialenquête-Kommission, Stuttgart 1966.

K. G. Specht, N. J. Lenort, K. Otto, Das Verhältnis zwischen primären und sekundären Erwerbszweigen und seine Bedeutung für Wirtschaftspolitik und Landesplanung (dargestellt an Beispielen aus dem Lande Nordrhein-Westfalen), Köln und Opladen 1962.

H. Spehl, Die Input-Output-Analyse als regionales Informationsinstrument. Arbeitstitel einer Untersuchung im Institut für Siedlungs- und Wohnungswesen der Westfälischen Wilhelms-Universität Münster.

E. Spreen, Räumliche Aktivitätsanalysen. Die Aussagefähigkeit der Input-Output-Analyse und der linearen Programmierung für die Regionalpolitik, Göttingen 1966.

R. Stäglin, H. Wessels, Input-Output-Tabellen und Input-Output-Analysen für die Bundesrepublik Deutschland. DIW-Beiträge zur Strukturforschung, Jg. 1969, Heft 6.

Standortfaktoren für die Industrieansiedlung. Ein Katalog für die regionale und kommunale Entwicklungspolitik sowie die Standortwahl der Unternehmungen, Hrsg. Österreichisches Institut für Raumplanung. Veröffentlichung Nr. 27, Berlin 1968.

Die Standortwahl der Industriebetriebe in der BRD. Verlagerte und neuerrichtete Betriebe im

Zeitraum 1961/63, 1964/65, 1966 und 1966/67, Hrsg. Bundesministerium für Arbeit und Sozialordnung, Bonn 1964, 1966, 1967 und 1968, (4 Bde.).

Standortwahl und Industrieförderung. Materialsammlung für Unternehmer und Planungsstellen. Auszugsweise Übersetzung des Community Industrial Development Kit. Schriften des Verbandes für Wohnungswesen, Städtebau und Raumplanung, Heft 35, Köln 1958.

H. Staubach, Pendelwanderung und Raumordnung, Köln und Opladen 1962.

W. Stockmann, Eine Methode zur Prognose der Auswirkungen von Stillegungen in monoindustriellen Städten. In: Monostrukturierte Räume, Problemanalyse und Entwicklungsprognose, Hrsg. *H. K. Schneider,* Münster 1970, S. 38 ff.

W. Stockmann, unter Mitarb. von *W. Holdt,* Die Auswirkungen von Zechenstillegungen auf Beschäftigung, Einkommen und Gemeindesteuern − dargestellt am Beispiel der Stadt Bottrop, Köln und Opladen 1970.

D. Storbeck, Zielkonflikt − Systeme als Ansatz zur rationalen Gesellschaftspolitik. In: Zur Theorie der allgemeinen und der regionalen Planung. Bd. 1 der Beiträge zur Raumplanung, Hrsg. Zentralinstitut für Raumplanung an der Universität Münster, Bielefeld 1969, S. 61 ff.

−, Zur Operationalisierung der Raumordnungsziele. In: Kyklos, Vol. XXIII (1970), S. 98 ff.

G. Strassert, Möglichkeiten und Grenzen der Erstellung und Auswertung regionaler Input-Output-Tabellen, unter besonderer Berücksichtigung der derivativen Methode, Berlin 1968.

G. Strassert, G. Turowski, Nutzwertanalyse: Ein Verfahren zur Beurteilung regionalpolitischer Projekte. In: Informationen des Instituts für Raumordnung, 21. Jg. (1971), Nr. 2, S. 29 ff.

E. Streissler, M. Streissler, Einleitung zu der Aufsatzsammlung: Konsum und Nachfrage, Hrsg. *E. Streissler, M. Streissler,* Neue Wissenschaftliche Bibliothek, Bd. 13, Wirtschaftswissenschaften, Köln und Berlin 1966, S. 13 ff.

M. Streit, Über die Bedeutung des räumlichen Verbundes im Bereich der Industrie, Köln 1967.

Strukturverbesserung in alten Industriegebieten. In: Die Regionalpolitik in der EWG, Hrsg. Kommission der EWG, Brüssel 1964, S. 139 ff.

Art. Technischer Fortschritt (*A. E. Ott*), Handwörterbuch der Sozialwissenschaften, Bd. 10, Stuttgart 1959, S. 302 ff.

M. B. Teitz, Cost Effectiveness: A Systems Approach to Analysis of Urban Services. In: Journal of the American Institute of Planners, Vol. XXXIV (1968), S. 303 ff.

P. Thelen, Die Erfassung der regionalen Wirtschaftskraft. Ein Beitrag zur Abgrenzung wirtschaftsschwacher Gebiete. In: Informationen des Instituts für Raumordnung, 21. Jg. (1971), Nr. 1, S. 1 ff.

W. R. Thompson, J. M. Mattila, An Econometric Model of Postwar State Industrial Development, Detroit 1959.

J. Tinbergen, International, National, Regional and Local Industries. In: Trade, Growth and Balance of Payments, Hrsg. *R. E. Baldwin* u. a., Amsterdam 1965, S. 116 ff.

−, Projections of Economic Data in Development Planning, Puerto Rico 1963.

K. Töpfer, Kleinräumige Monostrukturen − Sonderprobleme bei der Analyse und Strategiewahl an ausgewählten Beispielen. In: Monostrukturierte Räume, Problemanalyse und Entwicklungsprognose, Hrsg. *H. K. Schneider,* Münster 1970.

−, Regionalpolitik und Standortentscheidung. Die Beeinflussung privater Pläne, dargestellt an der unternehmerischen Standortentscheidung, Bd. 6 der Beiträge zur Raumplanung, Hrsg. Zentralinstitut für Raumplanung an der Universität Münster, Bielefeld 1969.

−, Überlegungen zur Quantifizierung qualitativer Standortfaktoren. In: Zur Theorie der allgemeinen und der regionalen Planung, Bd. 1 der Beiträge zur Raumplanung, Hrsg. Zentralinstitut für Raumplanung an der Universität Münster, Bielefeld 1969, S. 165 ff.

W. Uebe, Industriestruktur und Standort. Prognosstudien 1, Stuttgart 1967.

Untersuchungen zur Energiesituation. Input-Output-Analysen, Hrsg. Minister für Wirtschaft, Mittelstand und Verkehr des Landes NRW, Düsseldorf 1967.

P. Velsinger, Entscheidungen ohne explizit formulierte Ziele bei unvollkommener Information, Diss. Münster, erscheint demnächst.

Vorschläge zur Strukturverbesserung förderungsbedürftiger Gebiete in Nordrhein-Westfalen. Schriften des Ministers für Landesplanung, Wohnungsbau und öffentliche Arbeiten des Landes NRW, Heft 14, Düsseldorf 1960.

Wie steht es um die Mobilität bei arbeitslosen Arbeitnehmern? Untersuchung des Arbeitsamtes Dortmund. Als Manuskript gedruckt, Dortmund 1968.

R. G. *Wieting, J. Hübschle,* Struktur und Motive der Wanderungsbewegungen in der BRD. Untersuchung der Prognos AG im Auftrag des Bundesministers des Innern, Basel 1968.

H. *Wilhelm,* Die Umlandsbeziehungen der Kreisstädte und kreisfreien Städte Südost-Niedersachsens im Konsumbereich. Wirtschaftswissenschaftlicher Beitrag zum Raumplanungsgutachten Südost-Niedersachsen 1964, Teil II a, Monographie Wirtschaft, o. J., o. O.

Th. *Wilson,* Policies for Regional Development, Edinburgh und London 1964.

Wirtschaftsordnung und Strukturpolitik. Modellanalysen, Bd. II, Hrsg. *H.-D. Ortlieb, F.-W. Dörge,* Opladen 1968.

Die Wirtschaftsstruktur des Landes Hessen. Eine Anwendung der Input-Output-Analyse im Rahmen der regionalen Gesamtrechnung. Arbeitstitel eines Gutachtens im Institut für Siedlungs- und Wohnungswesen der Westfälischen Wilhelms-Universität Münster.

J. *Wolpert,* Behavioral Aspects of the Decision to Migrate. In: Papers of the Regional Science Association, Vol. 15 (1965), S. 159 ff.

G. *Zeitel,* Die Steuerlastverteilung in der Bundesrepublik Deutschland, Tübingen 1959.

Ziele und Methoden der Regionalpolitik. In: Die Regionalpolitik in der EWG, Hrsg. Kommission der EWG, Brüssel 1964, S. 15 ff.

H. *Zimmermann,* The Treatment of Imprecise Goals: The Case of Regional Science. Regional Science Research Institute. Discussion Paper Series No. 9, Philadelphia, Jan. 1966, S. 5 ff.

–, Zielvorstellungen in der Raumordnungspolitik des Bundes. In: Jahrbuch für Sozialwissenschaft, Bd. 17 (1966), S. 225 ff.

W. *Zinkahn, W. Bielenberg,* Raumordnungsgesetz des Bundes. Kommentar unter Berücksichtigung des Landesplanungsrechts, Berlin 1965.

W. *Zühlke,* Zu- und Abwanderung im Ruhrgebiet 1966 und 1967. Ergebnisse einer Umfrage, Hrsg. Siedlungsverband Ruhrkohlenbezirk, Essen 1967 und 1968 (2 Bde.).

O. v. *Zwiedineck – Südenhorst,* Allgemeine Volkswirtschaftslehre. 2. neubearb. Aufl., Berlin 1948.

Statistische Quellen

Das Bruttoinlandsprodukt der kreisfreien Städte und Landkreise in der Bundesrepublik Deutschland 1957, 1961, 1964. Gemeinschaftsveröffentlichung der Statistischen Landesämter, Wiesbaden 1966.

Die Industrie in Nordrhein-Westfalen 1966. Beiträge zur Statistik des Landes NRW, Heft 231, Hrsg. Statistisches Landesamt NRW, Düsseldorf 1967.

Die Kohlenwirtschaft der Bundesrepublik im Jahre 1967, Hrsg. Statistik der Kohlenwirtschaft e. V. Essen 1968.

Die Kostenstruktur in der Wirtschaft.
  I. Industrie und Energiewirtschaft 1962,
  II. Handwerk 1962,
  VII. Einzelhandel 1961.

Fachserie C. Unternehmen und Arbeitsstätten, Reihe 1, Hrsg. Statistisches Bundesamt Wiesbaden, Stuttgart und Mainz 1965 und 1966 (3 Bde.).

Privater Verbrauch. Einkommens- und Verbrauchsstichproben 1962/63. In: Preise, Löhne, Wirtschaftsrechnungen. Fachserie M. Reihe 18, Hrsg. Statistisches Bundesamt, Wiesbaden 1966.

Statistisches Jahrbuch für die Bundesrepublik Deutschland 1959 und 1968, Hrsg. Statistisches Bundesamt Wiesbaden, Stuttgart und Mainz 1959 und 1968 (2 Bde.).

Statistisches Jahrbuch Nordrhein-Westfalen, 8. Jg. 1960 und 12. Jg. 1968, Hrsg. Statistisches Landesamt NRW, Düsseldorf 1960 und 1968 (2 Bde.).

Statistisches Taschenbuch Nordrhein-Westfalen, 7. Jg. 1967, Hrsg. Statistisches Landesamt NRW, Düsseldorf 1967.

Die Textilindustrie in Nordrhein-Westfalen 1962 – 1967. Beiträge zur Statistik des Landes NRW, Heft 241, Hrsg. Statistisches Landesamt NRW, Düsseldorf 1968.

Materialien zur Raumplanung
Herausgegeben vom Zentralinstitut für Raumplanung an der
Universität Münster

Die hier nicht aufgeführten älteren Titel (Bände 1−5) sind
direkt beim Zentralinstitut für Raumplanung
(44 Münster, Wilmergasse 12/13) zu beziehen

Band 6 Horst Röder
Ursachen, Erscheinungsformen und Folgen
regionaler Mobilität
Ansätze zu ihrer theoretischen Erfassung

Eckhart Bauer / Klaus Brake / Sigmar Gude / Hermann Korte
Zur Politisierung der Stadtplanung
Herausgegeben von Hermann Korte

Hartmut Großhans
Öffentlichkeit und Stadtentwicklungsplanung
Möglichkeiten der Partizipation

Bertelsmann Universitätsverlag

Beiträge zur Raumplanung
Herausgegeben vom Zentralinstitut für Raumplanung an der Universität Münster

Band 1   Zur Theorie der allgemeinen und der regionalen Planung

Band 3   *Paul Günter Jansen*
Infrastrukturinvestitionen als Mittel der Regionalpolitik

Band 4   *Bernhard Schäfers*
Bodenbesitz und Bodennutzung in der Großstadt
Eine empirisch-soziologische Untersuchung am Beispiel Münster

Band 5   *Dietrich Storbeck*
Zur Theorie der regionalen Bevölkerungsstruktur (Arbeitstitel)

Band 6   *Klaus Töpfer*
Regionalpolitik und Standortentscheidung
Die Beeinflussung privater Pläne, dargestellt an der unternehmerischen Standortentscheidung

Band 7   *Carl-Heinz David*
Die Baulast als bauaufsichtliches Instrument

Band 8   *Bernhard Schäfers*
Planung und Öffentlichkeit
Drei soziologische Fallstudien: kommunale Neugliederung, Flurbereinigung, Bauleitplanung

Band 9   *Renate Krysmanski*
Die Nützlichkeit der Landschaft
Überlegungen zur Umweltplanung

Band 10   *Willehad Stockmann*
Beschäftigtenrückgänge und Regionalpolitik in monoindustriellen Problemgebieten

Band 11   *Walter Klöppel*
Die Mobilität des Produktionsfaktors Kapital und ihre Bedeutung für die Regionalpolitik (Arbeitstitel)

Band 12   *Günther Klein*
Zur Rechtsnatur und Bindungswirkung der Ziele der Landesplanung

Band 13   *Carl-Heinz David*
Rechtsgrundlagen des englischen Städtebaus

Bertelsmann Universitätsverlag